争点としての
ジェンダー

交錯する科学・社会・政治

江原由美子
加藤　秀一
左古　輝人
三部　倫子
須永　将史
林原　玲洋

ハーベスト社

争点としてのジェンダー：交錯する科学・社会・政治＊目次

はじめに …………………………………………………………………… 1

第1章　日本の定期刊行物記事における語句「ジェンダー」と
それを取り巻く語彙の変遷　1980年代－2015年 ───── 5
左古　輝人

1. 本章の課題，対象と方法 ……………………………………………… 5
2. 〈ジェンダー言論〉全体にみられる諸特徴 ………………………… 10
3. フェミニズムとの異同 ………………………………………………… 14
4. 経時的な変化　記事が掲載された媒体のジャンルからみた ……… 17
5. 経時的な変化　内容からみた ………………………………………… 25
6. 2011年以降の動向 ……………………………………………………… 31
7. まとめ：バックラッシュ？ …………………………………………… 35

第2章　〈敵〉を抽象化するレトリック ─────────── 39
──保守系論壇誌『諸君！』における反フェミニズム言説の変遷
林原　玲洋

1. 序論：課題の設定 ……………………………………………………… 39
2. 『諸君！』におけるフェミニズム関連記事 ………………………… 41
3. 『諸君！』における反フェミニズム言説の変遷 …………………… 46
4. 「バックラッシュ」言説のレトリック ……………………………… 49
5. 〈敵〉を抽象化するレトリックの効果 ……………………………… 55
6. 結論：今後の課題 ……………………………………………………… 59

i

第3章 「原因」としての家族 ─────────── 67
　　　　──「同（両）性愛」をめぐって

三部　倫子

1. コミュニケーションとしてのカミングアウト ………………………… 67
2. 親子間のカミングアウトをめぐる先行研究 …………………………… 68
3. 調査方法・調査協力者 …………………………………………………… 71
4. 分析 ………………………………………………………………………… 72
5. 考察と結論 ………………………………………………………………… 91

第4章　学的概念としてのジェンダーはどのように組織化されたか ── 99

須永　将史

1. 問題の所在 ………………………………………………………………… 99
2. マネーのジェンダー・ロール …………………………………………… 102
3. ストーラーのセックス／ジェンダー …………………………………… 107
4. ミレットの父権制とジェンダー・アイデンティティ ………………… 111
5. オークリーの社会学とジェンダー概念 ………………………………… 114
6. オークリーのジェンダー・ロールとケア実践 ………………………… 117
7. 結論 ………………………………………………………………………… 122

第5章　ジェンダー論と生物学 ───────────── 129
　　　　──永続する闘争か？

加藤　秀一

はじめに ……………………………………………………………………… 129

1. 生物学とジェンダー，あるいは「氏か育ちか」
　　　（から「遺伝子と環境の相互作用」へ） ………………………… 130
2. フェミニズムと生物学──架橋の試み ………………………………… 135
3　ジェンダー研究と生物学の生産的な関係をつくりだすために ……… 154
　　　　──若干の考察

第6章　ジェンダー概念をめぐる攻防を
　　　　「科学コミュニケーション」の視点から読む ——————— 175
　　　　　　　　　　　　　　　　　　　　　　　　　　　　江原由美子

1. はじめに ……………………………………………………………… 175
2. 「ジェンダー概念」は「性差の存在を否定」するか？ ……………… 177
　——日本の「ジェンダー・バックラッシュ」における「ジェンダー概念批判」177
3. 『ブレンダと呼ばれた少年』は「ジェンダー概念の非科学性の証拠」？ …… 185
4. アメリカ社会における「サイエンス・ウォーズ」 …………………… 193
5. 日本の「ジェンダー・バックラッシュ」と「サイエンス・ウォーズ」 …… 200
6. 「科学的世界」と「日常生活世界」 …………………………………… 205
　——再帰的関係が生み出す「コミュニケーション齟齬」？

補論　「構築主義」は「ポスト真実」を準備したか？ ——————— 213
　　　　　　　　　　　　　　　　　　　　　　　　　　　　江原由美子

1. ポスト真実の時代？ …………………………………………………… 213
2. 「ポスト真実の時代」と「社会構築主義」 …………………………… 219
3. 「知識の構築性」とはどのようなことなのか ………………………… 222
4. 社会に発信する「科学者」「研究者」の責任 ………………………… 230
5. まとめ …………………………………………………………………… 236

あとがき ……………………………………………………………………… 243

索引（人名・事項） ………………………………………………………… 245

はじめに

　本書は,「ジェンダーをめぐるコミュニケーション齟齬」を主題としている.「ジェンダー」とは,社会構造に規定されている性役割,あるいはそうした性役割に適合的に形成されている男女の在り方（性別観）等を意味する概念である．現代社会においては,性役割観や性別観は多様化し急速に変化しており,考え方の違いによる対立も多く生まれている．現代社会におけるジェンダーに関わる社会問題の根底には,この考え方の相違に基づく対立が存在する．

　しかし本書は,性役割や性別観などの相違に基づく人々の対立や闘争を,直接的に扱うことが主題ではない．性役割や家族のあり方についての考え方等やの価値観の相違が明らかになっており,それが社会的対立の主要な要因であるならば,それは対立や闘争であっても,「コミュニケーション齟齬」とは言えないだろう．本書が主題としているのは,「概念理解」「真偽判断の基準」「議論を行うことへの動機づけ」「権威的知への態度」等,コミュニケーションに関わる規範や規則の相違等が介在することによる「ジェンダーをめぐるコミュニケーション齟齬」である．その中でも本書は,「科学」や「学問」などの専門知に関わる「コミュニケーション齟齬」に焦点を当てている．なぜなら,現代社会においては,社会問題に「科学」が非常に大きな影響力を持っており,「ジェンダーをめぐるコミュニケーション齟齬」もその例外ではないと考えているからである．

　具体的に例を挙げてみよう．家族・出産・子育て・教育等,「ジェンダー」をめぐる様々な問題において,科学・医学・心理学・社会学等の科学は,現在も大きな影響力を持っている．第二波フェミニズム運動の台頭のきっかけの一つになったベティ・フリーダンの『女性の神秘』においては,中流階層の主婦層の精神的不全感を精神科医等の専門家が理解できず,本人が「女

性性」を受容できていないことを原因としてしまっていた問題が描かれた．「女性とはどういう存在か」についての専門的知識が男性中心に作られてきた結果，自分自身の人生を自分で意思決定できない女性の精神的不全感の存在は否定され，女性たちは「名前の無い問題」に苦しめられてきたと論じられたのだ．日本社会においても，心理学における学説などを根拠とする「三歳までは母親が育てないと子どもに悪影響がある」という「三歳児神話」が，女性の就業継続に大きな影響を与えてきた．これらの例にあるように，女性の生き方は，心理学や医学等を出どころとする知識に，大きく影響を受けてきた．それゆえケイト・ミレットは，1970年出版の『性の政治学』において，現代における男性優位イデオロギーは，その権威を宗教からではなく「科学」から得ていると，理論化したのである．

　このケイト・ミレットの指摘は，フェミニズムが，女性学やジェンダー研究など「女性の視点に基づく学問を生み出すことに繋がっていく．社会運動から生まれた新しい学問である女性学やジェンダー研究は，研究領域を明確にするために「ジェンダー」概念を生み出した．その後「ジェンダー」概念は，学術用語として定着しただけでなく，日常生活や政治的世界にも影響力を持つ概念となった．つまりここにも，「科学」と「社会と政治」との交錯が生じた．こうした動きには，「日常知」に対する「科学的知識」や「学術的知識」の優位，「科学的言説」「学術的言説」が持つ権威的力が関連していたことは，言うまでもないだろう．

　けれども，女性たちの主張が「科学的知識」の中で一定の力を持つようになるにしたがって，「ジェンダーをめぐるコミュニケーション齟齬」は，「科学」観や「学問」観それ自体を巻き込んで行われるようになっていく．たとえば，学問としてのジェンダー研究やフェミニズム社会理論を，「科学的ではない」として批判するような出来事が生じている．「科学的知識の世界」や「学術的知識の世界」自体，学術的権威によって評価づけられている．現代社会においては，科学技術革新によって産業の生産性が格段に増進されており，産業に直結する科学技術が結びつきにくい学術領域に対して優位だと

する価値観や権威が形成されている．そうした価値観や権威を利用した科学や学術内部の「ジェンダーをめぐるコミュニケーション齟齬」も生じている．あるいは「科学」という権威を利用した政治的言説も生じている．前者としては，アメリカにおけるサイエンス・ウォーズ，後者においては，日本社会における「ジェンダーフリー・バッシング」等が，挙げられるだろう．こうした出来事においては，「性役割観や性別観」の違いだけでなく，「科学観」「学問観」自体の違いも「コミュニケーション」を困難にしている．本書が焦点を当てているのは，まさにそうした現象である．

　以下の各章は，ここまで述べてきた主題に対し，それぞれ異なる視角から考察を行っている．これらの各論文は，相互に他の章に，問題意識や論証における，論拠や前提を提供しあっており，密接に関連している．けれども，本書の章の順番は一貫した順序に従っているわけではないので，後の論文を読むことにより，前者の意義がより明確になる場合も有る．それゆえ順序を無視して読まれることも，それぞれ独立した論文として読まれることも，可能である．

　第1章「日本の刊行物記事における語句『ジェンダー』とそれを取り巻く語彙の変遷」では，「ジェンダー」という語に着眼し，日本における定期刊行物をテキストマイニングという方法で分析し，ジェンダーの意味や文脈の変遷を描き出している．

　第2章「〈敵〉を抽象化するレトリック」は，保守系論壇誌における「反フェミニズム言説」を主な対象として，そのレトリックの特徴を，考察している．

　第3章「『原因』としての家族──『同（両）性愛』をめぐって」においては，親たちが「子どもの『同（両））性愛』」をめぐって，科学的知識・専門知をどのように受けとめてきたのかを分析している．

　第4章「日本におけるセックス／ジェンダー図式の使用の変遷」では，学術領域において，ジェンダーという概念がどのような使用法をされてきたかを検討している．

第5章「ジェンダー論と生物学」は，学術的世界においてジェンダー論と生物学の間の激しい相互攻撃の歴史の中で，「より妥当な科学的認識と望ましい政治的立場を両立させよと，真摯に知的模索を試みた」3つのシンポジウムを考察する．

　第6章「ジェンダー概念をめぐる攻防を『科学的コミュニケーション』の視点から読む」は，2000年代のジェンダーフリー・バッシングを主な考察の対象とし，その場に生じたコミュニケーション齟齬が，単に性役割観や性別観をめぐる対立なのではなく，言説規範全体にわたる対立だったことを明らかにしている．

　補論　「『構築主義』は『ポスト真実』を準備したか？」は，トランプ大統領の言動を「ポスト真実の時代」として捉え，「ポスト真実の時代」が，「社会構築主義」とどのような関わりを持っているかを，考察する．

第1章
日本の定期刊行物記事における語句「ジェンダー」と
それを取り巻く語彙の変遷　1980年代－2015年[1)]

左古　輝人

1. 本章の課題，対象と方法

　本章は，1980年代からこんにちまでの日本の公的言論においてジェンダーがどのような概念として提起され，定着し，その意味や文脈がどのように変遷してきたかを描き出す，言わば概念史の1つの試みである．より特定的には，日本語で書かれた定期刊行物の記事において，「ジェンダー」という語句が他の諸語句とのあいだに有した諸関係，およびその大局的な変遷過程を解明する．

　対象範囲を図書と行政文書に限れば，有力者（政治家，行政機関，専門家，研究者など）の議論の動向を見るには適するだろう．しかしジェンダーのように，群小の人々の言論と行動が重要であるような語句を考察するには，そのような対象選択は必ずしも適さない．この点において定期刊行物は有利である．そこには有力者だけでなく，多種多様な人々の雑多な言論が含まれているからである．大衆雑誌は，放置しておけば何も語らないはずの人々に何事かを語らせることによって，大衆の刻々と移り変わってゆく関心に応えるものだ．団体の機関誌や広報誌は，当該団体の特定の信念，主義・主張を流布するために刊行されるものだが，有力と言うには程遠いものも数多く存在する．各種のサークルや研究会，社会運動体などが発行する会報は，会員同士の情報共有，情報交換をもっぱらの目的としている．こうした定期刊行物と同様の特徴を有する媒体としては，日刊新聞の記事およびインターネットの掲示板，ブログなどもある．しかし日刊新聞は発行主体が定期刊行物に比べ

ると圧倒的に少なく，インターネットの記事は著者や管理者，その他の人々によってあまりにも容易に書き換えや消去が可能なため，今回は対象とすることを見送った．

　図書と行政文書を対象とした研究はすでに存在する．井上輝子（2006）は国会図書館および東京ウィメンズプラザの所蔵図書および資料のタイトルに出現したジェンダーという語句の，1980年代から2000年代半ばまでの変遷について論じている．それによると，図書におけるジェンダーの初出は山本哲士編『経済セックスとジェンダー』(新評社1983年)であり，そこでのジェンダーはイヴァン・イリイチの紹介であった．ジェンダーの観点から社会的・文化的諸事象を研究するという意味におけるジェンダーの初出は江原由美子編『ジェンダーの社会学』(新曜社1989年)である．それ以降，ジェンダーをタイトルに冠した図書は着実に増え続け，2000年代には毎年40点以上が刊行されている．

　特に1995年から2000年にかけてジェンダーをタイトルに含む図書と行政文書の刊行点数は急増している．井上によればこれには4つの原因が考えられる．1) ジェンダー研究の隆盛．2) 国際機関や政府，東京都などの行政文書における用語の普及．女性問題からジェンダー問題への政策パラダイム転換．3) 性差別撤廃運動，学校教育における〈男女平等〉概念から〈ジェンダー〉(および〈ジェンダーフリー〉)への移行．4) 男性や性的少数者の差別，抑圧に対する異議申し立てにジェンダーが使われる．

　ジェンダーをタイトルに含む図書と行政文書の刊行点数は2002年から2003年にピークを迎え，その直後に急減している．この急減の原因はバックラッシュである．

　本研究はこの井上説を1つの重要な指標とし，これが本研究から得られる知見とどの程度一致するかを検証する．

　本章が実際に主要な分析対象としたのは，2011年6月の時点で，国立国会図書館の雑誌記事索引（NDL－OPAC）のタイトル検索で，検索語「ジェンダー」によりヒットした記事約4,500件の題目，および，2011年7月から

9月にかけて収集できた記事本体約2,000件である．記事本体約2,000件はASCIIテキスト・ファイルのデータ量にすると約41.8MBであり，このデータ量は〈新潮文庫の100冊〉CD－ROM版（1995年）の本文のデータ量にほぼ匹敵し，ジェームス一世欽定英語版聖書に換算すると約7冊分にあたる．巨大なコーパスである．なお以上に加えて，2011年以降の動向をフォローするために，2016年5月，NDL－OPACのタイトル検索で，検索語「ジェンダー」によりヒットした2011年から2015年までの記事約1,600件の題目をコーパス化した．本章ではこうして得られたデータを〈ジェンダー資料体〉と呼び，その言論総体を〈ジェンダー言論〉と呼ぶ．

　本章が主に分析に用いる方法はテキストマイニングである．テキストマイニングとは，一言で言えば，テキスト内において諸語句が出現する頻度（出現頻度）と，複数の語句が共起する頻度（共起頻度）を計測することによって，有意味な知見を得る研究諸手法の総称である．本章ではジェンダーを主題とした定期刊行物記事における諸語句の出現頻度，およびそれら諸語句のあいだの共起頻度を計測することで，ジェンダーという語句の諸意味や，そのクロノロジカルな変化を解明する[2]．

　テキストマイニングの利点として大きいのは次の3点である．第1に，処理可能な情報量が，手と目を使って一字一句読むという，いわゆる〈読む〉作業と比べて桁違いに多く，処理速度も早い．何せ〈ジェンダー資料体〉は文庫本小説100冊分を超える情報量を有するのだ．3年と定められた本研究プロジェクトの期限内にそのすべてをいわゆる〈読む〉作業によって，「ジェンダー」と深い関係を有する諸語句を拾い上げ，その全容を描き出すのは不可能である．しかしテキストマイニングのソフトを用いるならば，対象とする資料体さえ準備できていれば，比較的短時間で語句の出現頻度と共起頻度を正確に計測できる．

　第2に，資料体およびソフトを複数の研究者が共有すれば，知見を得るまでのプロセスを完全に再現でき，得られた知見の妥当性をかなり厳密に検証できる．これまで社会科学におけるいわゆる質的研究は，いわゆる量的研究

におけるような信頼性の高い妥当性検証の手段を持たなかった．もちろん質的研究には，検証可能性をあえて重視しないことによって得られる有意味な知見も多くある．しかし主たる研究対象がアクセシビリティの高い文字資料である場合——つまり一次資料をゼロから作成するようなタイプの研究や，対象が文字資料でない研究を除いて——は，原理的にはテキストマイニングの手法でかなり高いレベルの妥当性検証が可能である．

第3に，常識や定説を，証拠をあげながら批判し，より妥当性の高い知見を得るための発見的手段となり得る．その威力をよく示す一例として左古（2010）がある．これによれば，こんにち〈社会契約論者〉の最初期の一人と目され，高等学校における公民科目『倫理』の教科書等にもそう紹介されているトマス・ホッブズは，その主著『リヴァイアサン』(1651年) において，'social contract' やそれに類する語句を，じつは一度も用いていない．テキストマイニングによって分析してみると，ホッブズが契約によって成立すると述べているのは主権 (sovereign) であることが判明する．とうぜんこのような常識批判の試みがどの程度の妥当性を有するかも，テキストマイニングによって検証可能である．

なおテキストマイニングに対する素朴な誤解として，〈この手法を用いることによって，分析者は，得られた知見の無謬性を主張しようとしている〉という説を耳にすることがあるが，それは全くの誤りである．これまでに提起されてきた社会諸科学のあらゆる方法と同様，テキストマイニングも当然ながら万能ではない．筆者としては，これまで別の諸方法により得られた諸知見を，テキストマイニングによりモデル化し，比較検証する（或いは逆に，テキストマイニングにより得られた知見を，別の諸手法で検証する）ことで，当該諸知見の妥当性をこれまでより少しは精確に見定めることができるようになるのが最も大きなメリットだと考えている．

第1章　日本の定期刊行物記事における語句「ジェンダー」とそれを取り巻く語彙の変遷　1980年代－2015年

【リスト1】年次ごとの頻出語句ランキング

	1980s	1990	1991	1992	1993	1994	1995	1996	1997	1998	1999	2000	2001	2002	2003	2004	2005	2006	2007	2008	2009	2010	フェミニズム
1	女性	女性	女性	女性	女性	女性	女性	女性	女性	女性	女性	女	女性	女性	女性	女性	女性	女性	女性	女性	女性	女性	フェミニズム
2	家族	男性	セール	彼女	女	女性	男性	男性	男性	男性	男性	問題	男性	男性	問題	問題	自分	問題	男性	男性	問題	男性	フェミニスト
3	男性	研究	男性	私	男	男性	女	女性文化	問題	女	問題	彼女	問題	私	男性	子供	漱石	男女	問題	問題	彼女	国	女性
4	社会的	社会的	問題	彼女	生徒	問題	意味	社会的	意味	男性	彼女	男性	私	問題	女	子供	男性	男女	子供	日本	指摘	家族	ジェンダー
5	問題	女	紀子	問題	学校	主体	社会的	文化	女	子供	家族	男性	学習	女	家族	家族	男性	社会	家族	二宮	日本	社会的	女性学
6	社会	福祉国家	女	彼	彼女	意味	問題	問題	彼女	男	私	存在	視点	家族	社会	女	私	社会	仕事	社会的	社会	男女	問題
7	家父長制	社会	介護者	男女	男性	セックス	文化	家族	自分	男女	彼女	主体	教育	子供	自分	労働	男	自分	日本	検討	介護	ジェンダー統計	女
8	家	問題	仕事	筆者	役割	存在	社会	女	社会	彼女	社会的	主体	課題	自分	存在	仕事	日本	国	男女	男	存在	ケア	研究
9	人々	役割	結婚	研究	子供	生産	男	男女	男女	社会	家	パートナー	日本	労働	意味	日本	研究	日本	自分	視点	自分	問題	批判
10	研究	意味	人々	人々	男女	学生	建築	意味	社会的	意味	意味	言葉	関係	彼女	男	自分	男女	私	女	労働	私	データ	意味
11	意味	女子校	自分	視点	身体	ポスト大学	関係	社会	関係	関係	自分	関係	意味	視点	日本	社会的	問題	女	分析	社会	家族	活動	視点
12	男女	彼女	視点	状況	社会的	フェミニズム	彼女	性	男	自分	社会的	意識	社会的	男	関係	私	男	女	私	社会	女	存在	男性
13	存在	男	差別	ヴィクトリア	女子	妻	家族	研究	存在	社会的	家	暴力	彼女	妻	社会的	社会	彼女	意味	社会	意味	検討	子供	私
14	家族	関係	家族	日本	問題	身体	存在	フェミニズム	妻	家族	フェミニズム	意識	社会	妻	子供	関係	意味	家族	参加	研究	意味	社会	概念
15	私	視点	自分	自分	存在	家事労働	私	夫	夫	自分	社会	私	研究	存在	仕事	ケア	子供	研究	研究	企業	家族	重要	主張
16	視点	彼女	自分	ヴィクトリア	社会	大学	女性文化	役割	子供	存在	関係	議論	自分	視点	議論	彼女	関係	必要	ヴェーバー	家族	自分	マルクス	社会的
17	概念	男女	家族	日本	性役割観	文化的	彼	ジンメル	家族	教育	子供	暴力	彼女	妻	彼女	意味	言葉	活動	社会	関係	社会的	仕事	立場
18	日本	電子メディア	自分	社会	b高校	大学	主張	彼女	私	役割	研究	私たち	私	妻	私	結果	夫	子供	視点	批判	言葉	経済的	日本
19	文化	結果	社会	言葉	a高校	労働	男女	妻	研究	視点	日本	指摘	労働	存在	労働	評価	存在	影響	視点	指摘	男	関連	議論
20	関係	女性解放	言葉	意味	男女	文化的	男女	日本	日本	家	言葉	指摘	指摘	子	夫	影響	社会	存在	関係	指摘	視点	意味	社会

2. 〈ジェンダー言論〉全体にみられる諸特徴

次に，1980年代から2010年までのあいだ，日本の定期刊行物においてジェンダーが論じられる際に，主にどのような語句が用いられてきたかを概観しよう．リスト1は，出現頻度が高い語句を年次毎に第1位から第20位までリストしている．

まず出現頻度上位で目につくのは，もちろん性別を指す「女性」と「男性」の多さであろう．20年以上に渡って頻出語句の第1位は「女性」によって完璧に独占されており，「男性」も第5位までには必ず入っている．つまり〈ジェンダー言論〉は「男性」と「女性」に深くかかわり，かつ「男性」よりも「女性」に比較的深くかかわっている．

ジェンダーが「男性」と「女性」，特に「女性」にかかわることは，あるいは指摘するまでもない自明事と思われるかもしれない．しかしジェンダーの英語における来歴を顧みるとそうとも言えない．言語学の術語だったジェンダーを人間の性現象の解釈に転用したのは，20世紀半ばジョン・マネーだった．その時ジェンダーは生物学的・生理学的に「男性」であるか「女性」であるか判明でない人々（その多くはペニスなのかクリトリスなのか判然としないファロスを有する人々）が習得できる，あるいは習得すべき社会的・文化的に判明な「男性」らしさあるいは「女性」らしさ（その多くは〈小さすぎるペニスを有する男性〉としてではなく，〈大きすぎるクリトリスを有する女性〉として，「女性」らしく生きることを強く期待された）を意味していたのである．こんにちのジェンダーは言わば逆で，社会的・文化的な「男性」らしさや「女性」らしさ，なかでも専ら「女性」らしさの判明性に対して疑義を提起し，その再考を促すための語句となっている[3]．

「男性」，「女性」に準じて恒常的に頻出するのは「問題」である．「問題」はほとんどの年次で出現頻度第5位以内に入っており，最も順位が低い1993年でも第14位に入っている．〈ジェンダー言論〉においては，何らかの「問題」，克服されるべき立場や意見の対立や不一致，調停されるべき不

利益や損害が指摘され，その改善や解決の必要が主張される傾向にあることがわかる．

「問題」の次に頻出しているのは「家」，「妻」，「家庭」，「夫」，「子」など，《家族》というカテゴリーで括ることができる語句群である．〈ジェンダー言論〉が，男性と女性の生殖ペアから形成される人間関係にきわめて強い関心を有していることがわかる．

《家族》ほどではないものの，《教育》のカテゴリーに入る語句（「教育」とその類語「学校」，「学生」，「教科書」，「就学」など），および《労働》のカテゴリーに入る語句（「労働」とその類語「職場」，「仕事」，「職業」など）も出現頻度上位にコンスタントに登場する．《労働》は，生活の糧を得るための活動における人間関係と解することができるだろう．《教育》は，教える／学ぶ人間関係，特に学校における人間関係と解することができるだろう．これらのほか人間関係の様式を示す他の語句としては「エスニシティ」が出現してはいるが，頻度はやや低く，年次によるばらつきも大きい．またこれら以外に，ある程度の様式性を有する人間関係としては友人関係や近隣関係などがあるものと想像できるが，それらを示唆するような語句はランキング上位をみるかぎりでは確認できない．

以上をまとめるには，《問題》（「問題」およびその類語「問い」，「課題」，「論争」などを内包するカテゴリー）を中心にして，《女性》，《家族》，《教育》，《労働》の関係を見るとよい．

〈ジェンダー言論〉全体における頻出語句を中心に16カテゴリーを編成する．図1は《問題》が他の15カテゴリーとのあいだにもつ共起関係を示している．

マルの大きさは出現頻度，2つのマルのあいだを結ぶ線の太さは共起頻度をあらわす．すべてを図示すると読み取りが難しくなるので，ここでは230回以上の出現および共起のみを抽出している．《問題》とのあいだに共起頻度が最も高い8カテゴリーは，《女性》，《研究》，《家庭》，《社会》，《労働》，《男性》，《理念》，《教育》であり，なかでも図の下側でダイヤモンド型を成して

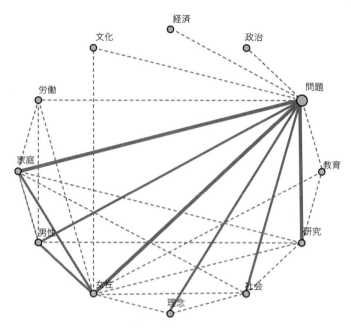

図1 《問題》を中心とした共起ネットワーク

いる最頻出カテゴリー群は互いにきわめて緊密な関係を有している．〈ジェンダー言論〉が主に《家庭》，《労働》，《教育》における《女性》（および《男性》）の《問題》を《研究》することに強い関心を有していることがはっきりと確認できる．

　ここから更にもう一歩《問題》の内容に分け入ろうとするとき，重要なのは《役割》である．《役割》と《問題》が共起するすべての文512件を抽出してみる．表1はその512件の文における各カテゴリーの出現頻度を示している．512件のうち半数以上に，《家庭》(139件)，《労働》(99件)，《教育》(52件)のいずれかが含まれていることがわかる．きわめて高い確率であるから，《問題》，《役割》と，《家庭》，《労働》，《教育》のあいだにはかなり特別な関係があるものと考えられる．

　そこでリスト2におけるように，《家庭》《役割》《問題》の関係，《労働》《役割》《問題》の関係，《学校》《役割》《問題》の関係をそれぞれ端的に説明して

【リスト2】《家庭役割問題》,《労働役割問題》,《学校役割問題》を示す典型的な文例群

《家庭》
- ■…女子差別撤廃条約…は,…「出産における女子の役割が差別の根拠となるべきではなく,子の養育には男女及び社会全体が共に責任を負うこと」,「社会及び家庭における男子の伝統的役割を女子の役割とともに変更すること」の必要を明記した.
- ■…女性差別を世界全体の構造的問題の一環として捉え,性差別をなくすためには男女の家庭と社会における伝統的性別役割分業それ自体の変更を必要とする….
- ■…伝統的な性別役割分業(男性は生産的役割,女性は再生産的役割を担うものとする考え)そのものを疑問視することがなく,そのため,育児をはじめとする家族の問題を女性の問題として見なしてしまう….

《労働》
- ■…男女両性が等しく再生産労働(家事・育児労働)に携わることができるような生産労働を求める,という今日的課題を追求するとき,性別分業を支えた母性主義イデオロギーもまた克服されなければならない.
- ■…ジェンダーの視点から性別分業を問うとは,男性を中心に構築された労働から女性がいかに差異化され排除されているかを問うことにほかならない.
- ■…女性労働者がかかえる独自な問題,とりわけ家事・育児役割を担う女性労働者の問題を明らかにするとともに,それにとどまらず,労働市場のなかで女性労働者が果たす役割を,低賃金労働者あるいは不熟練労働者として分析してきた….

《学校》
- ■…女性問題を,人権侵害(公権力による人権
- ■…「家庭役割」と「母親役割」の強調は,「女子に対する教育の機会は,男子と均等でなければならないか,その教育内容においては女子の特性に応じた教育的配慮も必要である」26)「それぞれの特性に差異かあることを認めなから,共にその可能性を発揮できることは今後の重要な課題である」27)というように,性別役割分業の上に立つ女子の特性に基づく教育…の必要として主張されていく.
- ■家庭科のように,民間の教師の側が要求して…「教育のすべての段階およびあらゆる形態における男女の役割についての定型化された概念の撤廃」に照らし,「ジェンダーに敏感な視点の定着と深化」に配慮した教科書点検や教材の開発をすすめてきていても,…小・中学校の検定教科書のジェンダー・バイアスは完全には払拭されていないなど3),問題の根は深い.

(コーパスの性質上,意味のない文字列が混入している場合がある)

【表1】《役割》と《問題》が共起する文における頻出カテゴリー群

女性	220
家庭	139
研究	127
社会	102
労働	99
男性	84
教育	52
理念	38
文化	29
政治	25
福祉	23
経済	21
法律	13
エスニシティ	7

いる文を抽出してみる．

　すると次の3つのことが分かる．

　《家庭役割問題》が述べられている．これは，家事，育児，老親介護など，家庭において女性に付与されて当然とみなされている《役割》が，女性たち自身の望みにそぐわないかたちに固定されていることが問題だというものである．

　《労働役割問題》が述べられている．これは《家庭役割問題》と表裏一体で，女性が賃労働しようとするとき，家庭における《役割》が軽減されないため，正規・非正規といった雇用形態，給与水準や昇進機会，休暇取得などにおいて不利な扱いを受けることが問題だというものである．

　《学校役割問題》が述べられている．これは，上の二関係が反復したり変化したりすることにとって重要な位置にあって，学校は，家庭や労働にみられる女性の《役割》の《問題》を強化する機能を持つこともあれば，そうした《問題》の緩和を進めるために活用することもできるというものである．

3. フェミニズムとの異同

　本節では前節に素描した〈ジェンダー言論〉全体の要約に若干の肉付けをおこなうために，《フェミニズム》(「フェミニズム」とその類語「フェミニスト」，「女性学」などを内包するカテゴリー) という比較指標を導入しよう．〈ジェンダー言論〉と《フェミニズム》の相違は，内部者にとっては自明かもしれないが，外から見ると分かりにくい．しかもここで比較指標とするのは〈ジェンダー言論〉内における《フェミニズム》だから，両者は相似するのが当然である．そうであるだけに，〈ジェンダー言論〉と《フェミニズム》のあいだ

に相違を検出できれば、それは両者の特徴を適切に浮き彫りにするはずだ（リスト1の右端を参照）.

ここでは〈ジェンダー言論〉全体における主要頻出語句の共起パターンと、《フェミニズム》におけるそれを比較する. 表2の右側は、〈ジェンダー言論〉における頻出語句とその類語を16カテゴリーにまとめ、その出現率を頻度順にリストしてい

【表2】ジェンダーとフェミニズムの相似と相違

	フェミニズム	ジェンダー
エスニシティ	1.4	2.4
労働	4.4	11.1
問題	22.4	20.5
女性	24.7	30.3
家庭	6.9	22.1
役割	2.4	3.9
政治	4.3	3.6
教育	3.9	7.7
文化	5.7	4.4
法律	1.5	1.8
男性	6.6	13.2
研究	23.1	16.9
社会	7	10.2
福祉	1.1	3.2
経済	2.7	5.4
自由	4.6	6
計	122.8	162.8

る. 表2の左側は、〈ジェンダー言論〉から《フェミニズム》を含む文をすべて抽出したうえで、それらの文中における同16カテゴリーの出現率を頻度順にリストしている.

両者を比較してまず気づくのは、《女性》、《研究》、《問題》という、〈ジェンダー言論〉でも最頻出の3カテゴリーが、《フェミニズム》においても同等の重要性を有していることであろう. これに準じて《社会》、《文化》、《政治》、《理念》、《役割》、《教育》、《エスニシティ》、《法》についても、両者のあいだの出現率の乖離は2倍以内に収まっている.

しかしかなり相違する要素もある. 表2のなかで両者のあいだで出現率の乖離が大きいカテゴリーを列挙すると、《家庭》（ジェンダー：22.1, フェミニズム：6.9），《労働》（ジ：11.1, フ：4.4），《福祉》（ジ：3.2, フ：1.1），《男性》（ジ：13.2, フ：6.6），《経済》（ジ：5.4, フ：2.7）である.

ここから浮上する〈ジェンダー言論〉の特徴は次のようなことであると言える. まず<u>《女性》</u>の<u>《問題》</u>を<u>《研究》</u>するというのが、〈ジェンダー言論〉と《フェミニズム》に共通する大きな特徴である. 第2に、〈ジェンダー言論〉は、<u>《男性》</u>よりも比較的<u>《女性》</u>を重視しているが、その程度は

15

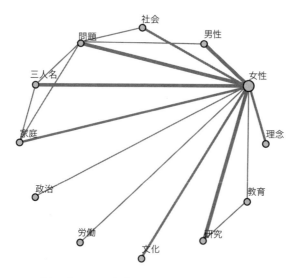

図2 《フェミニズム》を中心とした共起ネットワーク

《フェミニズム》ほどではない．第3に，〈ジェンダー言論〉は《問題》が生起する場面として《家庭》と《労働》を重視する傾向が《フェミニズム》よりも強い．

　《フェミニズム》において《家庭》と《労働》の代わりに重視されているのは，著名な思想家の人名である．80年代半ば以降，2010年までを通算すると，「マルクス」，「バトラー」，「上野千鶴子」という人名を含む文は313件あり，《教育》(213件) と《労働》(233件) を上回って，驚くなかれ《家庭》(359件) に迫る．こうしたことは〈ジェンダー言論〉でも個々の年次 (2000年，2005年など) においてなら起こっているのだが，30年間の全体でおしなべてしまうと固有名詞は一般名詞に圧倒され，その有意味性は限りなく薄まる．

　図2は《フェミニズム》における《問題》が，他の諸カテゴリーとのあいだに有する共起関係を表現している．読み取りを容易にするため20回以上の出現および共起のみを図示した．図2のなかの《三人名》とは「マルクス」，「バトラー」，「上野千鶴子」の合計である．《女性》，《問題》，《研究》によって形作られる三角形を，主要諸カテゴリーが取り巻いている．そのなか

で《三人名》は《家庭》,《労働》に匹敵する位置にあり,《教育》よりも重要性が高い.逆から言うと,〈ジェンダー言論〉は《フェミニズム》に比べると特定少数の発言者から受ける影響が小さいのである.

4. 経時的な変化　記事が掲載された媒体のジャンルからみた

〈ジェンダー言論〉の経時的な変化を究明するには,ジェンダーという語句を表題に含む記事の件数の変化を追跡することから始めるとよい.グラフ1によると,〈ジェンダー言論〉の量は1994年までほぼ横ばいだったのが,1995年から99年までのあいだに激増している.その後は減速しつつも増加を続け,2003年から2005年にかけてピークを迎える.2006年以降は緩やかに減少してゆく傾向にある.

この結果はおおむね井上の知見と一致すると言えるだろう.同じ時期の図書の動向をみるとほぼ同様の動きをしている.ただし図書のほうが90年代後半における増加速度がやや緩慢であり,2003年にピークを迎えた後の減少がやや急激であると言えるかもしれない.

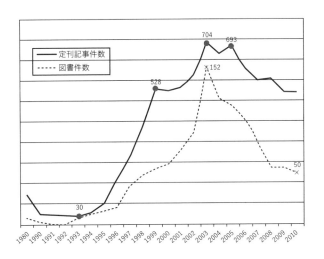

グラフ1　ジェンダー言論の量的推移

【表3】媒体カテゴリー別にみた記事数の変化

	1980s	1990	1991	1992	1993	1994	1995	1996	1997	1998	1999
教育	0	0	2	0	3	0	1	13	22	54	40
国際	0	1	1	1	0	1	1	0	5	15	26
論壇思想	0	1	1	1	2	1	9	8	5	19	35
運動	2	0	0	0	0	0	0	0	4	6	10
労働	1	0	0	0	0	4	7	0	6	17	11
文芸	0	1	1	0	1	2	5	21	26	16	8
報道	6	1	0	0	0	0	0	0	0	7	12
地理	3	6	9	11	0	1	1	0	0	2	2

	2000	2001	2002	2003	2004	2005	2006	2007	2008	2009	2010
教育	23	40	19	21	36	32	20	27	25	28	18
国際	6	33	45	29	30	25	14	23	30	43	12
論壇思想	42	5	14	51	12	42	26	17	4	4	5
運動	28	7	47	8	19	33	0	17	20	6	15
労働	7	33	19	13	41	11	7	9	13	7
文芸	12	13	5	6	7	31	4	8	7	2	6
報道	2	3	1	11	10	13	9	11	11	1	2
地理	1	1	7	3	6	1	2	0	0	2	3

　表3は，ジェンダーという語句を表題に含む記事が，主に何をテーマとした媒体に掲載されたのかを示している．期間を通して記事件数が多いのは〈教育〉(437件)，〈国際〉(344件)，〈論壇・思想〉(305件)，〈人権〉(227件)，〈社会運動〉(224件)，〈労働〉(214件)，〈文芸〉(183件) である．

　経時的にみると，以下の5つの局面があったことがわかる．まず，他の諸ジャンルに先駆けて1980年代から「ジェンダー」を取り上げていたのは〈報道〉ジャンルの定期刊行物である．その内容は1984年『エコノミスト』(毎日新聞社) の「セックスとジェンダーの商品化を考える――サービス労働にみる性的要素の解明」，および1987年『朝日ジャーナル』(朝日新聞社) の4件の記事「〈過剰〉と〈排除〉――性別不快症候群が語る「性的なるもの」の現在」，「迷宮の女から，男として光の世界へ――私は性転換手術のためNYにやってきた (変性症者の手記)」，「大江戸曼陀羅　22　クロス・ジェンダーの文化」，「さまよえるジェンダー日々筋骨が発達していくのを感ずる喜び――私は乳房除去手術を終えてNYから帰ってきた (変性症者の手記)」である．日本の言論における「ジェンダー」導入の最初期には性別違和，つまり

こんにちなら性同一性障害，トランスセクシュアル，トランスジェンダーなどと呼ばれるだろう諸現象への関心，および性的なるものの認知をめぐる文化的，歴史的な多様性への関心があったことがわかる．

　第2の局面は1990－92年の〈地理〉ジャンルの定期刊行物における「ジェンダー」の安定した頻出である．これは100パーセント，月刊『地理』（古今書院）が「エスニシティ・ジェンダー」と題したリレー・エッセイのコーナーを定例化したことに起因している．このコーナーの題目においてエスニシティとジェンダーがナカグロで結ばれているのは，こんにちの社会科学的な研究にみられるようにエスニシティとジェンダーに深い関係があることを示すのではなく，当時新たに重要な課題となりつつあったエスニシティかジェンダーに関わる情報を読者に提供することがこのコーナーの主眼であったことを示している．そして各記事のタイトルから見る限り，1990－92年に出現する26件の記事のうち確実にジェンダーを主題としていると言えるのは「女性がいない日本の地理学界」（1990年），「ジェンダーと女性問題のあいだから」（1991年），「「男性優位」の地理学に必要な女性の視点」（1991年），「日本の労働市場とジェンダー」（1992年），「再論・女性の視点」（1992年），「第三世界の開発と女性をめぐって」（1992年），「男性の視点は可能か？」（1992年）という7件にすぎない．しかしそれでも〈地理〉が他ジャンルに先駆けて「ジェンダー」への言及を早くから制度化していたことは確認されてよいだろう．

　第3の局面は，1990年代後半における「ジェンダー」の爆発的増大である．これに最も貢献したのは〈教育〉ジャンルであり，それに次いだのは〈論壇・思想〉と〈文芸〉である．〈教育〉の貢献の大部分は，この時期に各誌が組んだ特集によるものである．1995年の第4回世界女性会議と1997年の雇均法改正に連動して多くの特集が組まれ，また「ジェンダーフリー」という語句を用いて多くの特集が組まれた．『日本の教育史学』1995年「シンポジウム：教育史における女性――ジェンダーの視点から教育史を問い直す」（記事5件），『教育社会学研究』1997年「教育におけるジェンダー」（記事5

件),『教育ジャーナル』1997年「ジェンダー・フリーで学校は変わるか」(記事3件),『教育評論』1998年「社会を変える 教育を変える ジェンダー・フリーという視点」(記事7件),『国立婦人教育会館研究紀要』1998年「ジェンダーからみた家族」(記事16件),『人間と教育』1998年「ジェンダーから教育を問う」(記事8件),『人材教育』1998年「入門セクシャル・ハラスメント ジェンダー・ハラスメント」(記事8件),『月刊社会教育』1999年「ジェンダーの視点で考える」(記事6件),『教育学年報』1999年「ジェンダーと教育」(記事12件),『教育と医学』2000年「ジェンダーと現代社会」(記事10件)などがそれである.

　なお〈教育〉ジャンルの媒体に掲載された記事は1998年に最多の54件を記録して以降は,毎年おおむね30件プラスマイナス10件程度で推移している.また〈教育〉の記事件数は〈ジェンダー言論〉全体が最も量的に大きくなっていた2002－05年に,他の主要ジャンルとは異なり顕著な増大を見せなかった.ただし,それでも他の主要ジャンルと比して件数が少なくなったわけではない.

　<u>1990年代後半における「ジェンダー」の爆発的増大に対する〈論壇・思想〉ジャンルの貢献は「セックス」および「セクシュアリティ」に関して組まれた幾つかの特集によるところが大きい</u>.『現代思想』1997年「「女」とは誰か」(記事2件),『現代思想』1997年「レズビアン／ゲイ・スタディーズ」(記事1件),『思想』1998年「ジェンダー／セクシュアリティ」(記事10件),『現代思想』2000年「ジュディス・バトラー ジェンダー・トラブル以降」(記事14件)などがそれにあたる.<u>〈文芸〉ジャンルの貢献は,性別役割の文化相対性の観点から既存の文芸作品を再解釈する試みに起因するところが大きい</u>ようだ.『日本近代文学』1996年「ジェンダーを考える」(10件),『社会文学』1997年「ジェンダーの探求」(記事19件),『日本文学』1998年「文学のジェンダー構成」(記事7件)は,いずれもそのような主旨で編まれた特集である.

　そして第4の局面は<u>〈ジェンダー言論〉が量的に最大となった2002－05年である</u>.ここでは〈国際〉と〈論壇・思想〉,次いで〈教育〉と〈運動〉

の貢献が大きかった．この時期〈国際〉が最も件数を伸ばしたこと，そして〈報道〉はこの局面に至っても件数を見る限りでは主要な諸ジャンルに及ばなかったことが，あるいは意外かもしれない．

　この局面における〈国際〉の増大には『アジア女性研究』(公益財団法人アジア女性交流・研究フォーラム) がたいへん大きく寄与している．2002年「ジェンダーと健康」(記事10件)，2002年「第12回アジア女性会議　北九州　自分らしく健康に生きる　ジェンダーを超えて」(記事5件)，2003年「持続可能な開発　ジェンダーの視点から」(記事17件)，2005年「人間の安全保障とジェンダー」(記事6件) と，ほとんど毎年ジェンダーにかかわる特集を組み，しかも各特集の主旨に適合した多くの寄稿を獲得することに成功している．〈女〉という性別を同じくする人々が，言語や慣習，国籍や信仰の異なりにもかかわらず，よりよい暮らしの実現という目標を共有しようとする有様が看て取れる．なお〈国際〉はその後，〈ジェンダー言論〉全体が量的に減少してゆく過程のなかでも，毎年30件プラスマイナス15件程度で推移しており，直近では2009年に第2のピーク (43件) を記録している．

　2002－05年における〈論壇・思想〉では『世界思想』(国際勝共連合)，『明日への選択』(日本政策研究センター)，『正論』(産経新聞社) の寄与が大きい．『世界思想』は2002年に「ジェンダーフリーという害毒」(記事4件)，2003年に「21世紀の共産主義――ジェンダーフリーの危険な正体を暴く」(記事2件) と題して特集を組んでいる．『明日への選択』は特集という形態ではないものの「ジェンダーフリー」をタイトルに冠した記事を2002年に2件，2003年に6件掲載している．「こんなに危ういジェンダーフリー教育」(2002年)，「ジェンダーフリー革命の現実を直視せよ」(2002年)，「「日本解体」を狙うジェンダー・フリーの「本当の恐ろしさ」」(2003年)，「脳科学が立証するジェンダーフリーの「ウソ」」(2003年)，「「男女共同参画」に隠されたジェンダーフリーの企み」(2003年)，「ジェンダーフリー革命への四つの「仕掛け」」(2003年)，「ジェンダーフリー教育の恐るべき「弊害」」(2003年)，「過激な「性教育」もルーツは同じ　教育を蝕むジェンダーフリーの「毒」」(2003年)．

『正論』はこれらに少し遅れて「ジェンダーフリー」をタイトルに冠した記事を2003年に3件，2004年に2件，2005年に5件掲載している．「「両性具有への人間改造」——ジェンダー・フリー教育の正体」(2003年)，「ジェンダーフリー教育への危惧」(2003年)，「あの上野千鶴子女史も仰天！ 全国——ひどい三重県桑名市のジェンダー条例」(2003年)，ジェンダーフリーの元祖はやっぱりマルクスとエンゲルス」(2004年)，「これは怖い！「教科書黒書」ジェンダーフリー版」(2004年)，「ある性医学者が行った恐るべき実験——嘘から始まったジェンダーフリー」(2005年)，「上野千鶴子女史が激賞したジェンダーフリー条例失効の顛末」(2005年)，「日教組のジェンダーフリー隠しと現場の暴走」(2005年)，「ジェンダーフリー隠しに手を貸す文科省」(2005年)，「猪口さん，ジェンダーフリー推進の旗を降ろして！」(2005年)．

これらに次いで2002－05年における寄与が大きいのは『世界』(岩波書店)の2005年の特集「ジェンダーフリーって何？」(記事5件)，『科学的社会主義』(社会主義協会)の2005年の特集「ジェンダー平等と女性のいま——国際女性年から三十年」(記事5件)，そして『論座』(朝日新聞社)の2005年の特集「ジェンダーフリーたたきの深層」(記事4件) である．

2002－05年における〈論壇・思想〉ジャンルには，イデオロギー闘争の応酬が明瞭にあらわれている．2002年から2005年までが言わば右派の攻勢の時期であり，2005年にはそれに対する左派からの応戦があった．

そして最後の局面は，2006年以降の〈ジェンダー言論〉の量的減少である．この時期に〈論壇・思想〉，〈運動〉，〈労働〉，〈文芸〉は記事件数を半減させている——〈教育〉，〈国際〉，〈人権〉，〈報道〉，〈歴史〉，〈医療〉は記事件数を維持している——．

〈論壇・思想〉の激減（2002－05年の合計119件から06－09年の合計51件へ）は，2002－05年のあいだにイデオロギー闘争が一巡し，2006年以降に二巡目が生起しなかった，あるいは二巡目もあったものの，一巡目ほどの盛り上がりを見なかったことを物語っているとみてよかろう．このことが〈ジェンダー言論〉の量的減少に最も寄与している．

それに次いで寄与度が大きいのは〈運動〉の減少（同107件から43件へ）であるが、これは『女性＆運動』(新日本婦人の会)と『あごら』(あごら新宿)が「ジェンダー」をタイトルに冠した記事を減らしたことの影響が大きい．〈労働〉の減少（同84件から34件へ）は『女性労働研究』(女性労働問題研究会)と『世界の労働』(日本ILO協会)が「ジェンダー」をタイトルに冠した記事を減らしたことの影響が大きい．なお、この時期『女性と労働21』(フォーラム・「女性と労働21」)はほぼ横ばいであった．

　〈文芸〉(同49件から21件へ)の落ち込みは見かけ上のことである．2005年に〈文芸〉が突出した件数の増大を見せたのは、『国文学：解釈と鑑賞』(至文堂)が同年に組んだ特集「ジェンダーで読む夏目漱石」(29件)があまりにも巨大だったためである．これを除去すれば〈文芸〉における記事件数は2000年代を通じてコンスタントである．〈法律〉の記事件数の推移はここで述べた5つの局面に連動していない．

　以上を井上（2006）と照合しながらまとめれば次のことである．

　まず井上によれば1980年代の日本の図書と行政資料においてジェンダーと言えばイリイチのヴァナキュラー・ジェンダーを指していた．これに対して本節の発見によれば定期刊行物記事では1987年には性別違和がジェンダーの名の下で論じられていた．この事実は、その記事本体の著者である2人の人物のうちの1人、黒柳俊恭（もう1人は虎井まさ衛）が同年に『彷徨えるジェンダー　性別不快症候群のエスノグラフィー』(現代書館)と題した図書を刊行していたことと合わせて、ジェンダー研究の今後に少なからぬ示唆を与えると思われる．

　1990年代前半は井上によれば、ジェンダーの観点から社会的・文化的諸事象を研究する学術の動向が出現した時期だった．これに対して本章によれば、定期刊行物におけるジェンダーは未だ〈新奇なもの〉の域を出ていなかった．ジェンダーに関する言論がはっきりと増大するのは1990年代半ば以降のことで、それは学術研究の内発的な発展というよりは、おそらく1995年の世界女性会議、1997年の雇均法改正という大きな出来事に刺激された

結果だった．

　井上によれば，1990年代後半の〈ジェンダー言論〉の急増には4つの要因があった．そのうち3つについては本節も同様の知見を提示した．第1の〈ジェンダー観点からの学術研究の隆盛〉は，本節の分析では特に〈文芸〉ジャンルではっきりと確認できた．第3の〈学校教育における男女平等からジェンダーフリーへの移行〉は，本節の〈教育〉ジャンルの考察が裏付けた．第4の〈性的少数者への抑圧に対する異議申し立て〉は〈論壇・思想〉ジャンルに看取できた．井上が指摘する第2の要因〈女性問題からジェンダー問題への政策のパラダイム転換〉については残念ながら本節では検証できなかった[4]．

　2000年代前半の図書と行政文書における〈ジェンダー言論〉の量的ピークは，井上によれば1990年代後半の動向の延長線上にもたらされた．これに対して本節によれば，1990年代後半の定期刊行物における〈ジェンダー言論〉の増大と2000年代前半におけるそれは性質が異なる．1990年代後半の増大は，雇均法とジェンダーフリーを旗印とした〈教育〉ジャンルの媒体群と，セクシュアリティを旗印とした〈論壇・思想〉ジャンルの媒体群が主導した．2000年代前半の増大は，開発と人間の安全保障を旗印とした〈国際〉ジャンルの媒体群と，左右に分かれたイデオロギー闘争の舞台となった〈論壇・思想〉ジャンルの媒体群が主導した．

　このピークを経過して以降，2006年以降の〈ジェンダー言論〉の激減は，井上によれば〈バックラッシュの影響〉である．本節が示唆するところによると，この〈バックラッシュの影響〉には2種類が存在した．第1に〈右派からの攻撃に対して大方の議論が委縮した〉こと，これはこの時期における〈運動〉と〈労働〉のジャンルにおける激減によって傍証されるかもしれない．しかしそれだけではない．第2には〈論壇・思想〉にみられたように，この激減は，〈右派からの攻撃にたいして左派が反撃した後，右派からの再攻撃が弱かった〉ことの結果であった．

5. 経時的な変化　内容からみた

　もう一歩，記事の内容に立ち入った変化を検討するために，主要な16カテゴリーのうち，〈ジェンダー言論〉全体の要約において最重要の8カテゴリーを抽出し，その8カテゴリーが互いにどれくらい共起しているかを指標化しよう．

　グラフ2における「16捕捉度」とは，〈ジェンダー言論〉全体のなかで，主要16カテゴリーのいずれかによって，どのくらいの割合の文を捕捉できたかをあらわしている．捕捉度が高いということは，資料体に出現する語彙が主要16カテゴリーに高い程度で収束していることを意味する．「16捕捉度」が低下してゆくということは，〈ジェンダー言論〉における語彙が多様化してゆくことを意味する．

　「8共起度」とは，〈ジェンダー言論〉の構造において中心的な最重要8カテゴリーが一文中で互いにどれくらい共起しているかをあらわしている．「8共起度」が高いということは，最重要カテゴリー同士が緊密に関係している

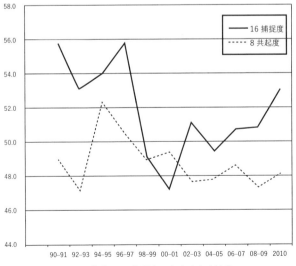

【グラフ2】語句の収束度と密接度

ことを意味する．「8共起度」が低下してゆくということは，〈ジェンダー言論〉における最重要語句群の相互関係が緩んでゆくことを意味する．

　グラフ2における「16捕捉度」と「8共起度」は，世紀の変わり目までは総じて同じ動きをしていると言ってよさそうである．「16捕捉度」「8共起度」ともに90年代前半から90年代中頃にかけて上昇する．その後00年に向けて揃って下降する．しかし世紀の変わり目以降はやや異なる．「16捕捉度」は2010年まで緩やかに向上する傾向にあるが，「8共起度」は横ばい，あるいは90年代半ばをピークとして緩やかに下降する傾向にある．

　90年代前半から中頃にかけて，「16捕捉度」と「8共起度」がそろって上昇することは，その時期に〈ジェンダー言論〉が，比較的絞り込まれた少数の語彙群により緊密に構造化されていったことを物語っていると言える．つまり〈ジェンダー言論〉は<u>90年代半ば，《家庭》，《労働》，《教育》における《女性》の《役割》をめぐる諸《問題》を《研究》する言論として最も強固に構造化されていた</u>と考えられる．

　90年代半ばから世紀の変わり目にかけて「16捕捉度」，「8共起度」がそろって下降することは，井上説に則って解釈すると，ジェンダーという語句が普及し，適用範囲を拡大した結果としての拡散ということになるだろう．

　それ以外の要因は指摘できないだろうか．1998年から2001年の範囲で主要16カテゴリーに入らない語彙のなかで何か起こっていないか精査してみる．すると2つの特徴に気づく．第1に，98年から00年にかけて，他ではあまり出現頻度上位にあがってこない人名がある．特に「バトラー」と「イリガライ」である．これと相関してのことだろう，同時に「セクシュアリティ」の瞬間的な増大が見られる．「セクシュアリティ」は99年に75位，00年に98位，01年に48位に入ったが，02年以降はふたたび100位以内から姿を消している．

　第2に，この時期には「暴力」が重要な関心事として浮上している．この語彙は1999年まで頻出100位以内に入ってこなかったのだが，2000年に突然，第16位に登場している．この年の第53位には「セクシュアルハラス

メント」も入っている．「暴力」はそれ以降も，かなりコンスタントに頻出する語彙となっている（01年64位，02年100位，03年24位，06年31位，10年70位）．

第1点について．「16捕捉度」，「8共起度」がそろって下降してゆくなかで，1990年代後半，ジュディス・バトラーとリュス・イリガライの名が「セクシュアリティ」とともに重要な関心事となっている．これは，既存の〈ジェンダー言論〉の確立された少数の語彙群と構造化された言葉遣いに対して，その再考を促す動向だったと考えられる．

「バトラー」あるいは「イリガライ」が出現する836文をすべて抽出し概観すると，「パフォーマティヴィティ」，「パフォーマンス」，「エージェンシー」という片仮名の専門用語が散見される．これらをまとめてカテゴリーにし，《バトラー用語》と名付ける．全体の頻出語句ランキングに位置づけると《バトラー用語》は66件であり，「問題」（81件），「主体」（78件）に次いで，驚いたことに出現頻度は第3位となる．

《バトラー用語》が出現する66件の文には，きわめて濃厚に既存の〈ジェンダー言論〉の再考を促すメッセージが含まれている．リスト3はなかでも決定的な文を抽出している．その内容を要約すれば，あらまし次のようである．既存の〈ジェンダー言論〉が想定している人間とは，生殖する一対としての男性と女性である．しかし性別役割の再考を標榜するなら，生殖に依存する性別の観念によって，役割の文化的パターンを基礎づけるジェンダー概念を批判的に乗り越えるのが先決である．それをしないから，〈ジェンダー言論〉は自ら批判しているはずの決定論的な性別観と，性別と役割の二元論に，むしろ緊縛されている．今後〈ジェンダー言論〉にとって重要なのは，ほんらい多種多様なはずの人々のおこないがどのようにして既存の性別役割のような思考・行動パターンへと収斂しているのかを検証することである．本研究が冒頭付近で指摘した，20世紀半ばにおいてジェンダーという語句が有した意義と呼応する主張である．

グラフ2に見えるとおり1990年代後半から2010年まで一貫して「8共起

【リスト3】「バトラー」あるいは「イリガライ」を含む典型的な文例群
- 『ジェンダー・トラブル j(1990) のなかでジュディス・バトラーは，ジエンダーはパフォーマティヴであるという議論を展開した……
- 「ジェンダー・アイデンティティは，ジェンダーの表現に先立つものではない」とするジュディス・バトラーは，それが，「通常アイデンティティの帰結だと言われるところの『表現』によってパフォーマティヴに構築される」ことを説く(2).
- バトラーは，わたしたちは自分のジェンダー・アイデンティティを行為/演技することを学ぶということ，すなわちジェンダー・アイデンティティを行為遂行的に構成されると論じる17).
- 『ジェンダー・トラブル』以降少しつつ修正しながら，しかし基本的に変わっていないバトラーの視点があるとすれば，ジェンダーとセックスの旧来の因果関係を転倒させたこと，そして本来は起源でないものを起源と捏造するのがパフォーマティヴな発話行為であるという視点です．
- アーヴィング・ゴフマンの印象操作やパフォーマンス(演技)においては，行為者の作為性，つまり演技しようとする意志の自覚性が強調されていたが，バトラーのパフォーマティヴィティは，行為者よりも先に存在し，行為者の意志や選択に還元できない．
- いったいこのントリックと，バトラー自身のパフォーマティヴィティ論，たえざる反復からなるずれの主張とは，どのように交差しているのか．
- そしてバトラーはこのような存在がひきおこす，ひとを疑問に付しつづける境乱行為を，「パフォーマティヴ」な行為として定式化する．
- バトラーにおけるパフォーマティヴィティという概念は，先に見たように，あらかじめ主体を想定するパフォーマンスとは違い，主体という概念そのものに異議を唱えるものである．
- バトラーは，ジェンダーの実体的1効果が，ジェンダーの首尾一貫性を規定する実践によって，パフォーマティヴ(行為遂行的)に生み出され，強要されているとし，ジェンダーとはパフォーマティヴであるとする．
- 一方，バトラーの主体・アイデンティティを説明する鍵概念は，パフォーマティヴィティである．
- 近年，フェミニズム・クィア理論において最も注目されるジュディス・バトラーの理論の白眉は，主体の受動性を分析する理論に，能動的なエイジェンシー四ぴq魯o箕行為体)の理論を接ぎ木したことである(-).
- たとえばジュディス・バトラーの『ジェンダー・トラブル』では，「男の子なんだから泣いちゃだめよ」とか，「女の子なんだから暴れちゃだめよ」とかいうふうに，言語によるパフォーマティヴな儀式的反復によって男らしい男とか女らしい女というものが生産・再生産されていくということが強調される．

(コーパスの性質上，意味のない文字列が混入している場合がある)

28

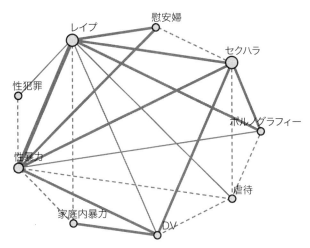

図3　《暴力》を中心とした共起ネットワーク

度」が下降し続けているのは，少なくとも部分的には，このバトラー的問題提起のインパクトが少しずつ受容されていっていることとして説明できるのではないか．その一方で，90年代後半にいったん低落した「16共起度」が00年代を通して再び持ち直す傾向にあるのは，〈ジェンダー言論〉を，既存の語彙を用いて改めて構造化することに向けた予兆ではないか．

　第2点について．〈ジェンダー言論〉から改めて《暴力》(「暴力」およびその類語「被害」，「加害」，「レイプ」，「セクハラ」などからなるカテゴリー)を抽出した．その概要を示したのが図3である．読み取りやすさを優先し，4回以上の出現および共起のみを図示している．

　《暴力》において突出して頻繁に言及されているのは《セクハラ》(「セクシュアルハラスメント」，「性的いやがらせ」などからなるカテゴリー) (599件)，《レイプ》(「レイプ」，「強姦」などからなるカテゴリー) (526件) である．これらに次いで《性暴力》(「性的暴力」を含む) (333件) があり，そして《DV》(「ドメスティックバイオレンス」などからなるカテゴリー) (175件)，《慰安婦》(「従軍慰安婦」などからなるカテゴリー) (137件) が続く．

　《性暴力》は《レイプ》と最も頻繁に共起しており，かつ，他のすべての

【表4】性暴力に関連する諸カテゴリーの出現数の変化

	1980-94	1995	1996	1997	1998	1999	2000	2001	2002
DV	0	0	0	0	7	1	9	27	22
セクハラ	2	5	4	44	12	3	252	10	9
ポルノ	0	0	0	0	3	0	0	0	0
レイプ	1	11	33	29	39	128	40	14	12
家庭内暴力	0	0	2	1	5	3	13	13	10
性暴力	0	4	1	59	29	24	43	15	14
性犯罪	0	0	2	0	0	1	1	2	2
慰安婦	0	1	19	22	3	4	19	8	7
暴行	0	0	0	0	0	3	1	3	3
虐待	0	1	6	1	3	5	21	7	5
総数	3	22	67	156	101	172	399	99	84

	2003	2004	2005	2006	2007	2008	2009	2010
DV	24	12	7	9	1	3	4	0
セクハラ	1	8	3	7	0	2	0	1
ポルノ	6	7	0	0	0	0	0	0
レイプ	100	3	13	52	3	13	19	3
家庭内暴力	4	9	4	11	2	1	0	8
性暴力	72	0	4	39	7	5	11	8
性犯罪	10	0	4	10	0	2	4	0
慰安婦	5	0	0	7	2	1	45	1
暴行	3	0	2	11	0	0	0	0
虐待	8	27	1	7	1	1	3	5
総数	233	66	38	153	16	28	86	26

カテゴリーとも共起している．したがって《性暴力》はこれら諸現象を統括するカテゴリーであると言える．かつて瑣末視されていた《セクハラ》や，警察行政の民事不介入原則によって等閑視されていた《DV》，そして本人の自由意志と公権力による強制が強い緊張関係に置かれる《慰安婦》を，1990年代後半に，一挙に，はっきりと日本における公共の議論の俎上に載せる機能を持ったのが《性暴力》であったと言える．

表4は年次毎に各カテゴリーの出現回数を示している．《セクハラ》は1990年にいったん出現したもののすぐに消え，90年代半ばに改めて提起され，2000年にピークを迎える．《慰安婦》は1995年に初めて出現し，1997年に1回目のピークを迎える．やや遅れて《DV》は1998年に初めて出現し，2003年にピークを迎える．これらにちょうど連動して《性暴力》は1995年に初めて出現してから，2000年に1回目のピーク，2003年に2回目のピ

ークを迎えている．この事実は《性暴力》が包括的カテゴリーとして機能したことを傍証する．

2000年代,《セクハラ》と《DV》が下降してゆくなかでも,《性暴力》は出現し続けた．2006年における《レイプ》の再上昇，2009年における《慰安婦》の再上昇とともに上昇することも,《性暴力》が包括的カテゴリーとしての機能を有していることを裏付けていると言えるだろう.

1990年代半ばに最も強固に完成された〈ジェンダー言論〉の構造とちょうど入れ替わりに，<u>1990年代後半以降に〈ジェンダー言論〉を構造化する新たな要因が生じたとすれば，それはおそらく唯一,《性暴力》であった</u>．もちろん《性暴力》を中心とする言論構造は最重要8カテゴリーほどには強力でない．しかし《性暴力》は最重要8カテゴリーからはある程度自律しており，かつバトラー的な問題提起からもマイナスの影響を受けない．

6. 2011年以降の動向

本章を閉じるにあたって，最後に，以上に扱うことができなかった2011年から2015年までの動向を簡潔におぎなっておこう．データはNDL－OPACのタイトル検索によってヒットした約6,100件（2010年までの約4,500件プラス2011年から2015年までの1,600件）の記事題目（および特集題目）である．

80年代後半以降2015年に至るまで一貫して出現頻度を上昇させ続けている語句は，グラフ3が示すように，頻度が高い順に①「視点」，②「アジア」，③「国際」，④「スポーツ」，⑤「格差」などである．出現数ではなく出現頻度が高まっていることは，すなわち，これらの語句が〈ジェンダー言論のなかでシェアを上げている〉ことを意味する．

「視点」は90年代後半に構造化された〈ジェンダー言論〉の，構造そのものを温存した応用範囲の拡張を表現していると考えられる．つまり，前節に指摘したように〈ジェンダー言論〉の基本構造の根幹を成す主要語句群は次第に共起度を落としてゆく傾向にあるのだが，そのことは必ずしも<u>〈ジェン</u>

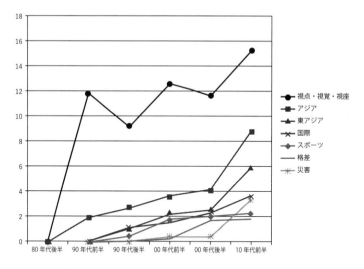

グラフ3　一貫して出現頻度を増やしている語句群

ダー言論〉の基本構造そのものの弛緩を意味しているわけではなく，むしろ当該構造が論者たちにとって織り込み済みの自明事となったからこそ言及されなくなったと考えられる．要するに，〈ジェンダーの視点〉とだけ述べれば，それが〈《家庭》,《労働》,《教育》をはじめとして，さまざま生活場面における女性と男性の役割の問題に注目する視点〉であることが理解されるようになったのである[5]．

　そうした動きとして，すでに本章第4節は，90年代後半における〈文芸作品の再解釈〉の動き，および，00年代前半における〈国際援助・国際協力〉に関する言論の増大を検出した．

　「アジア」と「国際」が00年代半ば以降もコンスタントに出現頻度を高め続けているのはその延長線上のことと考えられるが，00年代前半までとは幾分異なり，図4に見られるように，これらの言論における「アジア」「国際」は援助・協力の対象というよりは，日本と対等に伍する比較の対象として捉えられるようになってきていると考えられる．〈ジェンダーの視点〉で彼の地を考察することが，彼の地について理解し，此の地と比較するため

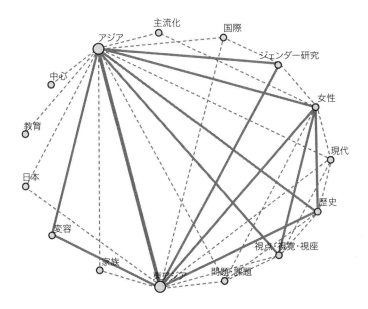

図4 《アジア》を中心とした共起ネットワーク

の，確立された普通の一方法となったのである．

④「スポーツ」の出現頻度のコンスタントな増大も，同様に〈ジェンダーの視点〉の新たな応用の営みとして理解できるだろう．図5が示唆しているように，そもそも「スポーツ」は〈ジェンダー言論〉の構造の主要な源泉の1つである《教育》における「体育」と強い連関をもっているのに加え，医療・健康という万人の関心事と重なる部分が大きいため「政策」と結びつきやすい．「スポーツ」が〈ジェンダー言論〉の応用領域となることは何ら不自然でない．

⑤「格差」は公共の言論全体において特に00年代半ば以降こんにちにいたるまで，一種の流行語となっている．したがって〈ジェンダー言論〉において「格差」の頻度が上昇していることに特別の意義を想定すべきではなかろう．一般に「格差」という語句が流行しているのは，おそらく「不平等」という日常語にまつわる〈財は等分に分配されるべきだ〉という平等主義的な議論の筋道，あるいは〈最低限の財の分配が担保されているなら，不等分

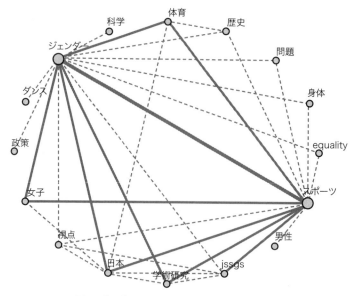

図5 《スポーツ》を中心とした共起ネットワーク

な分配は許容されるべきだ〉という自由主義的な議論の筋道へと単純化されることを避けながら，それでも分配を議論しようとする際に便利だからであろう．

　これが〈ジェンダー言論〉においても同様であるとすれば，そこで述べられる「格差」とは，単に男性と女性のあいだの財の分配の等分化や，必要最低限の分配についての既存の規範的で典型的な議論に回収されずに，分配を議論することを志向しているのだろう．回りくどい言い方をしているようだが，要は，例えば《労働》における賃金だけでなく昇進や休暇制度について議論したり，地域によってばらつきがある公《教育》における〈ジェンダーの視点〉のあり方について議論したりするとき，「格差」は「不平等」より便利なのである．

　なお，上述以外に目を引くのは，2011年以降だけに特異な「災害」の出現頻度の極端な上昇である．2010年までと比べると10倍ものジャンプ・アップである．これも図6が示しているとおり，2011年の東日本大震災の発

34

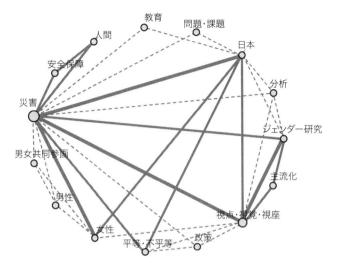

図6　《災害》を中心とした共起ネットワーク

災が直接の引き金となって〈ジェンダーの視点〉で捉えられるべきものとして発見された社会的・文化的事象と見て間違いない．

7．まとめ：バックラッシュ？

　以上，本章は，1980年代からこんにちにいたる〈ジェンダー言論〉の全体像と，その変遷過程の概要をテキストマイニングの手法によって考察してきた．文中の下線部だけを読めばその結果が濃縮されているので，ここで改めてその内容を要約することはしない．ここでは本研究の知見が持ちうる意義について若干の水路付けをおこなう．

　第1に，本研究の知見の主要部分はテキストマイニングのソフトを用いて，わずか2週間程度で導かれた．通常の〈読む〉作業をとおしてならば，この知見を獲得するのに週単位でも月単位でもなく，年単位の時間を要したはずである．もちろん実際にはほとんどの記事はあらかじめ電子化された形で存在したわけではなかったため，図書館等に出向いて冊子から複写を取

り，それを画像ファイルに変換し，画像ファイルからOCRソフトを用いてASCIIテキストを作成し，それをもとにコーパスを作成するためには，計測不能な作業時間を要した．しかし計測不能な作業時間を要するのは通常の〈読む〉作業でも同じである．

　第2に，ジェンダーにかんする過去約30年の言論は，それを担った個々の論者が同意しようとしまいと，総体としてはかなり明確に一貫した傾向を有していることが分かる．〈ジェンダーとは何か〉について，有力者たちが大上段に振りかぶって下す定義から議論を始めると，論者たちのあいだの相違や対立点があるいは目につきやすくなるかもしれない．しかし予断を抱かず，あらゆる記事を平等に扱い，虚心坦懐に全体を見渡せば，相違点よりも共通点のほうがはるかに大きいことが分かる．要するに〈ジェンダー言論〉とは，家庭，労働，教育における女性と男性の役割の諸問題を研究することに強い関心を有する言論，その応用としての社会的・文化的諸事象における女性と男性の役割の諸問題を論じる言論であり，また，そのような言論に対して幾つかの角度から投げかけられる諸批判の言論——大きいのはバトラーとイリガライに代表される性別批判，そして勝共連合や産経新聞に代表されるイデオロギー論争——から成る．〈ジェンダー言論〉のこの基本構造は1990年代半ばにおける確立されて以降こんにちに至るまで継続しており，これに取って代わるような新たな構造は2018年現在，確認できない．

　第3に，本章がもたらした知見はきわめて高度な検証可能性を有する．このような知見，特に第2節におけるような知見は，ジェンダーの専門家にとっては口に出すまでもない，ひどく冗長な〈常識〉かもしれない．しかしその〈常識〉は〈その道何十年〉の経験から修得されたものであり，その修得プロセスは明確でない，あるいは明確であってもきわめて複雑かつ，内容が自明的であらためて言語化されることがないため検証可能性が低い．こうした〈常識〉を検証可能な形で明確な言葉で述べることができるのは，テキストマイニングの欠点ではなく，利点である．検証不能な〈常識〉が専門家の秘儀によって権威づけられるのは，ジェンダーにかんする言論においては不

健全であろう（ジェンダーだけでなく公共の言論全般にとって適切でない）．

　第4に，本研究の知見はジェンダーについて発言したいあらゆる人にとって実用的なガイドとなる．ジェンダーについて効果的に発言するには，〈ジェンダー言論〉における頻出語句をなるべく吟味して用いること，および，用いる際にはそれら諸語句のあいだの〈常識〉的な関係のあり方を踏まえるのが得策である．もちろん〈ジェンダー言論〉の〈常識〉を反復せよというのではない．自身の発言を〈常識〉と関係づけながら組み立てることが肝要である．

　第5に，本研究の知見は発見的な道具として有用である．ごく一例として，ジェンダーという語句を用いていなくとも，〈ジェンダー言論〉にとって重要な意義を有する言論を探知するために使えるだろう．ちょうどシモーヌ・ド・ボーヴォワールやジャーメイン・グリアーがジェンダーという語句をさほど用いなかったにもかかわらず〈ジェンダー言論〉に大きな影響を与えたように，ジェンダーを冠さないが〈ジェンダー言論〉にとって大きな意義を有する言論が，どこかに潜んでいる可能性がある．

　最後に，2003年前後の，いわゆるバックラッシュ現象について判断を下して本研究を閉じよう．井上説によれば，ジェンダー関連の図書と行政資料はバックラッシュ現象とともに量的に減少した．このこと自体は，定期刊行物においてもほぼ同様に起こっている．しかし第3節以降に検討したように，〈バックラッシュ現象によってジェンダー言論の量的減少がもたらされた〉という主張が，〈バックラッシュ現象がジェンダー言論の量的ピークを形成した〉という主張より強いと述べることは容易ではないのである．

　では質的にはどうか．2003年以降，〈ジェンダー言論〉にはバックラッシュ現象の影響による実質的な内容の大きな変化があっただろうか．それについても本章の判断は否定的である．過去30年間の〈ジェンダー言論〉の内容の大局的な変化は，1)1990年代半ばに向けた，主要16カテゴリーおよび最重要8カテゴリーによる強固な構造化，2)90年代後半から00年代初頭における使用語彙の多様化，3)90年代半ば以降，00年代全般における最重要8

カテゴリーから成る構造の沈潜（所与化），4)00年代全般における語彙の緩やかな再集約化である．どうやらこうした内容の大局的な変化の傾向は2-3年程度の突発的な現象によって大きな影響を受けるものではないようである．

注
1) 本章は左古(2014a)および左古(2014b)に，2011年から2015年についての分析を追加した増訂版である．
2) コーパスの作成，分析，解釈に関する技術的な諸側面の詳細については左古(2014b)を参照．
3) 詳しくはジャーモン(2010=2012)，および訳者解説を参照．
4) だからと言って井上が指摘する〈女性問題からジェンダー問題への政策のパラダイム転換〉が存在しないと述べるつもりは全くない．本研究のデータと分析手法では検出できなかっただけである．
5) テキストマイニングは本質的に〈書かれた語句〉の計測に依存するため，このケースのように，或る語句の出現が経時的に減少してゆくことの評価に弱みを有する．語句の出現が減ることは，必ずしもその語句が重要でなくなることを意味せず，むしろきわめて重要であるため論者に共有され，あえて言及されなくなる場合もある．

文献
江原由美子編，1989，『ジェンダーの社会学』新曜社．
ジャーモン，ジェニファー，2012，『ジェンダーの系譜学』左古輝人訳，法政大学出版局．
井上輝子(2006)「『ジェンダー』，『ジェンダーフリー』の使い方，使われ方」，若桑みどり・加藤秀一・皆川満寿子・赤石千衣子編『「ジェンダー」の危機を超える！』青弓社，61-82頁．
黒柳俊恭，1987，『彷徨えるジェンダー――性別不快症候群のエスノグラフィー』現代書館．
左古輝人，2010，「社会の科学とテキストマイニング」『人文学報』422号，73-98頁．
左古，2014a，「「ジェンダー」とそれを取り巻く語彙の変遷 1980年代-2010年」『ジェンダーをめぐるコミュニケーション齟齬の研究――専門的概念の再帰性に着目して――』平成23-26年度科学研究費補助金基盤研究C研究成果報告書（課題番号23530622），17-40．
左古，2014b，「資料集 「ジェンダー」とそれを取り巻く語彙の変遷 1980年代-2010年」『人文学報』482号，111-131．
山本哲士編，1983，『経済セックスとジェンダー』新評社．

第2章
〈敵〉を抽象化するレトリック
——保守系論壇誌『諸君!』における反フェミニズム言説の変遷——

林原　玲洋

1. 序論：課題の設定

　本章では，ジェンダーをめぐるコミュニケーション齟齬が生じやすい環境として，反フェミニズム言説をとりあげる．

　T. J. Mertz によると，「反フェミニズム」とは，フェミニズムに対する反動（リアクション），つまり，「男性優位に対する批判を認めず，男性優位を消し去ろうとする努力に抵抗する（そもそも変化が可能であるという考えもしばしば却下する）もの」であり，「フェミニズムを欠いたところに存在し得るその他の関連概念，つまり，男性優越主義，性差別主義，女性嫌悪，家父長制，男性中心主義などから区別される」(Mertz 2005: 95=2016: 2721)．その起源は，『女性の権利の擁護』で知られる M. Wollstonecraft の思想と行動を「非道徳的」と非難した保守派の論者にまでさかのぼることができるという．

　近年の日本において，最も流布した反フェミニズム言説は，2000年代に保守系のメディアを通じて広まった「バックラッシュ」言説，つまり，「男女共同参画」「ジェンダーフリー」「過激な性教育」バッシングであろう．

　「バックラッシュ」という用語は，リベラル派からみた保守派のリアクション（反動）一般を意味しており，たとえば，人種をめぐる積極的差別是正措置（アファーマティヴ・アクション）についても，保守派の「バックラッシュ」を問題化することができる．フェミニズムの分野でこの用語を広めた S. Faludi も，かなり広義に用いているが (Faludi 1991=1994)，本章では，2000年代の日本に特徴的であった反フェミニズム言説を，とりわけ「バッ

クラッシュ」言説と呼び分けることにする．

　「バックラッシュ」言説の特徴としては，「組織的な攻撃」(伊田 2006: 176) であることが，しばしば指摘されてきた．つまり，「『産経新聞』『正論』『諸君！』といった『大手保守系』メディアと『日本時事評論』『世界日報』『思想新聞』といった『右翼的宗教系』メディア，そこに登場する林道義，高橋史朗，八木秀次，西尾幹二，長谷川三千子各氏といった識者，山谷えり子氏などの国会議員・地方議員」(伊田 2006: 183-84) が連携して，ソースの不明確な伝聞を相互に引用しあうことで，「ジェンダーフリー」や「過激な性教育」の〔しばしば実態に反する〕問題を喧伝し，行政に対する陳情を動員したというのである．

　一方，「バックラッシュ」言説の担い手に聞き取り調査をおこなった山口智美らは，その運動を「組織的」なものとして描くことについて，つぎのように述べている．これは，「バックラッシュ」言説の担い手を，実証研究を欠いたまま一枚岩の勢力として描いた，フェミニストやジェンダー研究者に対する〔自省を込めた〕批判になっている．

　　保守運動とフェミニズム運動の対立は，あわせ鏡のような構図だった．フェミニズムを「共産主義」「男女同質化」「フリーセックス」とレッテル貼りする保守運動に対し，フェミニズムもまた，保守運動に「新自由主義」「新保守主義」「反動」とレッテルを貼っていく．両者とも互いを「敵」として捉え，議論や対話を重ねるためではなく，それぞれの業界向けの動員の言葉として，これらのレッテルを振りかざしていく．そこでは，実態を表した適切な表現ではなく，流言に等しい表現が多く氾濫した．保守運動が「過激な」とくくる言葉は，一部の事例や存在しない事例を，あたかもフェミニズムの本質的な意図であるかのようにみせるレトリックとして機能した．一方でフェミニズムが保守運動批判に使う「新自由主義」は，政策論点の細部を覆い隠し，ひとまずの大きな風潮を批判してみせるという便利なマジックワードとして機能してい

た．(山口ほか 2012: 328)

　とはいえ，一枚岩の勢力として自らを構成することは，ほかならぬ「バックラッシュ」言説の担い手自身にとっても実践的な課題であった．たとえば，「新しい歴史教科書をつくる会」の内紛によって，のちに西尾幹二と袂を分かつことになる八木秀次は（西尾 2006; 八木 2006），西尾との共著において以下のように述べている．

　　著者二人は，「新しい歴史教科書をつくる会」という教科書改善運動に携わっている者である．歴史教科書もまた冷戦後，よけいに階級闘争史観が濃厚になったが，本書で論じた「ジェンダーフリー」も「過激な性教育」も，その背景にある人物や思想は，歴史教科書を自虐的にした勢力とぴったり同じである．〝敵〟は同じなのである．その意味では，われわれ二人［西尾・八木］がこの問題に携わるのには必然性があると言っていい．(西尾・八木 2005: 10-11；［　］括弧内筆者)

　そこで，本章では，むしろ山口らの批判を出発点として，あらためてつぎのように問うことにしたい．それは，その担い手が多様であるにもかかわらず，「バックラッシュ」言説が一枚岩の勢力として自らを構成し得たのはどのようにしてなのか，とりわけ，その構成にあたり，保守論壇がどのような機能を果たしたのか，という問いである．以下，この問いに，「バックラッシュ」言説の一翼を担った保守系論壇誌である『諸君!』の通時的分析を通じて取り組むことにする．

2.『諸君!』におけるフェミニズム関連記事

　はじめに，『諸君!』収録記事のうち，本章で分析する範囲を限定しておこう．

分析範囲の限定にあたり参照したのが，雑誌記事索引のデータベースである．代表的なデータベースには，①公益財団法人大宅壮一文庫が提供する「大宅壮一文庫雑誌記事索引」(以下「大宅」)，②国立国会図書館が提供する「雑誌記事索引」(以下「雑索」)，および，③日外アソシエーツ株式会社が提供する「magazineplus」(以下「MG+」)がある．各データベース (いずれもウェブ版) における『諸君！』収録記事の採録状況を確認したところ，①「大宅」には8,022件 (試験的に公開されていた古いデータ5,183件とあわせると13,205件)，②「雑索」には9,765件，③「MG+」には10,060件 (「雑索」から引き継いだデータを除外し，日外アソシエーツが独自に作成したデータに限定した件数) の登録があった[1]．

　「大宅」の特徴は，約7,000の小項目を擁する詳細な件名索引にある (黒沢 2016)．表題からはその内容が分からない記事でも，件名を手がかりに見つけることができるという点で，件名索引は重要な機能である．だが，残念ながら「大宅」の採録は必ずしも安定していない (菊池 2005)．つまり，採録の対象になっている雑誌であっても，すべての巻号を網羅しているとは限らない．『諸君！』の場合，創刊直後の数年は措くとしても，1989年〜1994年については，ほとんど採録がなかった (年間10件に満たない)．

　採録の安定性という点では，「雑索」の方が優れている．『諸君！』の場合，1969年〜1976年の採録件数は0件だが，以降は安定して採録されている．ただし，「雑索」のデータには「大宅」のように詳細な件名が付与されていない．1975年〜1995年作成分のデータについては記事分類がおこなわれているが，「大宅」で言うと中項目にあたる規模 (700〜800項目) であり，収録記事をその内容によって検索できるほど詳細なものではない．また，1996年以降は，採録誌の拡大にともなって，記事分類そのものがおこなわれなくなっている．

　「雑索」の欠点は，「MG+」によって部分的に補うことができる．「MG+」は「雑索」を拡張した (「雑索」に採録されていない記事索引を追加した) データベースであるが，「雑索」から引き継いだデータについても，独自の検索語を

第 2 章 〈敵〉を抽象化するレトリック

表 1 『諸君！』1980 年 1 月号の記事索引

目次	「大宅」	「雑索」
アメリカを励ます会の提唱	○	○
生存のための新安保論	○	○
北京は中華民国を承認する	○	○
幻想なき時代への挑戦	○	○
国家と情報	○	○
共同研究「大正時代」		○
経企庁は何ができるか	○	○
日本は「特殊」に甘えている	○	○
思想の原景		○
ある日の散歩	○	
悪のすすめ	○	○
イデオロギーと日本人		○
研究自叙伝		
ニュー・カレドニアに難民共和国を作ろう	○	○
秘録 自由民主党の崩壊	○	○
宰相大平正芳を欠席裁判する		○
派閥政治でどこが悪い？	○	
アルクロンの〝定点観測〟	○	
人類が歩いてきた「道」	○	
吉田満氏の問いに高校生からの返書	○	○
読中独語		○
新テレビ事情		○
笑わぬでもなし		
怪盗メスリーヌの戦死	○	○
ほんやを歩く		
本の立ち話		
本のなかの本		
紳士と淑女	○	
雑木林通信	○	
合計	19	19

付与して記事索引を作り直しているからである．とはいえ，残念ながらすべてのデータに検索語が付与されているわけではない．『諸君！』の場合，ある程度網羅的に検索語が付与されているのは，1981年1月号～2003年4月号に限られている．

　以上を踏まえると，「大宅」の採録が中断している期間を，「雑索」や「MG＋」で補えばいいように思われるが，じつは，もう1つ問題がある．それは，いずれのデータベースも，採録対象の巻号について，網羅的に記事索引が作成されているとは限らない，という点である．試しに『諸君！』

1980年1月号の記事索引を実際の目次と比較すると，表1のようになる．「大宅」は1〜2ページの小さい記事も採っているが，抜けている記事もある．「雑索」は3ページに満たない記事は採らないという「採録基準」を設けているため，当然その分は抜けている[2]．

　そこで，まずは，1980年1月号（12巻1号）から2009年6月号（最終号）の約30年分（354冊）の『諸君！』収録記事について，「雑索」のデータを実際の目次と照合しつつ，より完全な記事索引を作成する作業をおこなった．『諸君！』の創刊号は1969年7月号なので，1970年代が丸々抜けていることになるが，各データベースの採録状況に鑑みて，期間を限定することにした．結果として，同期間における『諸君！』収録記事の総数は，グラビアと書評を除いて10,138件となった[3]．

　つぎに，同期間の『諸君！』収録記事から反フェミニズム言説を拾うため，①それぞれのデータベースにおいて，表2のような件名・検索語を付与されている記事，および，②目次（表題やリード）に[4]，これらの件名・検索語〔およびその派生語〕が含まれている記事を抽出した．本章末の付表1は，この基準に該当する記事（合計67件，全体の約0.7％）を，読者欄における反応（後述）の有無とあわせて整理したものである．これらの記事を，本章では「フェミニズム関連記事」と呼ぶことにする．定義上，フェミニズム関連記事のすべてが反フェミニズム言説にあたるわけではないので，注意してほしい．

　ところで，上記の抽出基準を満たさず，したがって付表1には含まれないが，反フェミニズム言説に数えてもよさそうな記事（その

表2　フェミニズム関連記事の抽出基準

「大宅」	「MG+」
ウーマン・リブ	ウーマン・リブ
ジェンダー	ジェンダー
ジェンダーフリー	ジェンダーフリー
女性解放運動	女性解放運動
男女共同参画	男女共同参画
男女平等	男女平等
夫婦別姓	夫婦別姓
フェミニズム	フェミニズム
女性の地位	女性の社会的地位
女性問題	
婦人解放運動	
婦人問題	
	女性差別
	女性の社会進出
	男女差別

表3　ミソジニー記事の例

巻	号	著者	表題
1989	9	徳岡孝夫	魔女たちの祭典
1991	3	加瀬英明	オバタリアンの恥を世界に晒した土井たか子
2002	1	高市早苗	いつまで「乙女の祈り」やってンのよ！

表4　「覗き見」的な記事の例

巻	号	著者	表題
1996	12	久田恵	女性誌最前線を行く（1998年5月号まで連載）
2000	2	谷崎光	女の園を往く：てなもんや探険隊（2001年1月号まで連載）
2001	2	香山リカ×さかもと未明	ミレニアム大性談：「自立した女」の奥の院

表5　そのほか争点となるトピックの例

巻	号	著者	表題
1999	1	清水英夫×門奈直樹×小玉美意子×堀川とんこう	アブナイ，アブナイ…児童買春・ポルノ禁止法案
1996	10	宮崎哲弥	人工中絶は母親の権利ではない
1999	12	小谷野敦	「もてない男」の売買春論

ような記事が出現する条件）が，すくなくとも3タイプある．

第1のタイプは，著名な人物をその性別と関連づけて揶揄する，一種のミソジニー（女性嫌悪）記事である．典型的には，社会党（社民党）所属の女性議員を非難する，表3のような記事が該当する．なお，表題からは分かりづらいが，徳岡の記事は，いわゆる「マドンナ」議員を批判したものである．

第2のタイプは，女性の生活（ライフスタイルやセクシュアリティ）に関する「覗き見」的な記事である．たとえば，表4のような記事が該当する．

第3のタイプは，フェミニズム／反フェミニズム間で（またはフェミニスト間でも）争点となるような，個々のトピックについて論じた記事である．たとえば，表5のような記事が該当する．ただし，「夫婦別姓」については，反-夫婦別姓論者の多くがのちに「バックラッシュ」言説の担い手になっていることに鑑みて，表2(抽出基準)の件名・検索語に含めている．

以上の3タイプに該当する記事のなかには，フェミニズム関連記事に数えても（「大宅」や「MG+」が，表2のような件名・検索語を付与していても）よさそう

なものが含まれている．だが，一律の基準で抽出できない記事を，場当たり的にフェミニズム関連記事に含めることは控えた．

なお，第3タイプに該当する記事のうち，最も件数が多いのは，「慰安婦」関連の記事である．本章末の付表2は，「大宅」および「MG+」の件名・検索語，または，目次（表題やリード）に「慰安婦」が含まれる記事を抽出したものである（合計46件，全体の約0.5％）．先行研究のなかには，「慰安婦」関連の新聞記事を，「バックラッシュ」言説に数えているものもあるが（和田・井上 2010），本章では別集計とした．たしかに，「アジア女性基金」や「女性国際戦犯法廷」に言及する記事の場合，目次（表題やリード）では確認できなくても，本文では「フェミニズム」や「フェミニスト」という語が用いられていることがある．だが，歴史認識（史実や歴史教科書）に焦点をあてた記事の場合は，「朝日新聞」をはじめとするメディアを標的としていることが多く，それらを反フェミニズム言説に数えることは，必ずしも妥当ではない．

3. 『諸君！』における反フェミニズム言説の変遷

それでは，『諸君！』における反フェミニズム言説の変遷をみていこう．

まず，さきに抽出したフェミニズム関連および「慰安婦」関連の記事件数の推移を示すと，図1（一年単位）および図2（五年単位）のようになる．

『諸君！』誌上における「バックラッシュ」言説の展開は，2002年～2006年の大きな山に反映されている．先行研究では，2006年を境に「バックラッシュ」言説が退潮したことが指摘されているが（山口ほか 2012: 36），『諸君！』もその動向に同調していたといえるだろう．なお，2004年が0件となっている背景としては，同年4月に内閣府男女共同参画局が「ジェンダー・フリー」という用語を「使用しない方が良い」とする事務連絡を出したこと，また，同年から女性天皇の是非が問題になり始めたことがあげられる．

2000年代の「バックラッシュ」言説にいたるまでに，『諸君！』における

第2章 〈敵〉を抽象化するレトリック

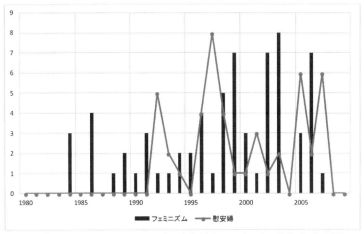

図1 『諸君!』におけるフェミニズム/「慰安婦」関連記事の推移（一年単位）

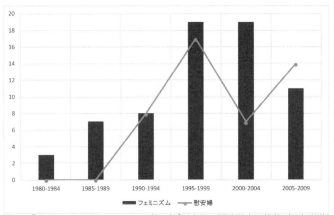

図2 『諸君!』におけるフェミニズム/「慰安婦」関連記事の推移（五年単位）

反フェミニズム言説は，どのように変遷したのだろうか．図1からは，大小あわせて4つの山を見てとることができる（「バックラッシュ」言説は第5の山にあたる）．

第1の山は，1985年前後である．まずは，男女雇用機会均等法の制定(1985)にともなって屋山太郎・森山真弓・長谷川三千子による誌上論争がおこなわれ，その後，千葉敦子・吉原敦子・江坂彰・米沢富美子らの記事において，「働く女性」に焦点があたるようになる．後者は必ずしも反フェミ

47

ニズム言説にあたらないが，読者欄（後述）の反応は「働く女性」に否定的である．

第2の山は，1990年前後である．1989年の参院選でいわゆる「マドンナ」議員が誕生していることを背景に，前述のようなミソジニー記事とともに，女性の社会進出の「弊害」に焦点をあててフェミニズムを批判する，山口令子や澤田昭夫の記事が出現する．また，山下悦子の記事にみられるように[5]，この時期以降，上野千鶴子がフェミニストの代表として言及されるようになる．

第3の山は，1996年前後である．同年2月には，選択的夫婦別姓を含む「民法の一部を改正する法律案要綱」が法制審議会によって答申され，他のメディアでも批判が展開されていた（八木・宮崎編 1996）．『諸君！』誌上でも，杉原誠四郎・八木秀次・加地伸行・中川八洋・宮崎哲弥が反-夫婦別姓論を展開する．なお，本章において別集計とした「慰安婦」関連記事は，ほぼ同時期（1997年前後）にピークを迎えたのち，「バックラッシュ」言説の時期にも件数を伸ばしている．

第4の大きな山は，1999年前後である．この時期に記事件数が増えているのは，『主婦の復権』（林 1998）を著した林道義によるフェミニズム批判に，『「主婦の復権」はありうるか．』（田中・鈴木 1999）を著した田中喜美子が応じ，誌上論争になったことが大きい．

また，八木秀次の記事が2件数えられていることも，この時期の件数増加に寄与している．いずれも少子化対策について論じたものだが[6]，1998年の記事には反-夫婦別姓論が，2000年の記事には「ジェンダーフリー」批判が含まれており，第3の山（夫婦別姓）と第5の山（「バックラッシュ」）をつなぐような位置を占めている．なお，2000年の記事は，その「反共」の言説形式（次節を参照）とあわせて，「バックラッシュ」言説の先駆けとみることができる．

ところで，1999年は，「男女共同参画社会基本法」が施行された年でもあるのだが，『諸君！』の執筆陣はこれを見過ごした（長谷川三千子は法案の段階で

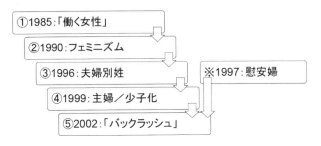

図3 『諸君！』における反フェミニズム言説の変遷

言及しているが，賛否ないまぜの議論になっており，「バックラッシュ」言説のような批判は展開していない）．「男女共同参画」に対する批判が広まったのは，地方議会において男女共同参画条例を制定する動きが広まった2002年前後のことであった．第5の大きな山，つまり，「バックラッシュ」言説の登場である．

以上をまとめると，『諸君！』における反フェミニズム言説は，図3のように変遷したことになる．

4．「バックラッシュ」言説のレトリック

1992年から2009年までの『産経新聞』について，「バックラッシュ」言説にあたる記事の分析をおこなった和田悠と井上惠美子（2010）は，1996年に「夫婦別姓」を含む記事件数が，そして，2003年に「男女共同参画」「ジェンダー」を含む記事件数が，それぞれピークを迎えていたことをあきらかにしている．また，かれらはこの過程を，反-夫婦別姓論において「『伝統的』な家族の価値が浮上し，それが歴史問題としての日本軍『慰安婦』問題に連なるものとして位置づけられ」（和田・井上 2010: 75）た結果，「男女共同参画」「ジェンダーフリー」バッシングへと展開したと解釈している．

『諸君！』における反フェミニズム言説も，おおよそ同様の過程を経ているが，「『伝統的』な家族」のような保守的な価値が浮上するのは，1996年以降に固有の現象ではない．たとえば，男女雇用機会均等法を批判した長

49

谷川三千子は，同法が「文化の生態系を破壊する」(長谷川 1984) として，『諸君！』の対談においても，伝統的な男女の役割や専業主婦の価値を擁護している．

　保守論壇が自らの主張を理由づけるため，保守的な価値に訴えるのは，いわば当然のことである．そのため，立論の形式（自らの主張をどのように理由づけるのか）に着目しても，「バックラッシュ」言説の特性をとらえることはできない．そこで，立論の形式ではなく，反論の形式（論敵の主張をどのように批判するのか）に目を転ずることにしよう．

　「バックラッシュ」言説における反論の形式として，先行研究でも指摘されているのは，「反共」の言説形式である．たとえば，山口らは，2005年前後に数多く出版されたフェミニズム批判本に，以下のような「共通するフォーマット」があることを指摘している．

　　それまで反復されてきた「反共（反-共産主義）」の言説上にジェンダーフリーを位置づけつつ，現状が悪いのは，現状を悪くさせている「誰か」がいるからであり，排除すべきだという思考パターンに基づき，その「誰か」にその都度の固有名詞を入れることで，問題提起の対象を指示している．(山口ほか 2012: 28)

『諸君！』における「バックラッシュ」言説も同様の形式を採るものは多い．いくつか引用してみよう．

　　平成十一年六月に施行された「男女共同参画社会基本法」(以下「共参法」と略称) は，きわめて危険な思想を隠し持っている，希代の悪法と言うべきである．それは<u>絶対平等の共産主義思想をもとにしており</u>，かつファシズム的な権力統制への道を用意するものである．(林道義「ファシズム化するフェミニズム」『諸君！』2000年7月号，p. 88；下線筆者)

「男女共同参画」とは以上のように思想的には，<u>社会主義・共産主義に由来する</u>，家族を敵視し，性別を嫌い，性の自由化を主張するカルト（擬似宗教）的な社会の実現を望む人々の特殊な考えである．(八木秀次「『男女共同参画法』なんてカルトじゃないか」『諸君！』2001年1月号，p. 201；下線筆者)

だが，こういった「育児の社会化」によって家族の意味を相対化する視点は実は，<u>マルクス主義を淵源としている</u>．エンゲルス著『家族・私有財産・国家の起源』にその視点が明示されており，教科書の記述はその焼き直しでしかない．(高橋史朗「ファロスを矯めて国立たず」『諸君！』2002年6月号，p. 158；下線筆者)

……今度はその「<u>共産主義難民</u>」たちがどっとフェミニズムの方に押し寄せてくる．これが大変迷惑なことで，いまや自民党の男性議員までが男女共同参画やジェンダーフリーに旗ふりをしようという有様なんです．(中西輝政ほか「教育再建への指針」『諸君！』2003年4月号，p. 168［長谷川三千子の発言］；下線筆者)

それでは，「バックラッシュ」言説の特性は，「反共」の言説形式にあると考えてよいのだろうか．

「反フェミニズム」の定義にあたり，本章の冒頭で引用したMertzは，「世界大戦に続いて生じた反共産主義運動は，フェミニストと共産主義者の間の，しばしば取るにたりない結びつきを利用して，両者を非難した」(Mertz 2005: 95=2016: 2721)と述べている．じつは，『諸君！』においても，「反共」の言説形式は，「バックラッシュ」言説が初出というわけではない．「マルクス主義フェミニズム」で知られる上野に対する批判は除くとしても，たとえば，以下のような記事が，「反共」言説に該当する（第1の山については，明確に該当するものがなかった．ただし，屋山は労働組合を引き合いに出している）．

【第2の山:フェミニズム】
　それにも拘わらず私があえてフェミニズム批判に踏み切るのは，今やフェミニズムが常識的男女同権論をはるかに逸脱して，政治，経済，社会，文化，宗教のあらゆる分野にわたる，静かなソフトの，しかし極めて重大な，人類文明を根源から覆すような<u>文化大革命</u>を世界的規模で惹き起こしつつあるからである．特に，二十世紀のメシアニズムたるニューエイジ運動と<u>ネオ・マルクシズムと結合したフェミニズム</u>，それが垂れ流す精神的公害たるや，言語に絶するものがあるからだ．(澤田昭夫「フェミニズムの『魔性』」『諸君!』1992年1月号, p. 221；下線筆者)

【第3の山:夫婦別姓】
　今日「夫婦別姓」をキャンペーンする女性弁護士たちは，「結婚を変え，家族を変え」るとカムフラージュしながらその実，<u>マルクス主義的な家族解体運動を展開している</u>．(中川八洋「夫婦別姓論者の『下心』」『諸君!』1997年10月号, p. 160；下線筆者)

【第4の山:主婦／少子化】
　フェミニストたちはよく「家族は支配関係だ」と言う．家族を支配，被支配という関係でしか見られないのが，フェミニストの特徴である．
　支配関係で見ても，「その支配をなくして平等になりましょう」と言うのならまだ賛成できるが，とかく支配関係で見る人に限って，支配をくつがえして，今度は自分が支配者になろうとするものである．ちょうど<u>マルクス主義者が，ブルジョアジーの支配を転覆して，プロレタリアートの支配を確立しようとしたように</u>，支配・被支配の関係で見る者は，支配・被支配の構造からいつまでたっても逃れられないものである．(林道義「こんなバカやってるフェミニズム」『諸君!』1999年6月号, p. 221；下線筆者)

以上のように，この「少子化社会対策基本法（案）」は明確にフェミニズムのイデオロギーに基づいている．また<u>その淵源はマルクス主義にある</u>．そしてこの法案の眼目は出産と育児の奨励という文字通りの少子化対策にあるのではなく，「環境」を「整備」しなければ女性は子供を産み育てないぞと脅しをかけ（<u>ストライキ権の行使！</u>），少子化を利用してフェミニズムの発想に基づいて社会を作り替えようということにあるのである．（八木秀次「『フェマルキスト』が歪める少子化対策」『諸君！』2000年3月号，p. 168；下線筆者）

　つまり，「反共」の言説形式であるというだけでは，「バックラッシュ」言説の特性とは言えないのである．とはいえ，上記のように時代順に並べてみると，同じ「反共」の言説形式と言っても，その用法が変化していることがわかる．
　澤田・中川・林の場合は，「フェミニズム」に属する行為者を指し示したうえで，かれらの行為が「共産主義」的であることを述べる，という用法になっている．つまり，「ネオ・マルクシズム」と結合している（澤田），「家族解体運動」を展開している（中川），「支配，被支配という関係」でものを見る（林），といった「フェミニスト」の行為を，「共産主義」に喩えているのである．それに対して，八木の場合は，「共産主義者」と不可分であるような「フェマルキスト」なる行為者を指し示す，という用法に変化している．
　そして，さきに引用した「バックラッシュ」言説は，いずれも八木の「フェマルキスト」と等価な言説形式を採っている．八木自身が男女共同参画を「社会主義・共産主義に由来する」とするのは当然としても，「共参法」という略語を用いて男女共同参画を「共産」と同一視する林，フェミニズムの「淵源」が「マルクス主義」であるとする高橋，そして，「共産主義難民」がフェミニズムに「押し寄せた」とする長谷川，いずれも「フェミニスト」＝「共産主義者」という前提に立っている（林は「反

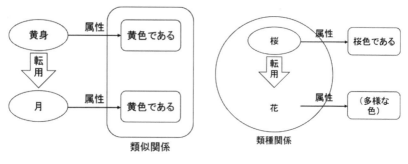

図4 転義の2つの形式

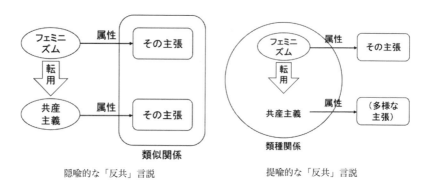

図5 「反共」言説の2つの形式

共」言説の用法を変化させたことになる).

　レトリック論では，類似関係に基づく転義（語の転用）を「隠喩（メタファー）」，類種関係（抽象名－具体名）に基づく転義を「提喩（シネクドキ）」と呼んで区別する[7]．たとえば，「月見うどん」は隠喩，「花見」は提喩である（図4）．前者は「黄身」が「月」に類似していることに依拠しているが，「黄身」が「月」の一種というわけではない．一方，後者は「桜」が「花」の一種であることに依拠しているが，全ての「花」が「桜」に類似しているわけではない．

　この区別を援用するならば，「バックラッシュ」以前の「反共」言説を

「隠喩的」，「バックラッシュ」以降に台頭した「反共」言説を「提喩的」，と呼んで区別することができるだろう[8]．前者における「共産主義」は「フェミニズム」を喩える表現であるのに対して，後者における「共産主義」は「フェミニズム」そのものを指示する表現に転化しているのである（図5）．

先行研究でも指摘されていることだが，「バックラッシュ」言説においては，上野をはじめとするフェミニスト，男女共同参画条例の起案者，「ジェンダーフリー」教育の提唱者，性教育に携わる現場の教員といった，〔互いに無関係とは言えないまでも〕独立の行為者が，単一の〈敵〉として名指された．これが可能になるためには，具体名で指し示される複数の〈敵〉に，隠喩的な「反共」言説を差し向けるだけでは不十分である．これら行為者の主張は多様であり，類似関係だけで括ることはできないからである．一方，提喩的な「反共」言説は，たとえその主張が多様であったとしても，抽象化すれば同じ〈敵〉である，という言明を可能にする．提喩的な「反共」言説による〈敵〉の抽象化．これが2000年代における「バックラッシュ」言説の特性だったのではないだろうか[9]．

5．〈敵〉を抽象化するレトリックの効果

前節では，「バックラッシュ」言説の特性として，〈敵〉を抽象化するレトリックを析出した．では，このレトリックは，フェミニスト／保守論壇の双方にとって，どのような効果を持っていたのであろうか．

フェミニストの側からみた場合，〈敵〉を抽象化するレトリックは，応答責任の所在を曖昧にし，対話の可能性を閉じる効果を持っていたと思われる．「バックラッシュ」言説の個々の論点については，その論点に応答責任のある論者が存在するだろう．だが，マルクス主義フェミニズム，男女共同参画条例，「ジェンダーフリー」教育，性教育といった論点の全てについて応答責任を負う，抽象的な「フェマルキスト」は存在しないのである．

『諸君！』において，この効果は，誌上論争の欠如というかたちであらわ

れている.『諸君!』は「南京事件」のようなトピックについても,「まぼろし派・中間派・大虐殺派 三派合同大アンケート」(2001年2月号)をおこなうなど,ある程度は誌面のバランスに配慮した編集をおこなっていた.フェミニズム関連記事についても,1980年代には男女雇用機会均等法をめぐる誌上論争を,1990年代には林と田中の誌上論争を掲載している.だが,「バックラッシュ」言説については——2003年には上野と渋谷知美の対談を掲載しているにもかかわらず——まったく対抗言論を掲載していないのである.

さらに,〈敵〉を抽象化するレトリックは,保守論壇の側にとっても,一定の効果を持っていたと思われる.以下その効果について考えるため,別の角度からフェミニズム関連記事を分析してみよう.

じつは,「大宅」「雑索」「MG+」いずれのデータベースも,全く採録していないデータがある.それが,『諸君!』の読者欄「読者諸君」に対する投稿である.基本的には,直近の巻号に掲載された記事に対する読者の感想が掲載されているのだが,当該記事の著者や他の読者が反応することがあり,コミュニケーション齟齬の分析にとって意義のあるデータではないかと考えた.そこで,本章の分析範囲である約30年分(1980年1月号〜2009年6月号)の『諸君!』について,読者欄に掲載された全2,300件の投稿をデータベース化し,さらにフェミニズム関連記事に対する反応の有無を調べた.図6(一年単位)および図7(五年単位)は,フェミニズム関連記事の件数とあわせて,読者欄における反応の推移をまとめたものである.

読者欄の反応は40件で,投稿全体の約1.7%を占めている.前述のように,フェミニズム関連記事は67件,記事全体の約0.7%を占めるにすぎないので,フェミニズム関連記事に対する読者の反応は良い方である.だが,その内訳を細かくみてみると,1985年前後のフェミニズム関連記事(「働く女性」)に対する反応が活発であったにもかかわらず,記事件数では大きな山を形成する2000年代の「バックラッシュ」言説に対しては,反応が鈍かったことがわかる.

1980年代,「働く女性」をめぐっては,読者欄を介して活発なやりとりが

第2章 〈敵〉を抽象化するレトリック

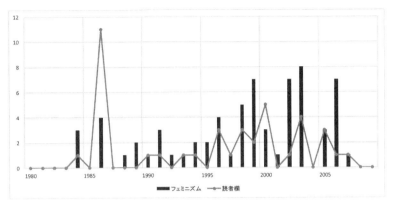

図6 『諸君！』フェミニズム関連記事に対する読者欄の反応の推移（一年単位）

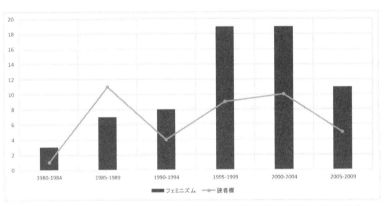

図7 『諸君！』フェミニズム関連記事に対する読者欄の反応の推移（五年単位）

あった．その典型は，千葉敦子の「ニューヨークの燃える女たち」（1986年5月号）に対する反応にみられる．この記事は，「働く女性」の「燃え尽き症候群」をレポートしたものだが，これを女性の社会進出の「弊害」を指摘したものと理解したある読者が，「燃える女への警告」という投稿をおこなった．だが，むしろ千葉は，「働く女性」が増えているにもかかわらず，依然として女性のみが家事や育児の責任を負っていることを問題にしたのであった．そこで，著者の千葉自身が，「女性は社会進出すべき」という応答を読者欄に寄せた．この応答に，さらにほかの読者が応えて千葉を批判するなど，読

57

者欄の反応が持続したのである．

　一方，「バックラッシュ」言説に対する読者欄の反応には，そのような持続性がみられない．また，その内容も，具体的なフェミニストの主張を批判するものではなく，抽象的な〈敵〉の存在を前提に，保守的な価値を再確認し，〈味方〉に呼びかけるものになっている．たとえば，以下の投稿は，八木の「フェマルキスト」記事に反応したものであるが，特定のトピックについて，フェミニストの主張を批判する内容にはなっていない．

　　　三月号の「『フェマルキスト』が歪める少子化対策」(八木秀次氏) を読み，少子化問題に対する正鵠を射た意見に深く共感した．
　　私は七歳，五歳の二児の父親である．妻は専業主婦をしており，趣味の文筆活動をしながら家庭円満のために前向きな暮らしをしている．
　　その妻も一歩外へ出ると同性から「日中何をしているの？」「勤めはどちらで？」と聞かれ「主婦」と答えるのが肩身が狭いと述べている．
　　最近長男が軽いいじめに遭った．長男は帰ってくるなり妻に「ぼく，いやだよ」と詳細を語った．妻はすぐに学校の連絡帖に記載した．
　　担任の先生も速やかに対応したため，いまでは加害者の子供もうちに遊びに来ている．自分が主婦として心に余裕があったから，子供の変化にすぐに気が付けたといった．
　　妻も以前はパートに出ていた．その頃は分刻みであれこれこなし子供の心理状態を見ることなどとてもできなかったと，いま述懐している．
　　マルキストは子供の心理まで社会制度でフォローしようとしているのかも知れないが，人間の心はそんなに単純に出来ていない．(愛知県・会社員・33歳「マルキストは知らない」『諸君！』2000年4月号, p. 311)

　「保守」と一口にいっても，本来その主張には多様性がある．たとえば，夫婦別姓をめぐる論争にしても，「伝統的な家族」の価値を掲げる者が，必ず「夫婦同姓」という主張に至るわけではないし (実家の姓を存続させるため夫

婦別姓を望む場合もありうる），逆に，「夫婦別姓」を否定する者が，必ず「伝統的な家族」の価値を掲げるわけでもないだろう（実際，八木の反 - 夫婦別姓論に賛意を示しつつも，「伝統的な家族」の価値については懐疑的な投稿もあった）．

　つまり，反フェミニズムという論調を共有していても，「働く女性」や夫婦別姓といった特定のトピックについて語るコミュニケーションが持続すれば，その多様性が顕在化するリスクを保守論壇は持っているのである．だが，抽象化された〈敵〉について語る「バックラッシュ」の言説形式であれば，そのようなリスクをやり過ごすことができる．

6. 結論：今後の課題

　その担い手が多様であるにもかかわらず，「バックラッシュ」言説が一枚岩の勢力として自らを構成し得たのはどのようにしてなのか．とりわけ，その構成にあたり保守論壇がどのような機能を果たしたのか．これが本章の問いであった．

　『諸君！』の通時的分析から，いまやつぎのように答えることができるのではないだろうか．つまり，保守論壇は〈敵〉を抽象化する提喩的な「反共」言説を提供することにより，「保守」の多様性を潜在化する機能を果たしたのである．

　『諸君！』『正論』を通時的に分析した上丸洋一（2011）は，冷戦終結後，侵略戦争を否定する「右派」へと保守のアイデンティティが再構成された結果，保守論壇がかつて持っていた言論の幅が失われたとしている．提喩的な「反共」言説の標的として，2000年代にフェミニズムが選択されたのも，そのようなトレンドと無関係ではないだろう．本章では，他のトピックとの関係において，反フェミニズム言説が占める位置を検討できなかった．今後はその点を掘り下げて分析していきたい．

注

1) 各データベースの最終確認日は，「大宅」が2013年10月9日，「雑索」と「MG+」が2017年2月21日である．
2) 「紳士と淑女」は3ページあるが抜けている（採っている巻号もある）．なお，「雑索」の「採録基準」では，宣伝・広告を除外することになっているが，目次には記載されていない政府広報を，記事として採っている巻号もあった．
3) 記事件数の集計にあたっては，①同一のテーマで複数の論者が短文を寄せるアンケート特集，②複数の短いインタビューをまとめたインタビュー構成，および，③複数の報告からなるシンポジウムの記録を，それぞれ1件として集約している．
4) リード（記事の内容を要約した短文）は，本文の冒頭に付されるものだが，主要な記事については，目次にも転載されている（ただし，転載にあたり縮約されている場合もある）．「大宅」や「MG+」は，目次でリードを確認できない記事についても，本文からリードを採録している場合があるが，必ずしも網羅的ではない．抽出基準を統一するため，本章では目次で確認できるリードのみを検索の対象としている．
5) 上野をトピックとする記事の初出は，大塚英志の記事（1989年12月号）である．ただし，大塚は上野に好意的な立場で書いており，のちに『諸君！』誌上にも両者の対談が掲載されている（1994年11月号）．また，連合赤軍に関する大塚の記事を受けて，上野自身も『諸君！』に寄稿している（1995年2月号）．
6) 1999年は，「固定的な性別分業の是正」を盛り込んだ「少子化対策推進基本方針」「新エンゼルプラン」が発表され，少子化対策が反フェミニズム言説の標的となっていく時期であった．
7) 隠喩（メタファー）と提喩（シネクドキ）については，換喩（メトニミー）とあわせて膨大な先行研究がある．本章では，分かりやすい解説として，瀬戸（1997）を挙げておくにとどめる．
8) 隠喩的な「反共」言説が2000年代に見られなくなった，というわけではない．たとえば，小泉内閣で男女共同参画担当副大臣を務めた米田建三は，「ジェンダーフリー」教育について，「現場にはひどい混乱があるようだ」としたうえで，「ロシア革命直後のボルシェビキ政権下における社会的混乱，ポル・ポト支配下のカンボジアの混乱，あるいは中国の文化大革命下における混乱，それらを想起した」（米田建三「男女共同参画法の誤用：子供に子供の作り方を教える愚」『諸君！』2003年2月号，p. 279）と述懐している．これは「フェミニズム」を「共産主義」に喩えたものと言えるだろう．
9) 提喩につかえる語彙は，「共産主義」だけではない．『諸君！』の場合，「カルト」のような宗教に関連する表現も1990年代から隠喩的に用いられており，「バックラッシュ」言説においては〈敵〉を抽象化するレトリックとして機能している．そのほか，等価な機能を果たしうる語彙としては，「反日」があげられよう．

文献

Faludi, S., 1991, *Backlash: The Undeclared War against American Women,* New York: Crown. (＝1994, 伊藤由紀子・加藤真樹子訳『バックラッシュ――逆襲される女たち』新潮社．)
長谷川三千子, 1984,「『男女雇用平等法』は文化の生態系を破壊する」『中央公論』99(5): 78-87．
林道義, 1998,『主婦の復権』講談社．
伊田広行, 2006,「バックラッシュの背景をさぐる」日本女性学会ジェンダー研究会編『Q&A 男女共同参画／ジェンダーフリー・バッシング――バックラッシュへの徹底反論』明石書店, pp. 176-86．
上丸洋一, 2011,『「諸君!」「正論」の研究――保守言論はどう変容してきたか』岩波書店．
菊池しづ子, 2005,「一般誌を対象とする記事索引の現状」『学習院女子大学紀要』7: 21-33．
黒沢岳, 2016,「大宅壮一文庫の雑誌記事索引――はじまりから Web OYA-bunko へ」『情報管理』59(5): 284-92．
Mertz, T. J., 2005, "Antifeminism," M. C. Horowitz ed. in chief, *New Dictionary of the History of Ideas,* Detroit: Charles Scribner's Sons, 94-98. (＝2016, 林原玲洋訳「反フェミニズム」野家啓一翻訳編集委員長『スクリブナー思想史大事典』丸善出版, 2721-25．)
西尾幹二, 2006,「八木君には『戦う保守』の気概がない」『諸君!』38(8): 196-205．
西尾幹二・八木秀次, 2005,『新・国民の油断――「ジェンダーフリー」「過激な性教育」が日本を亡ぼす』PHP 研究所．
瀬戸賢一, 1997,『認識のレトリック』海鳴社．
田中喜美子・鈴木由美子, 1999,『「主婦の復権」はありうるか。』社会思想社．
和田悠・井上惠美子, 2010,「『産経新聞』にみるジェンダーバックラッシュの発想と論理」『インパクション』174: 72-80．
八木秀次, 2006,「さては西尾幹二名誉会長の『文化大革命』だったか」『諸君!』38(7): 28-38．
八木秀次・宮崎哲弥編, 1996,『夫婦別姓大論破!』洋泉社．
山口智美・斉藤正美・荻上チキ, 2012,『社会運動の戸惑い――フェミニズムの「失われた時代」と草の根保守運動』勁草書房．

付表1 『諸君！』におけるフェミニズム関連記事と読者欄の反応

巻	号	著者	表題	読者欄[a]
1984	5	屋山太郎	「男女雇用平等法」は日本を潰す	
1984	6	森山真弓	屋山太郎氏への手紙	
1984	7	長谷川三千子×森山真弓	「男女雇用均等法」は日本を潰す！？	辛い読み物
1986	5	千葉敦子	ニューヨークの燃える女たち	燃える女への警告 女は社会進出すべき 男女は平等なのか 読者の声に耳を傾けよ ※専業主婦もすてたものでは…… 千葉敦子氏の思い出
1986	7	吉原敦子	女性エリートと男性ダメ社員	専業主婦の可能性に注目されたし
1986	8	江坂彰	女性をうまく使う会社が伸びる （「戦略的経営論」の時代；8）	もうひとつの「女性論」を
1986	9	米沢富美子ほか9名	日本が変わる最先端の女たち	「女性社会進出論」への疑問 ※専業主婦の重要性を見直して ※「働く女性」賛美ムードの危険
1988	10	長坂寿久	フラッシュダンス現象 （アメリカ映画考現学；3）	
1989	5	山口令子	フェミニズムに未来はあるか	
1989	12	大塚英志	上野千鶴子における「幼児性」の研究	
1990	1	澤田昭夫	呪術師たちの饗宴	伝道の誤り
1991	1	山下悦子	上野千鶴子は女を救えるか	
1991	8	渡部昇一	「伝統の寿命」とは何か：夫婦別姓論と出生率	老人も憂える人口減少
1991	10	井上章一×佐伯順子	フェミニズムはなぜ美人が嫌いか	
1992	1	澤田昭夫	フェミニズムの「魔性」	
1993	2	山下悦子	雇用均等法より高群逸枝の「根性」を！ （人物オピニオン特集：日本近代史の誰に学ぶか）	忘れられる「高群逸枝」
1994	2	杉原誠四郎	福島瑞穂弁護士の「夫婦別姓論」はどこか変だ （特別企画：変革の時代の錯誤）	
1994	11	上野千鶴子×大塚英志	「戦後民主主義」と「松田聖子」	上野・大塚両氏のズレ
1995	2	上野千鶴子	連合赤軍とフェミニズム	
1995	9	大塚英志	オウムの女たち	
1996	3	八木秀次	夫婦別姓は社会を破壊する	夫婦別姓は観念遊戯 別姓論とエゴイズム
1996	7	加地伸行	夫婦別姓こそ前世紀の遺物	夫婦が対等であるには
1996	7	高山正之	三菱アメリカ「セクハラ疑惑」を洗いなおす	
1996	9	佐藤正明	中村「院政」が泥沼化させた三菱セクハラ事件	
1997	10	中川八洋	夫婦別姓論者の「下心」	父性を伝えよ
1998	2	宮崎哲弥	福島瑞穂：知力の乏しいシンポハモドキ神 （特別企画：この20人を大論破！）	怪しげな言説を論破
1998	5	古森義久	第一線女性研究者たちの日本観 （USAレポート；5）	
1998	6	鈴木光司×林道義	種の保存と父性の復権	「父性の復権」のために
1998	9	林道義	「主婦」の復権	
1998	11	八木秀次	揉み手してまで「子を産んでくれ」のアホらしさ	経済同友会の脳天気
1999	4	長谷川三千子	まだ言ってるの「男女平等」って	
1999	6	大塚英志	〈フェミニズムのようなもの〉 （ぼくと宮崎勤の'80年代；19）	
1999	6	林道義	こんなバカやってるフェミニズム	子育てしない女を……
1999	7	林道義	フェミニズムの害毒	
1999	8	田中喜美子	フェミニストから林道義氏へ	妻であり母であること
1999	9	林道義	ウソで塗り隠した田中喜美子氏の「暴論」	
1999	10	田中喜美子	林道義氏をあわれむ	

第 2 章 〈敵〉を抽象化するレトリック

巻	号	著者	表題	読者欄[a]
2000	3	八木秀次	「フェマルキスト」が歪める少子化対策	マルキストは知らない
2000	5	S・ジェームソン×A・ホルバート×加瀬英明×E・サイデンステッカー	平等が伝統を〝押し倒す〟愚：土俵に上がりたがる女たちへ	土俵に固執する必要なし「賢い人間」たれ
2000	7	林道義	ファシズム化するフェミニズム	長州・山口を憂う ※ぜひ「パーク」研究会を
2001	1	八木秀次	「男女共同参画法」なんてカルトじゃないか	
2002	2	八木秀次	夫婦別姓：個人主義の陰に「某主義」あり（新春ワイド特集：日本を覆う「怪しい言葉」群22）	
2002	3	高市早苗×西川京子×山谷えり子	ネコ撫で声の「男女平等」に騙されるナ！クタバレ「夫婦別姓」	
2002	4	秦郁彦	〝わがまま族〟の暴走を許すな！何をキンキン「夫婦別姓」	
2002	4	小谷野敦	キャンパスに吹き荒れるセクハラの春嵐	
2002	6	高橋史朗	ファロスを矯めて国たたず	禍根を残すジェンダー
2002	8	石井英夫	愚かなるジェンダーフリー（アンケート：知恵の20柱）	
2002	12	千葉展正	千葉「ジェンダー・フリー帝国」の夢、潰ゆ	
2003	2	米田建三	男女共同参画法の誤用：子供に子供の作り方を教える愚（新春オピニオン特集：ならぬことはならぬものです）	
2003	3	佐々淳行	「女は度胸、男は愛敬」と化した平成デモクラシー（インテリジェンス・アイ；11）	
2003	4	高橋史朗［司会］；中西輝政×長谷川三千子×小川義男×石川水穂	教育再建への指針	教育基本法の改正を
2003	4	林道義×山谷えり子	家族崩壊を許すな	家族崩壊の恐ろしさ
2003	4	西村眞悟	「反日」と「伝統敵視」（救国の一灯；3）	
2003	8	林道義×冨田和巳×有村治子	家庭が脳を育てる	新しい女性の生き方
2003	8	上野千鶴子×渋谷知美	東京大学発「童貞」応援歌	男と女の真実
2003	12	八木秀次	ジェンダー〝スーパー〟フリーという妖怪	
2005	3	西尾幹二	上野千鶴子：羞恥心を喪失したフェミニスト（特集：言論界の〝善男善女〟）	朝日読者だけど……
2005	5	中山成彬×細川珠生	中山文科相、不退転の覚悟：学力低下 国旗・国歌 ジェンダーフリー 教育基本法	中山文科相の意欲に期待 ゆとりと学力のバランスを
2005	12	小谷野敦×仲正昌樹×八木秀次	この世の嫌われモノをどうする！タバコ・フェミニスト・監視カメラ・人権擁護法案…	
2006	2	稲田朋美×高市早苗×山谷えり子	私たちは小泉チルドレンに非ず！目標は和製サッチャーよ	女性議員にパワーをもらった
2006	2	仲正昌樹	北田暁大に告ぐ「諸君！」に出て何が悪い	
2006	7	林道義	理念なき「教育基本法改正案」は破棄せよ	
2006	11	秦郁彦	「男女共同参画社会」を夢想したジェンダー女帝たちの相関図	
2006	12	桜井裕子	財界オジンは何故ジェンダーに甘いのか	
2006	12	山下悦子	専業主婦はニートでもパラサイトでもありません	
2006	12	夏目幸子	フランスではとっくにアンチ・フェミニズム	
2007	3	石原慎太郎×義家弘介	子供を守るための七つの提言	親こそ教育の最高責任者

[a] 米印（※）は間接的に反応している投稿。

付表1 『諸君！』における「慰安婦」関連記事

巻	号	著者	表題
1992	3	佐藤勝巳	「従軍慰安婦」か「北の核」か
1992	7	板倉由明	検証「慰安婦狩り」懺悔者の真贋
1992	8	上杉千年	警察OB大いに怒る（吉田「慰安婦狩り証言」検証・第二弾）
1992	9	秦郁彦	ドイツの従軍慰安婦問題（「慰安婦狩り」証言 検証・第三弾）
1992	10	黒田勝弘	日韓最悪の夏：「従軍慰安婦」と「日本征伐」
1993	9	板倉由明	教科書問題と「岩波」問題
1993	10	黒田勝弘	慰安婦「政治決着」の内幕
1994	5	板倉由明	複眼的視点を持て：「慰安婦」と「南京事件」（総検証・日本軍の〝犯罪〟）
1996	8	上坂冬子×秦郁彦	従軍慰安婦問題：橋本総理は誰に何を詫びるというのか
1996	10	藤岡信勝	「従軍慰安婦」を中学生に教えるな
1996	11	保阪正康	従軍慰安婦問題を50年後に断罪するな
1996	12	秦郁彦	慰安婦「身の上話」を徹底検証する
1997	1	西尾幹二	「慰安婦問題」：ドイツの傲岸 日本の脳天気
1997	3	藤岡信勝×現役教師6人	激論「こんな教科書では教えられない！」
1997	3	黒田勝弘	償い金を受けた韓国元慰安婦の本音
1997	3	秦郁彦	「慰安婦と七三一部隊」合体の仕掛人
1997	4	遠藤浩一	鳩山由紀夫「場当たり政治家」の正体
1997	4	西尾幹二	「慰安婦問題」朝日論説の詐術を嗤う
1997	5	西岡力	「慰安婦問題」誰も誤報を訂正しない：すべての感情論を排す
1997	9	秦郁彦	政治のオモチャにされる歴史認識：「盧溝橋」「南京」「731」「慰安婦」の虚実を問う
1998	2	田中敏	ドイツでぶつけてみた私の近現代史観：ナチスの亡霊が囁く「日本悪玉論」
1998	4	前田修	国を売るのか『ジャパンタイムズ』
1998	7	大原康男	吹けば飛ぶような「関釜裁判」判決
1998	11	秦郁彦	終戦特集を検証する：「空想虚言症」の記憶にさいなまれる『朝日新聞』
1999	2	秦郁彦	天皇訪韓を中止せよ！「アジア女性基金」に巣喰う白アリたち
2000	1	石川水穂	見てきたように「歴史」を裁く司法の「ゴン助」たち（2000年特別企画：虫酸が走る！「虚説妄言」20を駁す）
2001	3	秦郁彦	カンガルー裁判「女性国際戦犯法廷」見聞記
2001	4	武田龍夫	ETV「戦争をどう裁くか」：NHKの歴史認識を糾す！
2001	6	高橋史朗	中・韓教科書こそ「自国中心・歪曲史観」じゃないか
2002	11	東中野修道	「ニュースステーション」久米氏：「南京戦」元兵士 疑惑の「証言」
2003	3	秦郁彦	TBS筑紫哲也氏「ハダカの慰安婦報道」：疑惑の十三分
2003	7	金完燮	慰安婦：慰安婦制度は必要悪だったのか（保存版特集：昭和史 日本人の共有常識）
2005	3	安倍晋三×中西輝政	慰安婦も靖國も「朝日問題」だ

第2章 〈敵〉を抽象化するレトリック

巻	号	著者	表題
2005	3	秦郁彦	徹底検証 朝日 vs. NHK 全面戦争の逆転劇
2005	3	西村幸祐	天下の朝日に「本田雅和」記者あり！
2005	4	安倍晋三	私の朝日新聞批判，筑紫哲也 News23 批判
2005	4	田久保忠衛	「大本営発表」，どっこい朝日紙面に健在なり
2005	4	中宮崇	全調査 本田雅和記者と北の「反日」包囲網
2006	4	西岡力	「従軍慰安婦は日本軍に強制連行された」と言われたら
			（永久保存版〈歴史講座〉：もし韓国（盧武鉉）・北朝鮮（金正日）にああ言われたら こう言い返せ）
2006	7	西岡力	「『従軍慰安婦』に賠償せよ」と言われたら
			（永久保存版〈歴史講座〉：もし朝日新聞にああ言われたら こう言い返せ）
2007	2	北野充	アメリカは歴史問題をどう見ているのか：アメリカ発「反日史観」の〝実像〟
2007	5	秦郁彦	幻の「従軍慰安婦」を捏造した河野談話はこう直せ！
2007	6	浅川晃広	日豪安保宣言が中国「慰安婦カード」を無効にする
2007	6	池田信夫	強制連行：ネット世界の暗闘
2007	7	秦郁彦 × 大沼保昭 × 荒井信一	激論「従軍慰安婦」置き去りにされた真実
2007	8	伊藤桂一	僕が出会った気高き慰安婦たち（若き世代に語る日中戦争；1）

第3章
「原因」としての家族
――「同(両)性愛」をめぐって

三部　倫子

1. コミュニケーションとしてのカミングアウト

　カミングアウトとは自らの性的指向・性自認[1]や性的アイデンティティを他者に伝える行為を指す．カミングアウトは決して「言いっぱなし」などではない．それを受け取って解釈する者がいて成り立つコミュニケーションであり，両者の関係性によって規定され，時に双方の間で齟齬が生じうるものである．当該社会における「同性愛」や「両性愛」の扱い方によっても，カミングアウトをする側・される側の経験はおのずと異なってくるだろう．

　近頃は「LGBT」[2]という言葉が以前よりも身近となり，職場（柳沢・村木・後藤 2015）や教育現場（文部科学省 2016）におけるカミングアウトや，その後のサポートについて議論されるようになってきた．一日の大半の時間を過ごす学校や職場は，それぞれのライフステージにおける重要な場である．では，われわれが選ぶこともできずに生まれ落ち，その人生をスタートさせる定位家族において，カミングアウトはどのようになされているのだろうか．あるインターネット調査では，ゲイ・バイセクシュアル男性の回答者のうち44.4％が親以外の人にカミングアウトをしているとする一方で，親にカミングアウトをしたという回答は13.8％にとどまっており，親へのカミングアウトそのものが容易にはしがたいことがうかがえる．さらに，親の内訳をみると両親ともには7.3％，母親のみが6.0％，父親のみは0.6％である（日高ほか 2007）．母親と父親の間にみられる数値の隔たりは，家族という文脈におけるジェンダーの作用を示唆している．

本稿は，1990年代から2000年代前半という特定の期間にカミングアウトされた親たちの語りを取り上げ，そこみられる子どもの「同（両）性愛」をめぐる知のせめぎ合いを題材に，ジェンダーと絡み合うコミュニケーション齟齬を親がどのように乗り越えてきたのかを分析するものである．本題に入る前に構成を述べよう．2節では子どもから親へのカミングアウトの先行研究，および，「同性愛」の意味付けの歴史を整理し，日常知と専門知の相互の関係を分析する本稿の立場[3]を示す．3節で調査方法と協力者の特徴を述べた後，4節より子どもからカミングアウトされた親たちのインタビューを分析する．5節では考察を深め，残された課題について触れる．

2. 親子間のカミングアウトをめぐる先行研究

2.1 子どもから親へのカミングアウト
　　　──家族規範・ジェンダー規範の交渉の場

　早期にこの課題に取り組んだ三部倫子（2014）は，親と子それぞれへの質的調査（半構造化インタビュー・関連団体への参与観察）を実施し，次のような成果を得ている．

　レズビアン・ゲイ・バイセクシュアルへの調査からは，母親に性的指向やパートナーとの生活の双方を認めてほしいという承認要求が析出された．他方，カミングアウトされる側の母親の調査では，彼女らが自分をどれだけ「普通」とみなすかによって，ショックの度合いが異なっていると指摘される．ここにおいて「普通」として意識される基準は，「正しいセクシュアリティ」（竹村 2002），つまり，生涯続く男女の婚姻とそこで生まれる子どもを育てるという規範化された異性愛である．したがって，例えば，シングルマザーより専業主婦として生きてきた母親の方が，子ども性的指向を受け入れがたいと論じる．父親たちは，子どもとの距離があるとの理由でショックを受けないものだと語り，「父親であること」そのものがカミングアウトを受け止める際のプラスの資源となっていた（三部 2014）．父親よりも母親，な

かでも育児に専念する専業主婦のほうが，子どもの性的指向を解釈する際に困難を感じやすいと述べられている．

　母親に働くジェンダー規範・家族規範をさらに掘り下げた元山琴菜 (2014) は，母親へのインタビュー調査から「非異性愛者」である子どもからのカミングアウトは，これまで彼女らが拠り所にしていた「母親」というアイデンティティに揺さぶりをかけるものだという．しかし，カミングアウト後に「母親」として「家族崩壊」の危機を食い止めようと「調整役割」を買って出ることで，拠り所としていたアイデンティティを傷つけることなく済むと分析する．

　さらに，石井由香里 (2015) は，トランスジェンダーの子どもをもつ親へのインタビュー調査にて，母親と父親にそれぞれ異なる対応を生み出す性別役割規範を取り上げる．男女性別二元論が子どもの苦悩の原因と知ったある母親は，男らしさ・女らしさを良しとする職場で働けなくなる．しかし，夫である父親は弱音を吐かず「稼ぎ手」としての「父親役割」を遂行することで，カミングアウト後の変化を乗り切ろうとする様が描き出されている．

　以上の研究は，家族規範やジェンダー規範が，子どもからのカミングアウトの解釈資源となっている面をあぶり出す．Diana Kohr と Saori Kamano (2013) が指摘するように，カミングアウトを親子の間で家族規範・ジェンダー規範が交渉される契機ととらえることができよう．

2.2「同性愛」に意味を付与する知の歴史

　家族規範・ジェンダー規範は，親子をとりまく外部社会からの影響を受けずにはおれない．子どもからカミングアウトされた親の手元にまずあるのが，当該社会によるセクシュアル・マイノリティの定義づけである．本項ではインタビュー協力者たちがカミングアウトされた，1990年代から2000年代半ばまでの「同性愛」をめぐる定義の歴史を若干の駆け足となるが振り返っておきたい．

　「逸脱」の定義過程を分析した Peter Conrad と Joseph Schneider (1992=

2003）よれば，西洋社会において「同性愛」は宗教により「罪」とされ，国家の成立以降は法によって「犯罪」に，そして産業化社会と共に発展した医療制度によって「病」とされてきた．やがて「同性愛」と名づけられた人々からの「クレイム申し立て」活動 (Kitsuse and Spector 1977=1990) の結果，「同性愛」は異性愛に「治す」対象ではなくなる．その証左として，精神科医，保険会社や関連する官僚組織が参照する『精神障害の診断と統計のマニュアル』(DSM) からも，1973年には疾患としての「同性愛」という診断名は削除されている．こうして西欧社会において「同性愛」は「ライフ・スタイル」(Conrad and Schneider 1992=2003) と捉えられ，近年は婚姻の平等が達成されるなど，各国で同性間のパートナシップを保証する何らかの制度が整えられてきている．

　日本はこうした社会と類似した歩みをたどりながら，独自の特徴をあらわしている．論者の共通した見解は，西洋社会からもたらされた近代化によって，近世までの日本における性のありようが厳しく管理されるようになった，というものである．戸籍制度の導入により，性別二元論は強化され性別越境者（三橋 2008）が迫害されるようになった．「同性愛」は「女性」の逸脱として表象され（古川 1996 1997; 黄綿 2008），男女ともに同性に対する「変態性欲」（赤川 1999; 古川 1997）の持ち主は，同性愛者として人格化される．1990年代の前半まで「同性愛」は精神医学関連の教科書では「性的逸脱」（稲葉 1994: 40）として，辞書・事典類には「異常性欲の一種」（動くゲイとレズビアンの会編 1992: 386-387）と記載されていた．しかし，レズビアンやゲイからの働きかけにより「同性愛」を「異常」とする記述は今，姿を消している．

　「同性愛」を逸脱からライフ・スタイルへ再配置する試みは，1990年代以降，自ら名乗り出た同性愛者たちからなされたものである（これを「当事者による知」とする）．続いて「同性愛」当事者による関連雑誌・書籍（伏見 1991; 掛札 1992; 伊藤 1993, 1996）の出版や団体の設立，「同性愛者」であることをオープンにした研究者（ヴィンセントほか 1997; 堀江 2006），政治家の登場と続

き，さらに2000年以降，各大学でセクシュアル・マイノリティの学生サークルも創設され，インターネットを介して活発な交流がなされ始めた．渋谷区を皮切りに，地方自治体において同性間パートナーシップを保障しようという姿勢も見られるようになった（2018年9月現在）．

このように「同性愛」は科学的な専門知，当事者による知のせめぎあいのただなかに置かれてきた．では，家族におけるジェンダー規範・家族規範という日常知は，同（両）性愛をめぐる専門知や当事者による知と，どのような関係を結ぶのか．本稿はカミングアウトされた親たちの語り見られる専門知と親たち自身が持ちだす日常知のせめぎ合いから，この問いに答えていく．

3. 調査方法・調査協力者

これから分析するのは，子どもの性的指向や性的アイデンティティを知っている親へ，カミングアウトされた経験を聞きとる半構造化インタビューである．筆者が参与観察をした団体やセクシュアル・マイノリティに紹介を頼む，機縁法サンプリングにて協力者を集めた．本稿は専門知の枠組の中で，同性愛を「治す」ことや「原因」への言及頻度が高かった8人を中心に据える．カミングアウトされた当時の状況を重視し，表1はカミングアウトされた年月順に協力者を並べた．いずれの協力者も過去の経験を振り返られる状態，つまり，カミングアウト後の戸惑いがある程度落ち着いているという特徴を備えている．調査方法と団体詳細は，三部（2014）を参照してほしい．章末にそれぞれ協力者が語った内容の要約を付した．

なお，渋谷（父）さんのインタビューには妻が同席しており，後半に妻自身も再度自らの経験を語り始めたため，渋谷（母）さんは夫調査に同席した際のデータも分析対象としている．豊嶋さんは，夫婦一緒でのインタビューである．大塚（母）さんの1回目のインタビューには，息子が同席している．何回目の調査であるかわかるように，例えば1回目の調査からのデータ引用

表1

仮名	カミングアウトの時期	当時の年齢	当時の子の年齢	子どものセクシュアリティ	配偶者	調査時年齢	学歴	調査日時
渋谷(母)	1993	40代	10代(高校生)	息子:ゲイ	あり	50代	大学	2007.3, 2007.6
渋谷(父)	1993	40代	10代(高校生)	息子:ゲイ	あり	50代	大学	2007.6
豊嶋(母)	1995	60代	20代	息子:ゲイ	あり	70代	高校	2007.8
豊嶋(父)	1995	60代	20代	息子:ゲイ	あり	70代	専門学校	2007.8
原田(母)	2000	50代	20代	娘:レズビアン	あり	60代	大学	2007.4
石川(母)	2001か2002	40代	10代(高校生)	息子:ゲイ	事実婚	50代	大学	2007.8
大塚(母)	2006	50代	10代(高校生)	息子:ゲイ	あり	50代	大学	2007.4, 2007.8に2回
小川(父)	2005か2006	50代	20代	娘:バイセクシュアル	あり	60代	大学	2007.4

の末尾には，[1]と表記する．

分析では「　」をデータからの短い引用とし，長い引用は段落を下げて表示する．語りのなかで言及される特定の学問分野については，〈　〉で括る．というのも，その説をその学問分野の定説や代表ではなく，親たちの語りのなかで繰り返し現れる知として扱いたいからである．

4. 分析

これから3つの軸に沿って分析作業を進める．まず，カミングアウトされたとき，どのような知がどのように「同性愛」「両性愛」を説明するものとして登場していたのか．言い換えると，親は真っ先に何を解釈資源として「同性愛」「両性愛」を捉えたのか．二つ目は，そのような知がかれらに何をもたらしたのか．そして，最後の軸は，当初の親たちの解釈資源となっていた知，言い換えれば親たちに「ショック」や「自責」をもたらしていた知はどのように変容していったのか，である．

4.1 カミングアウト直後の解釈資源としての知

協力者たちはその程度や質はどうであれ，驚きをもってその時を迎えたと振り返る．突然訪れた子どもの「同（両）性愛」という現実を，かれらはどう語るのだろうか．

4.1.1 一過性としての同性愛

1990年代前半にカミングアウトされた渋谷（母）さんは，高校生の息子が「ゲイだっていうことはすごく嫌だった」[1]という程，息子の性的指向を受け入れがたかった人物である．息子が勧めるゲイ男性の書いた書籍（伊藤 1993）を読む気にならず，「原因を調べ」[2]るため本を読み始める．作者が誰かは忘れてしまったというが，高校教師が書いたという思春期にまつわる本をこのように覚えているという．ちなみに彼女には二人の息子がいる．

> 渋谷（妻）：そこにね，子どものときに，みんなとこう悪ガキ的な感じでワイワイこうね，グループを作る，群れを成して，群れを作って遊んでない子っていうのはゲイみたい，同性（愛者になる），思春期になったときにその同性愛的な傾向を示すことがあるって，でもそれは一時的なもので，またそれが，普通，異性愛に変わっていくみたいなことを書いてあった本があったの．で，それ読んでこれだって思ったの，その時は．それであの（次男）はさっき言ったみたいに，もういろんなあの，悪ガキ的な遊びもしてるしね，だけど，あの，●○（カミングアウトした長男）はほんとに友達も少ない，とかね，ほんと親しい子もそんなに沢山（いない），ワイワイはしなかったし．[2]

注目すべきは渋谷（母）さんが高校教師による「一時的なもの」という記述に信頼を寄せるところである．その後，彼女は作者に電話をかけて確かめようとするが，「同性愛者だって，別にいいじゃないですか」と諭され，納得できないままに電話を切っている[1]．彼女が後に参照することになる

当事者による知は（例えば，伊藤1993），カミングアウトされた当初，即座に拒絶されている．時代は2000年代中頃に下るも，高校生の息子からカミングアウトされた大塚（母）さんも同様の内容を語っている．息子から性的指向は「生まれついている」という説明を聞きながら，彼女の脳裏には「思春期やから，いつか治る」という予測がかけめぐっていたという．

> 大塚（母）：昔，習ったことがあるような気がするんですよ．人間はね，えっと，自己愛，同性愛，異性愛いうふうに進歩していくと．進化途上，成長の途上？だと思ったの．だって，ほら，よくあたしたちね，女の子でも，宝塚がすっごい好きな子とか，いるでしょう？で，やっぱり女の子すっごい憧れたり，先輩に憧れたりっていうのもあるし，男の子同士も，先輩にやっぱりほら，憧れたりっていうのもあるから，ま，そういう若い時って，あんまり年いってからそういう話聞かへんから，だからやっぱ，若い時にはそういうなんていうか，こともあるんだろうと思ったから，ま，そのうち治るかなぁ，治るっていうか，そのうちまぁ誰か女の子が好きになるやろうなと思って．[1]

1990年代半ばに，当時20代の息子にカミングアウトされた豊嶋（父）さんも，息子の性的指向が「治る」のをまずは期待したと振り返る．

> 豊嶋（父）：「なぁ，ちょっと10パーセントぐらい治らんのんかぁー？」((笑いながら))（自分が）言いよる．
> 豊嶋（母）：お父さんそんなん言ったな．
> 豊嶋（父）：(息子に)笑われてな．「何を言ってくれんねん」っ言うて．ほんでいっぱい論文を用意して「これはもう病気ではない」と，「治らへん」ちゅうねん．

「高校教師」や学校で「習ったことがあるような」知識が，渋谷（母）さん

と大塚（母）さんの「一過性の同性愛」という解釈を導いている．彼女たちは，まるで病気かのように子どもの同性愛が（異性愛に）「治る」と表現する．「治る」のを期待した父親に豊嶋さんの息子も，「論文」という専門知を携えて「治る」類のものではないと反論している．まずは，性的指向が「治る」ものか「治らないものか」かをめぐり，学校知・科学的な専門知の枠組みが援用されていることに注目しておきたい．

4.1.2 脳に「原因」がある同性愛――〈脳科学〉

次に検討したいのは，同性愛の「原因」を脳に求める解釈である．同性愛を思春期の一時的なものと理解した渋谷（妻）さんは，息子の性的指向が「治る」と信じ「脳の本」を読むと決心したと話す．

> 渋谷（母）：脳になんかね，なんか，そういうのがあって，なんかこういうふうにしたら，治るんじゃないかとか，なんかヒントがあるんじゃないかとか思って，で，大島なんとかさんっていう方の本を読んで，って脳の本って書いてあったのかもしれない．

「大島なんとかさん」は，他の協力者も言及する大島清（おおしまきよし）を指す．この人物は1927年生まれの東京大学医学部卒の生殖生理学を専門とする医学者であり，脳に関する一般向けの書籍を数多著している．大島(1989)には，次のような記述がある．親たちの語る脳に「原因」があるとする説とほぼ一致するため，長くなるが引用する．

> 「戦争の恐怖がホモ[4]を産んだ」
> 　受精の瞬間に，将来の性が決定するのは衆人の認めるところだが，脳にもからだにも性差が表れてくるのは，妊娠56日目頃の胎児のときからである．男になる場合は，まずY染色体が男性ホルモンの分泌を促し，男性ホルモンであるアンドロゲンのシャワーを脳に浴びせる．する

と男脳になっていって，男のからだをつくれと指令を発するのである．もともと胎児の脳は，母親の胎内で女性ホルモンにどっぷり漬かっていて，すべて女型．男になる場合に限って，男性ホルモンにより，男脳に改変されていくのである．

　この脳の性分化は胎生4～7ヵ月の間にほとんど完成する．ほとんどといったのは，生まれてからまだ脳の性分化が続いている可能性もあるからだ．女児の場合は同性の母親の胎内にいるからさほど問題はないが，男児の場合，自分が生産する男性ホルモンによって脳を男性化しなければならないので厄介だ．

　だから，胎生4～7ヵ月のその時期に，母親になんらかのストレスがあって，赤ちゃんの男性ホルモンの分泌が十分でなく，弱い男の脳になると，将来彼はホモになる！？ことだってある．1945年の熾烈なベルリン爆撃時，母の体内にあった男子の多くが同性愛者になったことは，すでに多くの人に知られている．（大島1989: 129-130)

　以上のような，男児が「妊娠中のなんらかのストレス」によって「ホモ」になるという説は，娘にも転用されていた．2000年代半ばに娘からバイセクシュアルだと伝えられた小川さん（父）も，大島の著作に触れている．

　小川（父）：昔あの大島清さんという人の本を読んだ時に，胎児のときにいわゆるホルモンのシャワーを脳が浴びて，その浴び方によってね，体は女性だけども，もともとが女性の脳だと，人間は．だけどそのホルモンのシャワーによって，男性の脳に変わるんだというような（略）そこの（胎児が胎内で浴びる）シャワーが狂っちゃうと体と心が食い違ってくるっていうね，それは要するにホルモンのシャワーの影響だみたいな説があって，それを読んでなるほどと思ったことがあるんですけど，ああなるほど微妙なもんなんだなって．

大島によれば脳「原因」説を唱えたとするのは，ギュンター・ダーナー(Gunter Dörner) である．同性愛の科学言説を検討している Le Vay は，ダーナーの「ストレスが男性同性愛の主要な原因」とする説は批判的に検証され，その説得力は否定されているとする (Le Vay 1996=2002: 152-158)．しかし，小川 (父) さんは10年以上前に読んだ説を，2000年代半ばの娘からのカミングアウトの解釈に持ち出している．社会学的に重要なのは「同（両）性愛」の「原因」を説明する主要な知として，親たちの語りに〈脳科学〉が幾度も現れ，影響力を持ちつづけていることであろう．

4.1.3　家庭環境から生じる同性愛（環境説）——ジェンダー規範・家族規範

　専門知から少し離れ，日常知のなかで原因を求める語りを検討する．結論を先取りすると，原因を求める語りも専門知へと連なっていく．
　まずは子育てについてである．息子の同性愛の「原因探し」に奔走した渋谷 (母) さんは，「男女っていうのにあんまり関係」なかった自分の育児を，「いけなかった」のではないかとも考えたという．

> 渋谷 (母)：普通，母親って，おままごとよりか電車のほうがいいっていうか，そういう形で (玩具を) 買い，買ったりとかするけど．私は (息子が)「おままごと欲しい」って言ったら，おままごと買ってたし，それから，ピンクの洋服も着せてたし，で，だから全然ね，そういうふうに，男は男，女は女っていうふうに育てなかったから，それがいけなかったのかなってふっと思っちゃうときなんかもあったんだけど．[1]

　そして，家庭環境に話は移っていく．「原因」を探るため大学の科目履修生にもなって「心理学」を学んだ彼女は，家庭が「父親不在」状態だったことも，「原因」として頭をよぎったという．

渋谷（母）：発達心理学のなかに，あの，父親不在の家庭ってあるじゃない？うん，そう，それとか女の人と密着で子どもと母親（の関係）が強いと，やっぱそういう同性にあこがれる，あ，ゲイになるって，同性愛者と，同性愛者に憧れるね，あの，可能性もあるっていうそういう話がでてきたから「もしかしたらうっちっ」て思ったの．うちは主人があの（出張のため）しょっちゅういなかったんですよ．[1]

　高校教師の本，〈脳科学〉〈心理学〉を通して「原因」を突き止めようとした渋谷（母）さんは，しかし，勉強すればするほど却って「原因」が特定できないと思い知らされたという．
　2000年代前半に息子からカミングアウトされた石川さんも，家庭環境に触れる．息子が幼い頃に離婚した彼女は，息子から聞いた話として，「ゲイになりやすい家庭環境」があるのかどうかと，筆者に問うてきた．筆者は原因がこれだとは明確に返答はせず，逆に，息子から家庭環境が原因とする説を聞いてどう思ったのか質問すると，彼女は次のように返答した．

　石川（母）：や，うちも母子家庭だったし，で，父性への憧れ？みたいなんがあるんかなぁ．それと，私も娘もどっちかっつったら男っぽいから．性格的にそういうのも影響するのかなみたいな，うん．でも，（息子は）「そういう本に書いてあったりもするけど，自分についてはそうじゃないよ」ってのは言ってたけど，どう本当なんかなとかちょっと思ってるとこある．うん．普通の家じゃなかったからね．それは，影響を及ぼしてないんかなぁとか，うん．

　渋谷（母）さんや石川（母）さんの語りにおいて，同性愛の「原因」と目されるのは，「父親不在」や母子の過度の密着関係である．そして，同性愛の「原因」となる家庭環境と表裏をなすのが，両親が結婚しており，母親が男

らしさ・女らしさに沿った育児をし，女らしい女性（母親・姉妹）のいる，「普通の家」である．

　不思議なことに，父親が自分を同性愛の「原因」として表現することはない．例えば，多忙な仕事のためあまり子育てにかかわらなった渋谷（父）さんは，いわば母子家庭状況を作りだした父親である自分と，子どもとの関係に「原因」を探らない．さらに，妻のほうが労働時間が長く，父親である自分が子どもとよく接しているという小川（父）さんは，こう述べている．

　　小川（父）：ちょっとそこらへんはね，私もよくわかんないんですけどね，母親との関係とかね，あるいはその，大学入ったときのまわりの男の子との関係とか，あるいは女の子との関係とか，いろんな影響はちょっと私に見えませんけれども，いろんなことがあるのかなという気がしないでもないですね．その辺は，わからないです．ただ，なんとなくそんなような感じは持っているという程度ですね．

　小川（父）さんは「原因」特定にこだわりをみせてはいなかったが，母娘関係を「原因」文脈のなかに取り入れる．しかし，父娘関係はそこには置かれることはない．母親たちの語りのなかで，母親が意識せざるえないジェンダー規範・家族規範が，同性愛・両性愛の「原因」を探る知と結びつくのとは鋭い対照を成しているといえるだろう．

4.2 「原因」追究が親子にもたらすもの

　親たちの語りにおける〈脳科学〉は，「同性愛」を望ましくない，「悪い」なにかの結果かのように説明していた．〈心理学〉やジェンダー規範・家族規範は，母親の育児の過程や家族形態になにかしらを見出そうすよう，語り手に仕向けていた．結局のところ，これらの知を足場に自らの育児を遡及的に振り返るのは，母親たちである．本項では「同（両）性愛」の「原因」を，特定の立場に帰属させる知の社会的効果を検討する．

4.2.1 「育児の失敗」という母親の自責

　カミングアウトされた時，同性愛を思春期の「一時的なもの」と受け止めた大塚（母）さんは，息子からの説明で同性愛は「生まれつき」だという解釈に一旦は落ち着く．しかし，息子が同時に「環境の作用」についても触れたことで，彼女はある疑問を抱くようになる．

>大塚（母）：あの子が言ったときに，100パーセント生まれついてるとは言わなかったの．やっぱりね，凄いいろんな，あの，その環境の作用もあるみたいだって，言ったのね．……でも少なくとも，環境の中で及ぼしたものがあの子に大きかったかっていったら，きっとそうじゃないだろうなっていうのは，あの子に言ったら，あの子は反発するやろうからね言ったかもしれないけど，私はきっとそうじゃないっていう自信はあったの．[3]

　大塚（母）さんが「環境の作用」ではないと言い切る根拠となる「自信」とは，こうである．

>大塚（母）：自分の育て方が悪かったっていうようなことが，なんかそれは傲慢かもしれないけど，そういうのはまったくないのね．あの子をそういう風に育てた覚えはまったくないから「自分の育て方が悪かった」っていうような，こっから先も出てこなかった．ちゃんと育ててきた，自信，自分は自信があったし，教えることは教えてきたと思うし，特に女の子のように育てたつもりもないし．……だから，育て方じゃないなって思ったのね．たとえば，小さい時に野球をさせようと思っても，好きじゃなかったのよね，あの子．で，剣道，ちゃうわ，空手を習いに連れて行った時に「嫌だ」ってやめたのよ．でも私は「あ，この子はこういうことが嫌いなんだ」って思って，やめさせ

たのね．主人は「行かせろ行かせろ」って言ったんだけど「そんなに嫌や言ってんねんから，いいわよもう」とかって言って，私はやめさせたの．だから，私はそれを無理矢理続けさせなくて良かったと思うし，あの時やめさせたから，こうなったとは思わなかったのね．あれだけ嫌がってることをさせたらこうならなかったかとは思わなかったし，あれからあの子のことを良く考えて，育ててきたつもりだったから．[3]

　彼女が子どもを同性愛にする「環境」として意識しているのは，「女の子のように育て」，「空手」「野球」などの男らしいスポーツをさせない母親の育児である．しかし，彼女が振り返って改めて感じるのは，息子の個性を考えた育児と，「悪い」(=同性愛になる)「原因」とがどうしても結びつかないということだった．
　大塚（母）さんのようには，母親の「育て方」の「悪さ」と同性愛の結びつきを断ち切れないケースもあるだろう．渋谷（母）さんは「母親ってさ後悔することって，絶対子ども育ててるとあるんだよね」と前置きし，過去へ「原因」を求めていく辛さを語る．

　渋谷（母）：他の友だちのお母さんなんかはね，車で（子どもが）うるさかったから，ガムテープを口に貼っちゃったんだって．そして，それでね，ベリーって剥がしたら，そ，お母さんが剥がしたら，唇も剥がれっちゃったんだって．皮が．それで，それが私まだ覚えていて，それがすごくかわいそうでかわいそうで，で「なんでそんなことしたんだろう」って，それがね，すごいそれが「すごい後悔してるのよ」っていう人とかいたの．それから，あの，怒りすぎたときはやっぱりね，で，長男だからとか，下の子は甘やかしたのに，上だから厳しくしちゃったんだとかね．で，ひとつはそんなことがある人が多いと思うんだけど，私もそやってずーっとたどってってたらね，下の子が生ま

れるときに，あの，早産で早く生まれちゃったの．[1]

　次男出産の間，母親から離された長男が母親を嫌いになったことをきっかけに，女性を嫌いになり，やがて同性愛者になったと「確信」したという彼女は，「これはもう，あたしの原因なんだ」「なんとかあたしが治さなきゃいけないとかって，思っちゃったのね」[1]と自分を激しく責めてしまったと語る．彼女にとって，息子の同性愛の「原因」追究とは，自らの過去の「後悔すること」探しと同義になってしまったのである．

　母親たちがいかに自責の念に駆られやすいのか，よく表れているエピソードがある．2000年代前半に，娘から「女の人が好き」とカミングアウトされた原田（母）さんは，混乱の最中にあっても，娘が「言ってくれた」ある一言を良く覚えていると述べる．

　　原田（母）：で，(娘も)もなんやかんや言うてたような気はするんですけど，何も覚えてなくて，で，一番最後に○○（娘の名前）が「でもこれはお母さんの育て方が悪かったから，私が女の人を好きになったんじゃないんだよ」と．「それだけは覚えといて」．そういうことだけ言ってくれたのを覚えてます．

　〈心理学〉や〈脳科学〉などの専門知と，母親が日常知としてもっている家族規範・ジェンダー規範が絡み合うことで，同性愛の「原因」として母親が追い詰められる．「お母さんの育て方が悪かった」わけではないという娘の言葉は，母親を「原因」とする隘路に陥りがちな母親にとって，救いの一言になったことだろう．

4.2.2　親子の葛藤

　先ほど原田（母）さんの事例で，子どもから「お母さんのせいではない」という言葉が自責の念を和らげる可能性に触れた．ここでは，親「原因」説

が子どもと親の間に葛藤をもたらした豊嶋夫妻の事例をとりあげたい（三部 2009 にも詳細）．

妊娠中の「悪いこと」で息子が同性愛になったのではないかとしばらく泣き暮らした妻は，同性愛を「生まれつき」と信じることで自らを落ちつかせようとした．1990 年代，同性愛を嘲笑するメディアに訂正を求める活動に取り組んでいた息子を見て，豊嶋夫妻は息子を応援するようになる．

> 豊嶋（妻）：(息子) がまず（マスコミに）言うて，で，私は私で．「私の息子は同性愛者なんですけど，こんなひどいことないですよ」って，こんな（息子）の前で一生懸命，必死になって言って，お父さんはお父さんで言うて．だから，それから…だから，その……いろいろ，言うことによって（息子）をちょっとでも，もう，助けてやろーと思ってね．うん「そんなん嫌や，あんた勝手にやんなさい」なんて言うたらさ，あの子もかわいそうじゃないですか．ねぇ？なにのせいで，そういう風に，同性愛者に生まれて来たのかと思うし．だけど，一生懸命やって，ほんとに必死でもう言う，あの子が「言って」て言うたら，すぐ言いましたよ，お父さんも私も．

他方で泥酔した息子は自らの性的指向について，両親に問い詰めることがあったという．

> 豊嶋（妻）：やっぱりしばらくは，もう寝ても寝ても何が悪かったん，私の妊娠中のなんか，悪いことがあったんかな，何が起こったから，こういうことになったんかなーっていうの，ものすごいね，生理的な面でも考えましたね，うん．だけど，後で聞いてたらそれはないっていうようなんで，で，やっぱり生まれつきそういうふうなあれになるっていうのよね，やてね．
> 豊嶋（夫）：それで，あれよ「何でこんなんに産んだんや」とか，「パパ！

どないしたんやー！」って，よう言いよったけどな．

豊嶋（妻）：あ，お酒に酔うとね「なんでそんなん，こんなんに産んで，産んでしもうたんや！」って言う，そうかと思うたら「僕はゲイに産まれてよかった」って．だからあの「何にも気にせえへんから，大丈夫やで」ってね「ゲイに産まれてよかった」って．で，今度，

豊嶋（夫）：「今度産まれても

豊嶋（妻）：「今度産まれても，

豊嶋（夫）：ゲイでかまへん」って

豊嶋（妻）：言うたわー．そんなん言うんよ．

豊嶋（夫）：でな，その「パパー！」って言いよった時に「そやけどな，あのな，あの，子ども産まれるときな，スペルマ（精子）がな 2 億ぐらいな，飛び出していってな，ほんで泳いでいって，競争しよんねん．その一着なりよったやつが着床する，な？お前一着なったんやん，他のやつみんな押しのけて一着になったんやんか．そんなん，なんやねん？」ってよう言ったった．したら，もう「なんでー！（ゲイに産んだんや）」ちゅうようなことは言いよらんようになった．

　豊嶋さんの息子が当初「治らない」と父親に抗ったように，生まれつき説は同性愛を「治そう」とする説への対抗になりうる．しかし，生まれつき説は子どもをこの社会に生み出した親に「原因」があるとする解釈をも，豊嶋さんの息子にもたらすことになった．父親は「お前は一着」になった「精子」という受精の物語を援用することで，同性愛を悪いものと捉える息子の考え方を覆し，妻の立場も守ろうとしたのだ．

4.3　誰も責めない新たな知の可能性

　性的指向の「原因」を追究する知が母親たちに反発や自責をもたらし，時にそれが責任の帰属先をめぐり親子間に葛藤を生じさせるのを確認した．先の豊嶋夫妻の事例では親「原因」説を跳ね除ける方法として，父親が受精の

物語を紡いでいた．本項から，親たちが語りだす「原因」探しとは異なる新たな知について，さらに深くみていきたい．

4.3.1 「原因」を追究しない

「原因」を探すための「勉強」を重ねるも結局，息子の同性愛は「治る」わけではないと断念した渋谷（母）さんは，「当事者の人たち」が書いた本を「たくさん」読み始めるようになる［1］．やがて「気持ちの上では」このように「理解」できるようになったと語る．

> 渋谷（母）：で，もー仕方ない，生まれたときにもうそういうね，ことになってるっていうかね．そういう風に人を好きになるのが，あの，人を好きになって，ほんとに男と女でもなんで好きになるかってわからないもんね．だから，反対に同性同士でもなんで好きになるかってわからないんだって思って．で，そういうことも本に書いてあったりとかして，それで，だんだん理解したつもりでいて，で，理解したと思ってたの．で「あたし，偏見なくなったわ」って，同性愛者に対してね．［1］

彼女が当事者による知に接し，「原因」追究一辺倒の考え方から少しずつ離れてきたことがうかがえる．だが，「理解」したと思いこんでいた彼女は，未だ「偏見」を持っていると親友から指摘されて気づくことになる．その時のことを「なんかすとーんってこうひかかってたものが，こいゆうふうにおっこっちゃった」［1］と表現する彼女は（詳細は三部 2009），インタビュー時には「何かの原因はね，どっかにあるんだろうけど，でも，それが何だかっていうのは，特定はないからね」［2］と，あれだけ懸命だった「原因」探しに興味を失っている様子だった．

「原因」を求める姿勢への懐疑は，大塚さん（母）の語りによく表れている．性的指向は「運命のような宿命のようなもの」であり，他者からの働き

かけや本人の意思によって変えられないと捉えるようになった大塚（母）さんは，性的指向の「原因」追究についてこう説明する．

> 大塚（母）：……いったい何なんだろうなと思ったけど，でも，もうそれは調べたり本を読んだりしてると明らかになってね，きたよね．うーん，何事も生まれつき100パーセントってことはないにしても，お互いの作用はね，そういう影響はあると思うからね．ただ，微妙なところよね，それが何割，何割及ぼしている人と，生まれつきってのが何割及ぼしてる人，それより，生後の環境が大きい人．ま，色々，あると思うけどー．でもやっぱり，本人にどうすることもできないことであるには違いないんだろうなと．うん，思うね．だから，原因の追究が必要かって言うと，そうじゃないと思う．[3]

セクシュアリティは生まれつきだという考えに則りつつも，遡及的な原因探しをしないのは，原田（母）さんである．娘が「普通」ではないことにショックを受けた彼女は，他のセクシュアル・マイノリティといるときの娘の穏やかな表情を見たり，親向けのサポートグループで活動したりするなかで，徐々に自らの考え方が変わってきたという．現在，障がい者向け福祉施設働く彼女は，同性への性的指向と障がい者のそれとを関連づけて話す．

> 原田（母）：今まではともかく違和感的なものしかなかったんですけど，今こうしてですね，○●さん（母親の立場で活動する同じ団体のメンバー）と一緒にいろんな活動進めてみたり，○○（娘）の周りの人といっぱいお話ししたりしているなかで「いや，みんな一緒なんや」っていう，ですね．うん．いつも言うてることなんですが，私が知的障がいの方と仕事してもう今で●年目に入る．この秋になると●年目に入るんです．●年間ね仕事させてもらってて．同じみんな，いわゆる人間として一緒なんやーっていう，私は昔からそういうところがあるんですけ

ど，結局知的障がい者も一緒であれば，LGBTの人も一緒．同じ人間やみたいな，ちょっといろんな形でね，それこそ知的に障がい持っておられる，いわゆる性的指向に，障がいじゃないですけど，そういう方に生まれついたっていうとこがちょっと違う．「みんな違ってみんないい」っていう，あの，金子みすずさんの言葉が大好きなんですよ．

性的指向も障がいと同じ「違い」のひとつと考える原田（母）さんにとって，もはや娘も「そういう方」に「生まれついている」ことは自己を責める理由にはならない．彼女のこうした考えを支えるのは，生まれたときに「自然に発生する」とう説に加え，自分が知らなかった責任は「教育」にあるという解釈である．

原田（母）：本当に何分の一，3パーセントから10パーセント生まれる，自然に発生するいうたら悪いですけど，生まれてくるもんなんだっていうのがわかった時点で，本当に私が知らなかっただけ，教育が取り上げなかっただけ．

「原因」を追究しなくなった背景に，同性愛を「生まれつき」とすることで納得する姿がある．同性への（または異性に限らない）性的指向は，親が願おうが本人が望もうが，簡単に変更することができない「生まれついた」ものであり，社会には一定数，自分の子と同じ人々が存在するという見方が，親たちが異性愛規範を乗り越える際の資源となっていたのである．

4.3.2 一定の「割合」からカテゴリーそのものへの問い

セクシュアル・マイノリティが一定の割合でいるとする考え方は，セクシュアル・マイノリティとセクシュアル・マジョリティ——シスジェンダー[5]の異性愛者——を根本的に区別できるという考え方に基づく（石田 2014）．これが，セクシュアル・マイノリティとしてのわが子を，親たちが納得して受

け容れる枠組みとなっていた．他方で，セクシュアル・マイノリティとマジョリティの間に設ける境界線そのものを疑うことによって，同性愛の「原因」追究への欲望がなくなる様もみられた．

娘がなぜバイセクシュアルになったのか「原因」が気になるとしつつ，小川（父）さんは娘には「多数派」と「少数派」の境はないのだと伝えている．

> 小川（父）：本人にも，特に，あの「性的な個性っていうのは人によってね，それぞれの個性があるっていうことであればね，別に多数派であろうが少数派であろうがね，それは関係ないんだよ」っていうことは言いましたけど．「それぞれ個人個人で全部違うんだ」という話はしました．

彼のなかでは「原因」を特定するための「同（両）性愛」というカテゴリー化と多数派を区別しない考えの両者が入り混じっているといえる．

カテゴリー化に関して，興味深い事例がある．大塚（母）さんは同性愛は一定数存在すると納得していたというが，カミングアウトされた親をサポートする団体の活動を通し，確率論ではセクシュアル・マイノリティを捉えなくなったと話す．以下の引用では，彼女がかかわっている親をサポートする団体定例会の参加者が話した「性のグラデーション」が主題となっている（ちなみに筆者も参加していた）．

> 大塚（母）：息子とね「3パーセントの1人って，30人に1人，ビンゴやな」とか言うて，「ほんまや」とか，息子と（話していた）．「よくまぁそんな30分の1の確率に入ったな」とか，「でも，30分の1っていうたらそんなに低い確率でもないな」とか，そんな話をしてたんですよ．で，その辺からスタートして，まぁ，ある意味マイノリティっていう感覚はあったけど，でも，だんだんね，あたし，その時も読んでたんですよ，その「性はグラデーション」だって．でも，だんだんそこの

第3章 「原因」としての家族

部分が，こうなんか理解が進んでくると，私も同じ女だけど，姉とは違うセクシャリティ，母とは全然違うセクシュアリティ，そこ，女らしさだとかね，なんかその，男らしい部分もあるかもしれない，その変が違うじゃないですか，度合いが．だからね，これってね，マイノリティってね，みんなマイノリティなんだって思うんですよ．それはセクシュアリティだけじゃなくて，物の考え方だとか，育った経緯とか，物事に対する反応の仕方だとか，みんな違うんですよ．それね，みんなマイノリティなのよね，そういう感覚，マイノリティこそが，尊厳だと．ほんと人間のひとりひとりの命が大事だと，結局そういうことでしょう？二人と同じ人がいないから，たった一人のわが子だし，たった一人のきょうだいだし，たった一人の友人だから大事なわけですよね．それは，だれ誰々子という人間が一人っていう，それだけじゃなくって，姿形から性格からセクシュアリティから何から何まで違う，だからその人が尊いわけですよね．[2]

　性自認，性的指向，男らしさ・女らしさのジェンダー表現は個人個人異なり，連続体を成す（したがってカテゴリーを脱構築する）という考えを，ここで彼女は披露している．この立場にたった大塚さん（母）にとって，セクシュアリティや「女らしさ」「男らしさ」は「同性愛」とされる息子だけが問われるものではなく，彼女本人や彼女の母親，きょうだい・友人も含めた普遍的な現象となる．
　語り手が自己そのものを問う姿勢は，石川（母）さんにもみられている．息子の「セクシュアリティのことばかり，理解しようなんて思うから，余計理解できんくなった」という彼女は，息子本人も自分を理解できずに「死ぬほど」苦しんでいるのだから，母親である自分が「ピンとくる」わけがないと考え直すことで，楽になったといいこう続ける．

　石川（母）：セクシュアリティってそんな自分が考えて，どうかしてるも

んと違うからなぁ，これ．持って生まれたもんでしょう？だから，自分のセクシュアリティだって，どうなん？みたいなね（笑）．比較のしようがないで，こういうのはね．うん，わからんわ．……じゃあ，あたしかて，男の人あんまり好きじゃないんじゃないみたいな，思う．いや，ほんとこの年になって思うもん．うん．だけど，その，年齢とともに変わっていくっていうのもあるし，なんやろうなぁ．

　それぞれが「持って生まれ」る「セクシュアリティ」を比較し，「原因」を追求して「理解」する行為への疑問がここに表れている．親から子どもへ一方的に投げかけられる「原因」を探す眼差しはすでになく，彼女は自らのセクシュアリティに立ち返っている．
　親たちが言及する同性愛の因果を探る知は，〈脳科学〉や〈心理学〉といった自然科学的な専門知に包まれていた．対して，歴史を紐解き「文化」として男性同性愛を捉えると，それを「特別」に見る必要がないのではないかとするのが，渋谷（夫）さんである．

　　渋谷（夫）：男遊び？男娼というかさ，そういう遊びがあったっていう文化が，今の日本にはないじゃないですか．それが，最近またこういう雑誌なんかでいうと本なんかで，こう発表され始めてると，同性愛ってそのままずーっと江戸文化がそのまま今の日本へつながってたら，同性愛の捉え方ってもっと全然違った捉え方してたんだじゃないかって思います．（略）そういう文化ってたぶん日本の中にあったと思うんだよね．これ余計，まぁ，（息子）の件があるから余計気になってっから，そういうものを目に留めてるのかもしれないけど．うん，そういうのはありますね．だから，ん，特別なもんじゃないっていう．と，思いますね．

　江戸時代の武士階級では，男同士の性愛は「武士道の華とされ賞美」さ

れ（氏家1995: 30），「野郎が男色の相手だからといって特に罪悪視も異常視」（ibid.: 105）されなかったと歴史学は指摘する．渋谷（父）さんが示すのは，男性「同性愛」を「特別」視する今日の知に対する疑問である．

このように「原因」を求める知・求めない知はインタビューのなかに交互に現れ，親たちの考えから完全に払拭されているわけではない．しかし，かれらは「原因」追究とは異なる知を用いることで，子どもの「同性愛」「両性愛」を当初とは異なるように解釈するようになったことは確かである．

5. 考察と結論

これまで子どもからカミングアウトされた親たちの語りを追いながら，カミングアウト後に混乱やショックをもたらした知と，親子の間に生じたコミュニケーションの齟齬を乗り越えるために取り入れられた知を分析してきた．最後に分析内容に考察を加えて，残された課題について触れておきたい．

5.1 親たちの知の変容

分析では1）同（両）性愛を一過性のものととらえる，2）脳に「原因」があると考える，3）ジェンダー規範・家族規範からの逸脱としてとらえるという三つの解釈を析出した．「同（両）性愛」を思春期の一過性とする考えは，学校知や科学的専門知に由来していた．こうした専門知は，「治る」根拠にも「治らない」根拠にも同時に用いられていた．脳に「原因」があるとする解釈は，〈脳科学〉という科学的知と専門家への信頼に支えられていた．

以上の三つの知は「原因」追究の形をとり，母親に反発や苦悩をもたらした．実際のところ同性愛の「原因」として語られていたのは，「母親の育児の失敗」であった．それは子どものための育児方法が「悪い」はずがないという反発を引き起こす一方で，息子の「女性嫌い」は自分のせいだ（＝したがって「治す」責任がある）という強い自責の念も生み出していた．子どもたち

は，レズビアン・ゲイ・バイセクシュアルなどのアイデンティティや性的指向を親に伝える手段としてカミングアウトをしていたはずである．しかし，カミングアウトする側の意図とは裏腹に，母親たちは母親に「原因」があるとする説と子どもからのカミングアウトを結びつけていた．同性愛を「悪い」とみなす同性愛嫌悪と，育児の責任を女性たる母親に背負わせるジェンダー規範の，意図せざる結果としての共犯関係が，親と子の間にコミュニケーションの齟齬を生み出していたのだ．

　他方で，かれらのショックや動揺を和らげる働きを担ったのが，性的指向を「生まれつき」とする考えであった．皮肉なのは当事者が発する知としての「生まれつき」説が，その「原因」たる親への責任追及の形に横滑りするリスクも伴っていたことである．豊嶋さん夫妻の例では，「原因」として親を責める息子と自責の念にさいなむ母親の葛藤を，父親が「一着になった」精子という生命の神秘にまつわる物語を援用し息子の誕生をかけがえのない尊いものとして，肯定的に書き換える実践をみることができた．本稿が特に着目したのは，このように親たち自身が生み出す同性愛嫌悪を払拭する知と，「同性愛」「異性愛」といった二項対立のカテゴリーを脱構築する知であった．カミングアウトされた当初，子どもの性的指向とは，親の「理解」の対象であり，「原因」追究の客体でしかなかった．カテゴリーを脱構築する思考方法は，カミングアウト後に「原因」追究を起点に生じた親と子のあいだのコミュニケーション齟齬の解消に一役買ったと考えられる．

5.2 専門知を誘い込む家族と日常知による対処

　以上の考察と，本稿の主題であった日常知と専門知の相互連関係を最後に考察する．

　親たちがカミングアウトされた年代は1990年代前半から2000年の中ごろにかけてである（表1参照）．渋谷さん夫妻，豊嶋さん夫妻がカミングアウトされた当時，「同（両）性愛」を「異常性欲」「変態性欲」としてきた科学的知と，ライフ・スタイルとして再定義しようとする知のせめぎ合いがまさ

に生じていたときといえよう．セクシュアル・マイノリティの可視化が進んだ2000年代以降にカミングアウトされた親たちでさえも，〈脳科学〉などの「同（両）性愛」をめぐる科学的知の根強さを見て取ることができた．

　対比的なのは友人間でのカミングアウトにおいて，「自分のせいで友達が同（両）性愛者になったのではないか」というような反応がみられないことである（風間 2013）．つまり，家族という日常生活世界でのカミングアウトは，科学的知と結びつく「原因」探しの語りを呼び寄せるのだ．さらにいえば，カミングアウトがなければ家族が必然的に内包する性規範（性を通して産まれる私たちは誰もが，性的な存在でもある）と，家族と性の間に介入する自然科学的知も析出された．本稿が親たちの知の変容過程の分析を通して示したのは，親たちが専門知が必ずしも日常知よりも優位ではないと気づき，それぞれ固有の態度が形成される過程でもある．かれらは自分と子どもとの間に生じたコミュニケーション齟齬を和らげるために，たとえば「生まれつき」だという専門知を自らの納得する形でも利用していたのである．

　堂前雅史（1996）が指摘するように科学的知が同性愛の「原因」をいかに追究しようとも，生活者個人にもたらす意味とはいかようなものなのか，私たちは問わなければならない．同性愛の「原因」を探す知的営為そのものを否定はできないが，少なくとも本研究から次のことはいえるだろう．同性愛の原因をめぐる知は，親たちが自らの子どもを理解し，ショックを乗り越えることにほとんど役に立っていない，ということである．

　調査時には〈脳科学〉が科学的専門知の大きな構成要素であったが，2000年中ごろにカミングアウトされた大塚さんは，「遺伝」の存在にも触れていた．これについては本稿で詳しく取り上げることができなかったが，日々進化する自然科学的の知の営為が今後，セクシャル・マイノリィティや家族をめぐりどのような役割を果たすのかは今後も検討すべき課題である．

　当事者による知が親たちの語りに登場したように，社会学をはじめとする社会科学的知も社会にもたらす再帰性を無視することができない．インタビューを実施したのは今から約10年前となる．「LGBT」という言葉が当時よ

りも流通するようになった今日，親と子の経験はどのように変化しているのだろうか．

注
1) 「性的指向」とは恋愛感情・性的欲望を誰に向けるのか,「性自認」とは自らの性別をどう捉えるかを表す概念である．
2) Lesbian, Gay, Bisexual, Transgender の頭文字をとったもの．レズビアンは女性として女性が好きな人，ゲイは男性として男性が好きな人，トランスジェンダーは生まれたときに与えられた性別と性自認にずれがあり，性自認のほうに移行する人のことを指す．本稿では LGBT よりも広い概念として，セクシュアル・マイノリティを用いる．
3) 本稿では「日常知」を私たちの「日常生活世界」から生まれるものとして,「専門知」を「科学的世界」から生じるものとする．この区別については，本書の江原の章を参照してほしい．
4) 男性同性愛を意味する「ホモ」は差別的ニュアンスを含むため近年使用は避けられているが，当時の同性愛の位置づけをよく表しているためそのままの表記を用いる．
5) トランスジェンダーとは反対に，出生時にあてがわれた性別と性自認に違和のない人を，シスジェンダーとする．

[協力者の語りの概要]
渋谷さん夫妻
渋谷（母）さんは息子の部屋でゲイ雑誌を見つけ，問いただした息子からゲイだと知らされる．原因を突き止めようと考え始めた彼女は，同性愛を思春期の一過性のものだという本の記述を目にして,「治るんじゃないか」と心理学から脳科学に至るまで様々な書籍を読み込むが，どの説にも心当たりを持てなかった．やがて，第二子の出産時に入院し，寂しい思いをさせた息子から嫌われ，それによって息子が女性嫌いになったと信じて深く悩み，落ち込んでしまう．その姿をみた息子に親をサポートするグループを紹介されたり，息子から薦められた同性愛者が書いた書籍を読むようになり，少しずつ彼女も変化していく．転機となったのは，親友からの一言であった．
渋谷（父）さんは，動揺した妻から職場への電話で息子がゲイだと知るが，本人から直接説明を受けたことはない．父親は母親と比べると子どもとは距離があるので，妻のような衝撃は受けず，むしろこれまでの息子の不可解な行動が息子の性的指向で説明がつくため，納得したという．息子には子どもができないだろうと,「生物として下に続いていかない」寂しさを感じたが，もう一人「普通」の子どもがいるので，気にしていないともいう．妻から薦められた本のなかに胎児期に同性愛の原因があるというくだりを気にしつつ，結局,「原因」はわからなかっ

た.

豊嶋さん夫妻
既に病気で他界している息子の意志を継ぎ（2004年逝去，享年37歳），親をサポートするグループにかかわっている豊嶋夫妻にとっても，息子からのカミングアウトは「頭まっしろ」（妻）になるほどの衝撃的なものだった．日記を付けていた妻によると，1995年の憲法記念日（5月3日）に「僕はな女の子好きになられへんのや」「実はゲイっていうねん」と言われている．妻は跡継ぎが見込めないショックを「赤紙」がきて兵隊に子どもが取られていくのと同じものだったと表現し，「隠居」生活を夢見た夫も計画が狂ってしまったと頭を抱える．「10パーセントぐらい治らんのんかぁ」と問うた父親に対し，息子は論文を見せて病気ではなく「治る」ものではないと反論する．妊娠していたときに「何か悪いこと」があって，息子がゲイになったのではないかと泣き暮らした妻だったが，差別的表現をするマスコミへの抗議活動に励む息子を，夫とそろって応援するようになる．息子と同じ立場にいるセクシュアル・マイノリティがかわいくてたまらないという二人は，息子亡き後，親をサポートするグループの立ち上げにもかかわっていく．

原田（母）さん
「好きな人ができたよ」という娘から，相手の性別が「女の人やねん」と聞き，「そんな子」だったかと頭が真っ白になったという原田さんは，「お母さんの育て方が悪かった」せいではないという娘からの一言に救われたと振り返る．原田さん自身，夫との結婚生活に満足していたわけではないが，娘からのカミングアウトは，娘の夫と子どもと暮らす老後の夢を砕くものだった．「世間」に知られるのではないかという不安を抱え，カミングアウトされたことを話題にもせずに数年間過ごしていた．しかし，持病で苦しんできた息子も世間の冷たさに悩んだと知ったことで，原田さんのなかで何かが変わる．さらに，娘とともにセクシュアル・マイノリティ向けのイベントに参加するようになり，見聞を広めるなかで同性愛者も障がい者と同じように生まれついていると，納得するに至った．

石川（母）さん
切羽詰まった様子の息子を見て，女性を妊娠させてしまったのではないかと考えた石川さんの耳にはいった言葉は，「男の人が好き」というものだった．落ち込んでいる息子に「いいやん，男でも女でも」と励ました彼女だったが，時間がたつにつれ過去に同性愛を嘲笑していた自分の発言で息子を傷つけてしまったと激しく後悔し，家庭の中でマイノリティである息子を家から出したいと，一人暮らしをさせる．息子のマイノリティ性を，自らも片腕がうまく動かない障がい者であることと結びつけて語る．息子がどう生きていくかを考えるようになり，自分の生きざまも見つめるようになった彼女は，それまで「一卵性親子」と言うほど密着

した娘との関係も変わってきたと，カミングアウトがもたらした変化を肯定的に語っていた．ちなみに，息子の父親は離婚した元夫．元夫とは調査時はほぼ交流がない．

大塚（母）さん

カミングアウトされた際，息子から「絶対間違えてると思う，今考えてることは」「これを読んで欲しい」と言われた大塚（母）さんは，同性愛者のグループがつくり，その団体ホームページに掲載されていた「同性愛の基礎知識」という資料を渡される．資料をもとに，息子から同性愛は人間には必ず数％は存在し，育った環境も少しは影響するが変えられず治らないと教わり，それまでは同性愛は趣味の範疇だと考えていた大塚さんは驚く．何も知らなかったのは自分のせいではなく，教育をしなかった社会の問題だという想いを強くした彼女は，当時カミングアウトしていた議員に連絡を取り，議員を介して他の親たちと出会い，親をサポートするグループを立ち上げる．活動を通して様々な人々と出会い，同性愛の「原因」をめぐる考えが徐々に変化していくのだった．

小川（父）さん

小川さんは，共働きの妻よりも帰宅時間が早く，子どもと過ごす時間が長かった．鬱病を患っていた娘からバイセクシュアルであり，セクシュアル・マイノリティの置かれた立場が精神的な負担になっていると聞いて，娘の悩みの深刻さを深く受け止め「それは大変だね」と娘に寄り添った．フェミニズムやジェンダーに興味を持ち，読書を重ねてきた彼は，自分の娘がバイセクシュアルだと想定はしていなかったが，知識として備えていたので強いショックを受けなかった．

文献

赤川学，1999，『セクシュアリティの歴史社会学』勁草書房．

Conrad, Peter and Schneider, Joseph W., foreword by Gusfield, Joseph R., 1992, *Deviance and Medicalization: from Badness to Sickness: with a New Afterword by the Authors* [Expanded edition], Philadelphia: Temple University Press. ＝ 2003, 杉田聡・近藤正英訳『逸脱と医療——悪から病いへ』ミネルヴァ書房．

堂前雅史，1996，「『同性愛の遺伝子』をめぐって」『情況』情況出版第2期7-10: 98-109．

古川誠，1996，「同性愛の比較社会学——レズビアン／ゲイ・スタディーズの展開と男色概念」上野千鶴子ほか編『岩波講座現代社会学第10巻——セクシュアリティの社会学』岩波書店：113-130.

―――――，1997，「近代日本の同性愛認識の変遷——男色文化から「変態性欲」への転落まで」『女子教育もんだい』70: 31-36.

伏見憲明，1991，『プライベート・ゲイ・ライフ』学陽書房．

日高庸晴・木村博和・市川誠一，2007，『ゲイ・バイセクシュアル男性の健康レ

ポート二』厚生労働省エイズ対策研究事業「男性同性間のHIV感染対策とその評価に関する研究」成果報告, http://www.j-msm.com/report/report02/index.html (2015年10月8日アクセス確認).

堀江有里, 2006,『「レズビアン」という生き方——キリスト教の異性愛主義を問う』新教出版社.

稲葉雅紀, 1994,「日本の精神医学は同性愛をどのように扱ってきたか」『社会臨床雑誌』2(2): 34-42.

石田仁, 2014,「戦後日本における『ホモ人口』の成立と『ホモ』の脅威化」小山静子・赤枝香奈子・今田絵里香編, 2014,『変容する親密圏／公共圏8　セクシュアリティの戦後史』京都大学学術出版会: 173-195.

石井由香里, 2015,「6章トランスジェンダーの親の当事者理解と関係性構築に関する考察」『独自化する自己像——性別に違和感を覚える人々の生活世界から』首都大学東京大学院人文科学研究科, 社会学博士論文.

伊藤悟, 1993,『男ふたり暮らし—僕のゲイ・プライド宣言』太郎次郎社.

―――, 1996,『同性愛の基礎知識』あゆみ出版.

掛札礼子, 1992,『「レズビアン」である, ということ』河出書房.

風間孝, 2013,「寛容というホモフォビア」『言葉が生まれる, 言葉を生む——カルチュラル・タイフーン2012in広島ジェンダーフェミニズム篇』ひろしま女性学研究所: 100-115.

Khor, Diana, and Kamano, Saori, 2013 "Negotiating Heteronormativity in the Heterosexual Mother-Lesbian Daughter Relationship"（＝コーダイアナ・釜野さおり, 2013,「レズビアンの娘と異性愛の母親との関係における異性愛規範性の交渉」『家族社会学研究——特集レズビアン・ゲイ・トランスジェンダーと『家族』』25(2): 124-134.）

Kitsuse, John I., and Spector, Malcolm B, 1977, *Constructioning Social Problems, Menlo Park,* Calif: Cunning Publishing Company. ＝1990, 村上直之・中河伸俊・鮎川潤・森俊太訳『社会問題の構築——ラベリング理論をこえて』マルジュ社.

黄綿史, 2008,「戦前期日本の『女性同性愛』言説——朝日・読売二紙の分析を通して」法政大学修士論文.

Le Vay, Simon 1996, *Queer Science: The Use and Abuse of Research into Homosexuality,* Cambridge Massachusetts: MIT PRESS. ＝2002, 伏見憲明監修・玉野真路・岡田太郎訳『クィアサイエンス——同性愛をめぐる科学言説の変遷』勁草書房.

三橋順子, 2008,『女装と日本人』講談社.

文部科学省, 2016,「性同一性障害や性的指向・性自認に係る, 児童生徒に対するきめ細やかな対応等の実施について（教職員向け）」（協力者　繁内幸治・中塚幹也・日高庸晴）(http://www.mext.go.jp/b_menu/houdou/28/04/__icsFiles/afieldfile/2016/04/01/1369211_01.pdf, 2016年10月12日確認).

元山琴菜，2014,「『カミングアウトされた家族』から〈非異性愛者をもつ家族〉になることとは——『家族崩壊』に対応する母親役割に着目して」『家族社会学研究』26(2): 114-126.
大島清，1989,『脳が快楽するとき』情報センター出版局.
三部倫子，2009,『『悲嘆の過程』の批判的検討——『ゲイの息子』を持つ親の『語り』と『縁者によるスティグマ』概念をもとに」『論叢クィア』2: 71-93.
———，2014,『カムアウトする親子——同性愛と家族の社会学』御茶の水書房.
竹村和子，2002,『愛について』岩波書店.
氏家幹人，1995,『武士道とエロス』講談社.
動くゲイとレズビアンの会編, 1992,『ゲイ・リポート』飛鳥新社.
ヴィンセント・キース, 風間孝, 河口和也, 1997,『ゲイ・スタディーズ』青土社.
柳沢正和・村木真紀・後藤純一, 2015,『職場のLGBT読本』実務教育出版.

＊本研究は日本学術振興会科研費特別研究費奨励費（09J09758），およびお茶の水女子大学グローバルCOEプログラム「格差センシティブな人間発達科学の創成」の公募研究・共同研究からの助成を受けています。

第4章
学的概念としてのジェンダーはどのように組織化されたか

須永　将史

1. 問題の所在

　社会学にジェンダー概念[1]を導入したのは，アン・オークリー（Ann Oakley）だとされている（見田他 2012: 501）．周知の通り，もともと文法的な用語だったジェンダーは，性科学のなかでヒトの性差に対して使用され始めた（Haig 2004: 90）(Valentine 2007: 59)．具体的には，1950年代から60年代にかけて，半陰陽の乳児・幼児に対し心理学者であるジョン・マネー（John Money）が使用し始め，その後精神分析医であるロバート・ストーラー（Robert Stoller）がセックス／ジェンダーの区別を定式化した（舘 1998）(加藤 2009)．その後1970年代，ケイト・ミレット（Kate Millet）やアン・オークリー（Ann Oakley）などの英米のフェミニストがその区別に依拠しジェンダーを使用し始めた（Haig 2004: 90）．以上が概ね共有された理解だといってよいだろう．

　ジェンダー概念についてのこうした背景のもと，本章は2つのことを問う．すなわち，(1)〈ジェンダー／セックス区別〉のフェミニズムにとっての歴史的意義はなんだったか，(2)とりわけアン・オークリーがジェンダー・ロールという概念を使っておこなったことはなんだったか，である．それぞれの問いの内実を詳しくみておこう．

　セックスとジェンダーの区別はなぜ今扱われなければならないのか．普及に伴い，ジェンダー概念はその意味の曖昧さが目立つようになり（West & Zimmerman 1987），とくにセックスとジェンダーの区別の仕方が論者によってバラバラで一貫していないことが指摘され（伊東 1994: 443），ジェンダー

概念とはどのような概念なのかについてある程度認識が共有されるべきであると言われてきた（館 1998: 81）．

高橋さきの（2006）の論考では，ミレットやオークリーによってジェンダー概念がフェミニズムに導入される際，セックス／ジェンダーの区別も同時に導入され，自然／文化の二元論の枠組みでジェンダー概念を扱うことになったことが述べられている．これにより，セックスは生物学の問題として，ジェンダーは文化の問題として扱われることになったというのだ[2]．

奇妙なことだが，興味深いのは，自然／文化，ほかにも，身体（肉体）／社会，先天的／後天的，固定性／可塑性など，生物学／社会の対比にまつわる対概念の「どれもがセックス／ジェンダーに重なり，どれをとっても完全に一致するわけではない」という点だろう（加藤 2009: 269-270）．ある諸概念を対概念として二元的に捉えることの「わかりやすさ」が，このような整理を可能にしてきたといえるかもしれない[3]．

しかしながら，セックスあるいはジェンダーの多義性に対し取り組むべき課題は，セックスとジェンダーを概念的に明確に区別し新たな定義を与えることではないだろう[4]．むしろ，こうした多義性が生じる必然性はいかなるものだったか，すなわちセックス／ジェンダーの区別によってどのような社会的実践がなされてきたかの解明に取り組むことで，〈ジェンダー／セックス区別〉のフェミニズムにとっての歴史的意義が明確化できるのではないか．

本章が示すように，ジェンダーとセックスとが区別された概念であることは，ミレットやオークリーにとって意義のあるものであり，歴史的意味があった．それは当時としてはどのような意義だったのか．そして現在の議論に帰着するまでどのような理路を経たのか．これが本章の第1の問いとなる．多くのフェミニストがジェンダー概念に着目し始めるなか，ミレットは早い段階で〈セックス／ジェンダー区別〉に言及しているようである．先述のデビッド・ヘイグの調査に依拠する限り，ミレットはフェミニストのなかで最も早く〈セックス／ジェンダー区別〉を使用した論者である[5]．ミレットを

扱うことで，〈セックス／ジェンダー区別〉の意義と活用法をその導入の最初期から示していくことが可能である．またマネーやストーラーからの系譜を，比較しながら明らかにすることで，ミレットやオークリーの用法の特徴が明確になることになるだろう．

次に，とりわけオークリーがジェンダー・ロール概念でなにをおこなおうとしたのかについて，本章の論点を整理しておく．これまで，女性身体をめぐる問題は，中絶論争についての歴史的記述（荻野 2001），生殖医療の技術史（拓殖 2012），化粧のサイクルのなかで獲得される「女性」としての身体に関する概念分析（上谷 2009）などさまざまな主題において論じられてきた．レイウィン・コンネルはこうした身体と社会の相互作用を社会的身体化（social embodiment）と呼び，まさに「社会的実践における行為者としての身体は，社会的世界の構築そのもの，すなわち社会的現実を生み出すことに関与している」と述べている（Connell 2002=2008: 89）．

筆者は，こうした身体化が最も具体的な水準で現れているのがケア実践であると考える．というのもケア（子育て，介護，家事 etc）は，「与える側にも大きな満足感を与えることがある」もので（信田 2009: 53），担われるべき価値ある活動でもある．他方で，それを担うことが「母親であること」や「妻であること」と結びつけられ，そのカテゴリーを構成するような責務ある活動としても語られてきたのである．筆者はケアをそうした両義的な活動と感じている．フェミニズムはケアの遂行が女性に不当に担わされ続けてきたことを問題化したのであり，その不平等は是正されなければならないのだが（笹谷 1999），その議論を進めるためには，価値と責務の両義性を伴う「ケア」が「担い手」を再帰的に構成しうるという点に注意しておきたい．そしてその点を踏まえ，ケアがどのような実践なのかを見極めなければならない．

つまり，実際にケアが必要とされる諸場面で，誰がどのようにふるまうべきだと前提され実践されているのか，その手続きにこそ，社会的身体化の反映を具体的にみてとることができると考える．ただし本章では，具体的な手続きの解明に先立ち，理論的検討をおこなっておく．

本章では，ケアの不平等な前提への批判的態度を要約的に述べようとした概念こそが，オークリーにとってはジェンダー・ロール（=gender role）だと主張する．江原由美子（2000）は，オークリーがセックス／ジェンダーの概念的区別を使用したことを指して，「このような性別へのパースペクティブは，社会学の基礎概念であるところの『役割』として性別を見る視点をもたらした」と述べる．これに加え筆者は，役割として性別を見るという着想の源泉には，ケア実践があり，これに対する批判のためにジェンダー・ロールを概念化したことを本章で述べたいと考える．その批判のためには，オークリーにとっては，ジェンダーとセックスは区別されている必要があったのである．本章の第2の問い，「オークリーはジェンダー・ロールという概念を使っておこなったことはなんだったか」は，上の問題意識をふまえ，「オークリーがケア実践をジェンダーとして概念化するにあたってなぜセックスとジェンダーは区別されていなければならなかったのか」，という問いと同時に答えてみたいと考える．

　第2節と第3節では，マネーとストーラーのジェンダー概念を，セックスとの関わりから検討し位置づける．第2節では，マネーのジェンダー概念およびジェンダー・ロールを扱い，第3節では，ストーラーがセックスとジェンダーを別個の概念として区別し，ジェンダー・アイデンティティという概念の析出をしたその仕方をみる．その後，ミレット（第4節）やオークリー（第5節）による使用の仕方を考察し，第6節では，とりわけケア実践との関わりでオークリーがジェンダー・ロールに見出した意義を述べる．

2．マネーのジェンダー・ロール

　本節ではジョン・マネーのジェンダー概念を検討する．マネーおよびジョーン・ハンプソンとジョン・ハンプソンのハンプソンは1955年から1956年にかけて，半陰陽（=hermaphroditism）[6]の乳児への医療的処置を試みた．ジェンダー概念は，マネーらが処置の結果を論文としてジョンズ・ホプキン

ス病院の紀要に寄稿した際に初めてヒトに対して使用された．ジェンダー概念を中心としたマネーの学術的変遷は，すでにジェニファー・ジャーモン (Jenifer Germon) (2009) によってまとめられている．ここでは，本章にとって重要な2点を確認しておきたい．すなわち第1にジェンダー (ロール) 概念とセックス (ロール) 概念との関係について，第2にロール (role; 役割) の使用についてである．

第1の点から見ていこう．マネーにとってジェンダーはセックスと別個の概念ではなく，セックスを覆う，より広い概念である．

ジェンダー概念がすでに流通していた1987年，著作のなかでマネーは，〈セックス／ジェンダー区別〉について次のような注意を喚起し，ジェンダーの用法について述べている．

> ジェンダーを精神および社会的学習に割りふることで，セックスとジェンダーを対置させている一部の著述家の例にならうのは誤りである．正しい語法では，ジェンダーはセックスよりも包括的な用語——解剖学的構造を明示するのみならず民法上の地位をも明示するものとしてのセックスをおおう傘のようなもの——なのである．(Money 1980=1987: 36)

マネーはジェンダー概念を，「傘」のように，ヒトの解剖学的特性や行動，セクシュアリティまでを含む包括的なタームとして定義していた．マネーのパースペクティブにおいては，ジェンダー概念のなかにはセックスも含まれていたのである．上の引用のように，包括的なタームとしてジェンダー概念に言及することは近年の傾向というわけではなく，1955年においてもそうである．「セックスも含まれていた」という点をさらに詳しく見ていこう．

マネーらは，(Money, Hampson and Hampson 1955b: 302) で，半陰陽を診断する性的な変数を7つ挙げている．1. 出生時に割り当てられたセックスと養育のセックス (assigned sex and sex of rearing)，2. 外性器の形態 (external genital morphology），3. 体内器官における生殖構造（internal accessory reproductive structures），4. ホルモンによるセックスと第二次性徴（holmonal sex and secondary sexual characteristics），5. 生殖腺のセックス（gonadal sex），6. 染色体のセックス（chromosomal sex），そして7. 成長過程で確立される，男性もしくは女性としてのジェンダー・ロールおよび指向性（gender role and orientation as male or female, established while growing up），である．この諸変数への適合をそれぞれ検証し総合的に判断することで，どのように性的に発達したのか，あるいは「あいまいで」あるのかの分類が可能になるというわけである．この変数のうち，2. から6. までの5つの諸変数は身体的特徴に基づいたものであり，マネーらの研究以前からそれまで医学的に扱われてきた性的変数である．マネーらがこの論文でおこなった理論的作業は，5つの変数に対し，1. 出生時に割り当てられたセックスと養育のセックス，7. ジェンダー・ロールおよび指向性を付け加えたことだった[7]．

マネーらはこうした変数を使用し，ジェンダー・ロールが「成長過程における多様な経験の道筋のなかで」獲得されてゆくものであり，したがってジェンダー・ロールの確立にとっては「個人が直面し，対処してゆく経験」が非常に重要であることを強調した（Money, Hampson and Hampson 1955b: 308-9）．そして，ジェンダー・ロールを生後に獲得することは可能であり，獲得すべく学んでいくものであることが述べられたのである．マネーにとっては，「出生時に指定された性別に完全に一致するジェンダー・ロールを確立することは可能なのである．そしてそれは外性器が逆のセックスをあらわしている場合であっても可能」なのである（Money, Hampson and Hampson 1955b: 306-7）．

このようにジェンダー・ロール概念をとらえると，「包括的」ということでマネーが意味していることがわかってくる．つまり，上の性的変数のうち7. ジェンダー・ロールおよび指向性は，半陰陽者が，自身の身体に対して社会の中で意味づけ，獲得していく役割なのであり，そこにはふるまい，見た目，性的な行動なども含まれるのである．

> ジェンダー・ロールという用語は，人が，それぞれ男児・男性，女児・女性の属性を持つものとして自身を呈示するために行なったり述べたりするすべての事柄を意味するために用いられる．それはエロティシズムという意味でのセクシュアリティを含むが，それに限られない．
> (Money 1955: 254)

　つまりマネーの描くジェンダー・ロール概念は，半陰陽者が，自身の身体やふるまい，性的指向や性的行動を関連づけながら獲得してゆくものを指すのである．外性器もまた，ジェンダー・ロールを獲得する際に人が意味づける対象としてある．それが，「包括的」ということでマネーが意味するところではないだろうか．

　第2に，このとき使用された 'role' という語についても確認しておく．1955年の紀要論文に用いられたのはジェンダー・アイデンティティ (gender identity) ではなく，ジェンダー・ロール (gender role) だった (Money 1955; Money, Hampson and Hampson 1955a; Money, Hampson and Hampson 1955b; Money, Hampson and Hampson 1956)[8]．このロールという語の使用には，1955年当時全盛だった社会学的機能主義の影響がみられる[9]．ジャーモンによれば，ジェンダー・ロールという語の使用は，心理学に依拠してなされたのではなく，当時の「機能主義パラダイムの支配によって説明」することができる．すなわち，ジェンダーないしジェンダー・ロールは，「男らしい (masculine) あるいは女らしい (feminine) といった個々人にとっての自己意識（アイデンティティ）と，そのアイデンティティの公的な表明（すなわち社会的役割）を包含する，統一的な概念の呼称」であり (Germon 2009=2012: 53)，生殖器を初めとする身体器官やそれぞれのパーソナリティが有機的に結びつきどの程度機能的に統一されているのかを説明するための概念なのである．

　ジャーモンによれば，この時点でマネーは「ジェンダー・ロールとジェンダーを互換的に使っていたが，前者のほうに精緻な定義を与えた」(Germon

2009=2012: 53)．たしかに（Money 1955）では，ジェンダーは「人の見た目，物腰，指向を指し示す」タームと定義されるのに対し（Money 1955: 258)，ジェンダー・ロールは，「人が，それぞれ男児・男性，女児・女性の属性を持つものとして自身を呈示するために行なったり述べたりするすべての事柄を意味する」ために用いられている，とある．

　周知の通り，タルコット・パーソンズは，『家族』などでセックス・ロール（性役割；sex role）を使用していた．機能主義の影響を受けながらも，セックス・ロールではなくジェンダー・ロールをマネーが用いたのは，半陰陽を研究するにあたって，「男性（male）のセックス・ロールだが，生殖器官のセックス・ロールは男性ではなく，遺伝的なセックスは女性（female）である者」のように回りくどく記述することを避けるためだ（Money 1988: 53）．「ジェンダー・ロール」を使用すれば，「男性のジェンダー・ロールだが遺伝的には女性」というように端的に記述することができるというわけである．

　とりわけ重要なのは，ジェンダー・ロールが「エロティシズムという意味でのセクシュアリティ」をも含むことである（Money 1955: 254）．述べたように，マネーにとってジェンダーないしジェンダー・ロールは当初，ヒトの身体から社会的地位までを覆う概念だったのだ．たとえばマネーは次のように述べている．

　　　ジェンダー・ロールとは，いろいろな要素を含む包括的な用語である．性器およびエロティシズム（eroticism）に関わるセックス・ロールは，性器およびエロティシズムとは無関係なその他あらゆる役割（role）と同じように，ジェンダー・ロールという概念の一部とみなされる．このその他の役割とは，たとえば性別（セックス）によって分類された服を着るように，男性役割か女性役割として分類されている役割（ロール）である．(Money: 1980=1987: 14)

ここでも明示されているように，ジェンダー（ロール）はセックス（ロール）をも包含するより広い概念だった．言い換えれば，両者の関係は排他的な関係というわけではなく，セックス（ロール）概念のみでは機能的な説明に不足があるゆえに，ジェンダー（ロール）が使用されたのである．

　マネーがジェンダーを普及させる過程で，ストーラーはマネーのジェンダー概念に注目し，自身の研究にジェンダーを取り入れた．このことは次節で詳細に述べるが，このときストーラーがジェンダー・アイデンティティを概念化したことが，セックス／ジェンダーの決定的な概念的区別を，そして導くこととなる．

3．ストーラーのセックス／ジェンダー

　1960年代に入り，マネーを参照したストーラーは，ジェンダーを再定義し，セックスとジェンダーの区別を強調する（Stoller 1964a; Stoller 1964b）．ストーラーがこの区別を体系的に示した著作が，1968年に出版された『性と性別（=Sex and gender）』だ．本書の冒頭で，ストーラーは，「どれほどの個人の性的行動や選択があらかじめ決定された生物学的力（=biological force）によって個人に押しつけられ，…個々の行動のどの程度が主として心理学的なもの（すなわち，文化によって決定されるもの）であるのだろうか？」と問う（Stoller 1968=1973: 7）．この問いには，すでに「生物学的力」と「心理学的なもの」の区別が前提されている．すなわちストーラーのパースペクティブにおいては，身体やふるまいとは独立に性的行動や性差に影響を与える心理的要素が前提されているのである．

　上の問いに対する回答の手がかりとして使用されるのが，ジェンダーである．つまりストーラーは最初から，生物学的セックスと心理的（文化的）ジェンダーを対置し，それぞれ別々の概念として使用しながら議論を始めている．ストーラーはマネーらの一連の紀要論文を引用し（Stoller 1968=1973: 13），「ジェンダー・ロールは後天的な心理学的力によって決定され，外性器

のような解剖学的生理学的条件には無関係である」ことを示していると解釈し，ジェンダーを次のように定義した (Stoller 1968=1973: 52).

> 性別 (gender) という言葉は，生物学的意味合いよりもむしろ心理学的または文化的意味を含んでいる．性 (=sex) にとっての適切な言葉が「男 (子)」(male) と「女 (子)」(female) であるなら，性別 (gender) に対応する言葉は masculine feminine である．この後者の言葉は, (生物学的な)(=sex) とはまったく別個のものであるかもしれない． (Stoller 1968=1973: 8)

マネーとストーラーとの違いは，マネーがジェンダーをセックスを含む包括的概念として定義したのに対し，ストーラーはセックスとジェンダーを，それぞれ別の概念として定義しているという点に集約されるだろう[10]．ジャーモンは両者の語の用法の違いをセックス＝ジェンダー（マネー），セックス／ジェンダー（ストーラー）と要約している．

それでは，どのようにストーラーはセックスとジェンダーを概念的に区別し，上記の定義にたどり着いたのか．ジャーモンは，ストーラーがジェンダー概念に対し行なった3つの介入を指摘している．以下では，順を追ってその手続きを確認したい．

第1にジェンダー・アイデンティティとジェンダー・ロールの分離である．ストーラーは，ジェンダー・アイデンティティを「意識的にしろ無意識にしろ，個人が一方のセックスに所属し，他には所属していないということを知り，気づくこと」，つまり自分を女性と思うのか男性と思うのかと定義し，ジェンダー・ロールを「個人が社会で示す顕在的な行動であり，とくに個人が他人との間に演じる役割」，つまりどうふるまうのか，と定義したのである (Stoller 1968=1973: 8)．簡単に言えば，自身のセックスをどう「思っている」のかがジェンダー・アイデンティティであるのに対し，他者にはどのような性別として「ふるまう」のかがジェンダー・ロールだと言い換え

られよう．これによってストーラーは，「心理的な現象としてのジェンダー」に焦点を当てることができた（Germon 2009=2012 105）．

　第2の介入は，コア・ジェンダー・アイデンティティというタームをつくりあげることである．コア・ジェンダー・アイデンティティは，たとえ自分が女性的だ（I am feminine）としても，自分はそれでも男だ（I am [none the less] a male）という自覚を意味するというわけである．つまり，自分の属するセックスについての非常に強い信念があるということだ．このコア・ジェンダー・アイデンティティは，「生涯を通じて変化しない」（Stoller 1968=1973 79），「抵抗しがたい衝動」（Stoller 1968=1973: 80）として定義される．

　そして第3の介入が，セックスとジェンダーの区別である．先のコア・ジェンダー・アイデンティティが形成されるには3つの要因があげられる．すなわち，「外性器（=genitalia）の解剖学的構造や生理的機能」「子どものジェンダー・ロールに対する両親・周囲の人々」そして「生物学的力（=biological force）」である（Stoller 1968=1973: 42）．

　ここでストーラーは，ジェンダー・アイデンティティとセックスが一致しない人々に言及する．『性と性別』の5, 6, 7章では，解剖学的には男性または女性とされていても，それでも反対のセックスに属していると感じている人々について論じられる．こうした人々は，「外性器の影響力を取りのぞいて」ジェンダー・アイデンティティを確立していることの傍証として挙げられている（Stoller 1968=1973: 90）．

　この人々の存在を提示することによってストーラーは，「ほとんどすべての人間において，ジェンダー・アイデンティティの発達に関する限りでは，きわめて強力な影響が後天的な精神力学的要因から生ずるからである」と定式化するのだ（Stoller 1968=1973: 90）．したがって，「染色体や内分泌状態，および他の生物学的力の起源があるにもかかわらず，その結果生成されるジェンダー・アイデンティティは，そのような力を仮定するまでもなく説明できる」（Stoller 1968=1973: 90）ことになる．

ストーラーはセックスというタームを，その生物学的な含意ゆえに忌
　　避した．同様にセクシュアリティというタームも，その意味の多様性ゆ
　　えに忌避した．…ジェンダーはストーラーに，思考，行動，人格のよう
　　な心理学的な現象をひとつひとつ切り離して議論することを可能にし
　　た．(Germon 2009=2012: 130)

　ジャーモンの指摘によれば，この3つの介入は理論的段階にしたがって進
行し，第3の介入，すなわちセックスとジェンダーの区別はストーラーにと
って重要な理論的帰結としてある．マネーのジェンダーに対し，「ストーラ
ーがおこなった理論的な研究はジェンダーを一層深く，強固にその二元論に
埋め込むことに役立った」(Germon 2009=2012: 103) のだ．
　ストーラーは生物学を決して軽視していたわけではないのだが，彼はあく
までも，生物学とは異なる，心理学的用語の形成を目指したのである．セッ
クスに属する領域とは別に，ジェンダーによって論じることのできる領域が
あるということ，そしてそれは個々人の心理的な側面であること，これがス
トーラーの主張だった．
　後にマネーは，ジェンダー・アイデンティティとジェンダー・ロールをな
んとか分離させないよう，G-I/Rのように定式化することで，なんとかジェ
ンダーの包括性を取り戻そうとした．マネーにとってはジェンダー・アイデ
ンティティとジェンダー・ロールは分離して使用できるものではなく，また
セックスとジェンダーも排他的な概念ではない．「G-I/Rは，……それら性差
にかかわりのあることはどんなものであれすべてを包含している」のである
(Money, 1980=1987: 36)．
　しかしながら，冒頭で述べたように，〈セックス／ジェンダー区別〉は急
速に広がった．その背景にはマネーの概念化よりも，それを図式化し，二元
論の枠組みで理解できるように再概念化したストーラーの貢献があった．そ
してストーラーのジェンダーは，次節でみるように，フェミニズムにも普及
し，使用されていくことになるのである．

4. ミレットの父権制とジェンダー・アイデンティティ

　本節以降では，ミレットやオークリーのジェンダーの用法を考察する．注意したいのは，次の2点だ．第1に，二人はストーラーの〈セックス／ジェンダー区別〉の定義に依拠した．ミレットもオークリーも，ジェンダー概念の創造者であるマネーよりも，ストーラーと彼のセックス／ジェンダーを自身の議論に導入したのはなぜだったのか．

　第2に，セックス／ジェンダーの使用といっても，彼女たちはそれぞれ，厳密に言えばジェンダーに注目したというわけではない．すなわち，ミレットにとってはジェンダー・アイデンティティが，オークリーにとってはジェンダー・ロールが主に使用されたのである．それはなぜか．以下では，ジェンダー概念の使用によって彼女たちが目指そうとしたものはなんだったのかを考察する．

　1960年代後半から，当時アメリカではウーマン・リブの運動が巻き起こっていた．ミレットは，こうした動きをアカデミズムの現場で洗練させ，文芸批評の分野で論文を執筆することを試みていた．そのなかでミレットは，「避けては通れない問題として，性の生物学的な側面とも向き合った」(高橋 2006: 144)．生物学的な側面に対し，ミレットはどのように向き合い，そのとき，ジェンダーはどのように使用されたのか．

　『性の政治学』のなかでもっとも重要な概念は，「父権制」[1]であり，ミレットは『性の政治学』のなかで，あらゆる領域において「父権制」が支配的な構造をつくりあげていることを立証しようとする．ミレットは，「父権制」の影響をみいだすことができる基盤を8つ挙げている．このうち，ジェンダーという語が登場するのは生物学的基盤に関して述べられた節においてのみである(邦訳74-84頁)．生物学的基盤の節では，父権的な文化が生物学を根拠に自己正当化している（ようにみせかけている）こと，そしてその正当化は矛盾していると述べられる．ここでミレットがいう「父権的な文化」の内

111

実は，具体的には「宗教」，そして「社会科学」であり，これらが父権的支配を「人間に生得的なもの」として前提していることを批判している．とくに，「父権制のなかでつくられた気質の区別（「男性的（=masculine）」および「女性的（=feminine）」パーソナリティ）は人間の本性から生じたとは思えない」と，ミレットは問題を提起する．むしろ，そうした気質は「本質的に文化的基盤に立つものであることが認められなければならない」のである（Millet 1970=1973: 77）．ミレットによれば，両性のパーソナリティ形成の決定因となっているのは，生物学的基盤ではない．それは父権的な文化によって形成されたのだ．

ミレットはこの主張を根拠づけるための科学的知見として，ジェンダー概念を使用した．特にパーソナリティ形成に関連させ，ストーラーのジェンダー・アイデンティティを使用した．

> 新しい研究は，性別（=gender）が圧倒的に文化的な性格のものであること，言いかえれば性範疇（=sex category）の点からみたパーソナリティ構造について，かなり具体的な積極的証拠をあげている．(Millet 1970=1973 78)

ミレットにとって「パーソナリティ」とは，どのように育てられるのか，育てられる環境がどのような文化であるのかによって決められるものだ．この記述のあと，ストーラーによるジェンダーの定義が引用され，それによってミレットの議論は理論的に補強されていると読める．ミレットの主張にとって，ジェンダー概念が科学的研究によって生み出されたことは，自身の主張を補強し科学的根拠を与えるのに役立つという点で重要だったのである．

さて，ストーラーの〈セックス／ジェンダー区別〉を使用し，ミレットはジェンダー・アイデンティティを「文化」に還元する．具体的には，ジェンダー・アイデンティティ形成への父権的な「文化」の影響を述べることで，議論の主題を「文化」に移行させているのである．

幼児期を通じて起こるジェンダー・アイデンティティの全発達に内包されるのは，気質，性格，関心，地位，値打ち，ジェスチュア，表現について，それぞれのジェンダーにふさわしいものとは何かについて，両親や同輩や文化の抱く考えの総合計である．(Millet 1970=1973: 81)（傍点筆者）

　ミレットが生物学的基盤の項においてジェンダーを用いることで示そうとしたのは，諸個人の男らしさ／女らしさの獲得が「本質的に文化的な基盤（=essentially cultural bases）」(Millet 1970=1973: 77) をもつということであり，「人間の本性（=human nature）」(Millet 1970=1973: 75) や，「生得のもの（=inherent）」(Millet 1970=1973: 77)「身体的なもの（=physical）」(Millet 1970=1973: 81) に拠ったり，「生物学的基盤（=biological base）」(Millet 1970=1973: 77) をもつものだったりはしない，ということである．

　ミレットの解釈にしたがえば，もし個人のジェンダー・アイデンティティが発達する過程で，その個人の「両親や同輩や文化の抱く考えの総合計」が父権制によって侵されているのならば，その個人が獲得するジェンダー・アイデンティティは父権制を反映したものになるだろう，ということになる．とくに注目に値するのは，このときミレットは，ストーラーとは異なり，セクシュアルマイノリティではなく，いわゆるマジョリティ，「通常の」性的発達を遂げた人々とその「文化」にまで議論を拡張しようとしていることである．

　『性の政治学』では，父権制的な文化によって形成される個人のパーソナリティとジェンダー・アイデンティティとの結びつきを指摘することで，フェミニズムの問題領域を生物学的な基盤から文化の領域へと移行することが目指されていたのだ．つまり，生物学的基盤と父権的文化という基盤は，ジェンダー・アイデンティティの形成において明確に対立しており，それゆえセックスとジェンダーはそれぞれの基盤に対応する概念として区別される概

念だ．セックスとジェンダーの区別は父権的文化の批判を目指すミレットのプログラムにおいては必要な区別だったのだ．またジェンダー・アイデンティティを，セクシュアルマイノリティだけでなく，すべての個々人のパーソナリティ形成に関わる概念として使用することで，その形成に関わる父権的「文化」全体を議論の対象に含めることができるのである．

　だが，ミレットがジェンダー概念を扱う紙幅は，実は非常に少ないものである．ミレットが注目したのは，ジェンダーに関する用語の中ではジェンダー・アイデンティティに限るといわざるをえないし，その限りではストーラーを参照しているだけでも充分だっただろう（にもかかわらず，マネーにも言及はしている）(Millet 1970=1973: 80)．これに対し，オークリーは，ジェンダーに関する用語体系を自身の理論にとりこもうと試みている．

5. オークリーの社会学とジェンダー概念

　ミレットが『性の政治学』において父権制を論じるための各論としてジェンダー概念を論じたのに対して，オークリーは大々的にジェンダーを自身の理論に取り込み，積極的に分析概念として使用しようとしている．オークリーは特に，*Sex, Gender and Society* において，その精緻化を試みている．以下では，*Sex, Gender and Society* におけるオークリーの試みを分析することで，ジェンダー概念の導入がフェミニズムにおいてどのように取り入れられ精緻化されていったのかを探る．

　ジェンダーは，6章において中心的に議論され始める．オークリーは「『セックス』は生物学的なタームであり，『ジェンダー』は心理学的・文化的なタームである」と定義している (Oakley 1972: 158)．この定義においては，セックスとジェンダーは，対立する概念であることが示されている．そしてこの定義に続いて，この議論を補強するために，オークリーもまた，ミレットと同様，ストーラーの〈セックス／ジェンダー区別〉を引用しているのだ（第3節参照）．

第4章 学的概念としてのジェンダーはどのように組織化されたか

　もちろん，マネーの定義の影響も少なからずあった．事実オークリーは，自身の論を展開する際，適宜マネーの知見を引用している．しかしながら，以下詳述する2点は，オークリーの中心的な主張であり，同時にその主張はストーラーの定義を前提しているといわざるをえない．

　オークリーの主張は次だ．第1に「ジェンダーからセックスを解き放すこと」が重要な課題であることが明記されている（Oakley 1972: 17）．オークリーにとって，ストーラーのジェンダー概念はセックスとは明確に区別されているが故に，ジェンダー概念は重要だった．

　オークリーは，上に挙げた定義に続けて，「男性や女性，少年や少女になる／であるということは，特定の生殖器をもつことと同様，ドレスや，ジェスチャーや，職業や，社会的ネットワークやパーソナリティの機能でもあるのである」と述べる（Oakley 1972: 158）．この引用文からは，ジェンダーを獲得する（=learning）ための複数の要因が挙げられていることがわかる．セックスがほぼ生殖器によってのみ定義されることが述べられる一方で，ジェンダーを定義する要因は非常に多く設定されている．言い換えれば，生殖器以外のほとんどの社会的要因が，ジェンダーを定義するための資源として用いられる．

　加えて，セックスとジェンダーのそれぞれに対し，セックスの下位概念として「男（子）／女（子）」（=male/female），ジェンダーの下位概念として「男らしさ／女らしさ」（=masculinity/femininity）を採用した．この下位概念の整備も，ストーラーが『性と性別』で行なったことだった．

　ストーラーは，セックスに「男（子）」（=male）と「女（子）」（=female）があるのに対し，ジェンダーに「男らしさ」（=masculinity）と「女らしさ」（=femininity）があると図式的に定義した．この図式的定義は，ジェンダーという概念がある程度精緻化されていて，形式的に論を進めることを可能にするという点で，オークリーにとっては有用だったのではないだろうか．

　第2の点は，「セックスの恒常性は認められなければならないが，ジェン

ダーの可変性もまた認められなければならない.」という点に集約されている (Oakley 1972: 16). オークリーは, ジェンダー・アイデンティティだけでなくジェンダー・ロールの発達にとっても, 文化的な (生物学ではなく) 学習が非常に有効であることを強調する.

> もし子どもたちのジェンダー・ロールとジェンダー・アイデンティティが社会的なステレオタイプや親モデルと相関しうるのであれば, その示唆とは次のようなものだろう. つまり, それら (ジェンダー・ロールとジェンダー・アイデンティティ) は広大な文化の生産物なのである. つまり「ジェンダー」はまさに「セックス」とはきわめて異なるものなのである. (Oakley 1972 187)

オークリーにとってセックス／ジェンダーのうちのジェンダー (masculinity/femininity) は獲得されるもの (Oakley 1972: 173) であり, ジェンダー獲得の経験は文化的に与えられるのである.「男 (子)」(=male)「女 (子)」(=female) の発達において, セックスは変えられないものである一方で, ジェンダーは文化に過大な影響を受けるものであり, 文化によってそのあり方を変えることができる. またここでも, マネーやストーラーが対象としたセクシュアルマイノリティの性的発達だけではなく, すべての幼児の性的発達を対象とすることが前提されている.

この2点により, オークリーは文化こそが課題であると帰結する. つまり, セックスとジェンダーは区別される概念であり, かつジェンダーは文化によって可変的ならば, 文化を議論の対象とし, 社会学的探究の課題とすることで性差間の不平等を解決できると考えた.

Sex, Gender, and Society では, 6章でジェンダー・アイデンティティが議論されるが, その後続けて7章で, ジェンダー・ロールが議論され, 7章の後半では, ジェンダー・ロールに対して文化が影響を与えることを例証しようとしている. オークリーにとってジェンダーが有用だったのは, 個人のジェ

ンダー獲得（=gender learning）の可否を議論できるためにではなく，そのジェンダー・ロールを獲得する先にある「文化」の批判を行なえるがためにだった．オークリーは，7章で，子どもたちが獲得するジェンダー・ロールの概念について，次のように述べている．

> 彼らが抱くジェンダー ロールの概念は…両親を範として模倣することと同じくらい，文化的ステレオタイプを吸収するということを示しているのである．(Oakley 1972: 183-4)

これによって，オークリーは，「ジェンダーは，しかしながら文化の問題である．それは『男らしさ（=masculinity）』と『おんならしさ（=femininity）』の社会的な分類を示している」と宣言し，文化の問題を分析と批判の主題とすることを試みたのである (Oakley 1972: 16)．このジェンダー・ロールに関する議論は，続く『主婦の誕生』において，より精緻化されることになる．また，そこでは，もはやストーラーやマネーは参照されない．

この点がミレットと異なるのである．ミレットにとってジェンダーは，父権制を形成するための基盤のひとつだったのにたいし，オークリーにとってはジェンダーこそが主題問題だったのである．

6. オークリーのジェンダー・ロールとケア実践

オークリーはジェンダーをどう捉えていたのか．よりはっきりとわかるのが『主婦の誕生』である．実は，『主婦の誕生』には，ストーラーの名前もマネーの名前も見当たらない．その代わりに，頻出するのがパーソンズである．また，ここで用いられるのは，ジェンダーでも，ジェンダー・アイデンティティでもなく，ジェンダー・ロールである．この書物において，ジェンダーははっきりとオークリーの社会学の用語として体系化される．

オークリーが，『主婦の誕生』でジェンダー・ロールに照準するのには，2

つの目的があったと考えられる．

　第1に，パーソンズのいうセックス・ロールとは異なる「役割」を概念化するためである．パーソンズが，家庭内の諸々のケア実践が女性に担わされることを「セックス・ロール」として説明する場合，そこでは生物学的な性差が前提とされている．オークリーは，「性別役割（=sex role）」という概念を支える生物学的根拠づけが薄弱であることを指摘しようとした．さらにオークリーは，諸々のケア実践が女性に自然な役割として担わされるのは，生物学を利用して説明できるものではないと考え，むしろなぜそのようにして正当化されるかを問い，そこで正当化される安定した性別役割（sex roll）をジェンダーロールによって概念化しようとしたのである．

　第2には，そのように概念化したジェンダー・ロールを批判し，不平等なジェンダー・ロールの廃絶を主張するためである．『主婦の誕生』の7章（邦訳では第5章）では，比較行動学，人類学，社会学に内在する性別分業の「神話」が検討され，批判される．とりわけオークリーが注目したのは社会学であり，社会学が現にある社会秩序を説明するために用いるロジックに矛先が向けられるのである．

　つまり，ジェンダー・ロールは，2つの事柄を含めて概念化されている．すなわちジェンダー・ロールは，まず(a)家族という制度が「正常」に機能するために女性に割り当てられる，ケア実践の担い手としての役割，そして(b)この状態を，現にある安定した社会秩序の一部分として社会学者が説明する役割という2重の概念化がみてとれる．

　つまり，オークリーには，社会学者が与える説明が，既存の家族制度とその役割をただ補強するだけのものに見えたのである．したがって，『主婦の誕生』でなされる「家庭役割は廃止しなければならない．家庭は廃止しなければならない．ジェンダー・ロールは廃止しなければならない．」という主張は（Oakley 1974=1986: 196），上の(a)(b)双方が批判されているのである．

　では，オークリーの目的の1つめにあたる，セックス・ロールとは異なる「役割」の概念化はどのようになされているのか，詳述していこう．

パーソンズは，父－母－子を基礎とした核家族のなかで，女性が母としての役割を果たすことについて，男女の役割には「社会的違い」があると説明する (Parsons 1955=1981: 43). この異なる役割をパーソンズは，セックス・ロールと呼び，それぞれ道具的役割と表出的役割として説明する.

注目したいのは，このときパーソンズは社会的な役割の違い（＝道具的役割と表出的役割）を，生物学的なセックスによって説明していることだ．オークリーは，パーソンズがこの役割分化を生物学的なセックスによって正当化することに照準する.

> なぜ，男性がより道具的な役割を，女性がより表出的な役割を受け持つのか…基本的には，子供の出産と初期の保育によって母子の間に至上の関係が確立されると仮定することで，生物学的な性別（=sexes）による役割分担は説明できる，とするのがわれわれの考えである．(Parsons 1955=1981: 44)（傍点筆者）

パーソンズは，さらに次のように断言する．母子の間には「至上の」関係性が形成され，「夫－父の家庭不在には，それ（母子の間の「至上の」関係性）が長時間にわたるものだという前提もある．ということは，子供については，母親がまず責任を持たねばならぬということである」(Parsons 1955=1981: 45).

しかしながら，オークリーにとっては，この説明には生物学を利用した正当化が紛れ込んでいる．それは次のような点においてだ．引用で傍点をふった部分で述べられているように，オークリーは，パーソンズが「妊娠と授乳がある」ことを生物学的な役割分担の説明の根拠として利用していると理解している (Oakley 1974=1986: 142). 「妊娠と授乳がある」ことが，妊娠と授乳以上のことを女性に要求するための正当化に用いられていること，このことを指して，オークリーは性別分業の神話であるというのである．すなわち，「神話だというのは，だれかが子供の世話をしなければならないが父親は働

119

かねばならないから母親に育児の義務がある，とするところである」(Oakley 1974=1986: 142).

ここから，オークリーはセックス・ロールではなく，ジェンダー・ロールを概念化する．ジェンダー・ロールとは，セックスによって説明されえない役割である．「婦人が育児をしているからこそ，男性は自由に家を離れることができ，職業に従事できる」のであり，「本当は，妊娠と授乳があるからといって女性に育児役割があるわけではない (Oakley 1974=1986: 142). ましてやパーソンズは，育児役割だけでなく，ほかの家庭役割である「家の管理と夫の世話（=home-care and husband-care)」までもセックス・ロールによって説明しようとしている (Oakley 1974=1986: 142).

したがってオークリーにとっては，パーソンズのセックス・ロール概念を用いた説明に内在する生物学を利用した正当化が，端的には「産むこと」だけをその根拠としており，その根拠では，家事や夫のケアを説明することはできないというのである．

さて，オークリーの批判は，パーソンズとともに核家族の機能を分析したモリス・ゼルディッチ (Morris Zelditch) にも向けられる．先に述べたように，パーソンズは道具的役割と表出的役割の区別を生物学を利用して正当化した．ゼルディッチはさらに，「道具的」家庭役割と「表出的」家庭役割によって，育児も家のケアも夫のケアも女性が担うことに説明を与えようとする．これに対しオークリーは，パーソンズに引き続き，ゼルディッチにも批判を試みている．

この点については簡単にまとめたい．端的に言えばオークリーは，ゼルディッチが用いる「道具的」役割と「表出的」役割という区別の発端となった実験そのものに問題があるというのだ．

この役割の区別は，ハーバード大学で行なわれた小集団実験によってなされた．この実験によって例証されたのは，「どのような小集団でも，役割の専門化が起こる傾向がある」ことと，「家族でも同様の傾向が現れるのは，家族も小集団の特殊ケースにすぎない」ことだ (Oakley 1974=1986: 146). こ

こにおいて，小集団実験により抽出された「道具的役割」と「表出的役割」とが，そのまま家族における男性と女性の説明として用いることができる，というのがゼルディッチの主張である．

しかしながら，オークリーは「家庭内の性別役割のパターンが，家庭からほかの社会組織に波及する」(『主婦の誕生』第四章は，その例証として述べられている章だ) のであり，小集団実験によって創出された実験が家族の役割にもあてはまると考えるのは誤りだという．なぜなら，「家族が小集団の特殊ケースであるというよりは，小集団が家族の特殊ケース」だからである (Oakley 1974=1986: 146)．したがってオークリーにとっては，ゼルディッチは家族におけるジェンダー・ロールを家族におけるジェンダー・ロールによって説明しているにすぎないことになるのだ．

以上のような理由で，オークリーの用語体系におけるジェンダー・ロールの位置づけが明確になる．述べたように，オークリーにとってジェンダー・ロールとは，(a) 家族という制度が「正常」に機能するために女性に割り当てられる，ケア実践の担い手としての役割であり，そして (b) この状態を，現にある安定した社会秩序の一部分として社会学者が説明する役割である．生物学を利用して根拠づけられるセックス・ロールとは異なる「役割」としてジェンダー・ロールが概念化された．そしてこのような概念化によって，次の引用部分に集約されているジェンダー・ロールへのオークリーの態度が明確に理解できる．

> 社会が現在の形のまま存続するために絶対必要なジェンダー・ロールのパターンがあると社会学者は主張するが，本質的にはそういうジェンダー・ロールのパターンがあるから，女性は…搾取されるのである．現実がこうである時，社会学理論は…築き上げた社会秩序の正当化を目的とした神話にもなる．(Oakley 1974=1986: 147)

オークリーにとって，ジェンダー・ロールは，ケアが実践においても社会

学理論においても不当に強いられるという事実そのものであった．オークリーは，こうした事実を批判するため概念化しようとしたのである．このように考えるならばオークリーは，マネーの概念化したジェンダー・ロールとは異なり，批判的概念としてそれを使用したのである．また，ストーラーのいうセックス／ジェンダー区別に依拠してはいるが，個人の心理を説明するのではなく，文化や社会を説明するための概念としてジェンダーを使用したのである．

7. 結論

　本章では，ジェンダー概念をめぐって，性科学者やフェミニストたちが成し遂げようとしてきたことを検討した．とりわけ，〈セックス／ジェンダー区別〉によってどのような実践が達成されてきたことを考察した．

　ストーラーにとって，心理的な水準というものを設定するために，ジェンダーは必要なタームだった．これによって，心と体の性別が一致しない諸個人の，「心」のなかで，不動の信念としてあるジェンダー・アイデンティティを記述することができた．ミレットやオークリーにとって重要だったのは，ここでストーラーによって「生物学」とは異なる水準で「性的行動」について議論することが可能になったことだ．

　だが，ジェンダーが文化的・心理的な意味合いを持つということの意義は，ミレットやオークリーにとってはストーラーのそれとはずいぶん異なるようだ．

　つまり，ストーラーが強調しているのが「個人が男らしさと女らしさを獲得すること」という意味でのジェンダーにとどまるのに対し，ミレットやオークリーはさらに，個人が獲得するジェンダーに対する文化の影響を強調している．ミレットはジェンダー・アイデンティティを，オークリーはジェンダー・ロールを使用し，セクシュアルマイノリティだけでなく，「通常の」幼児の性的発達や，それに影響を与える文化まで扱う概念として使用したの

である．このようにして，〈セックス／ジェンダー区別〉はフェミニズムに導入された．

　とくにジェンダー・ロールは，パーソンズ批判に用いられるなど，大きくその意味が変化した．オークリーが『主婦の誕生』で，ジェンダー・ロール概念によって示そうとした一連の活動は，夫のケア，家のケア，子供のケアが不当に女性に担わされるという事実であった．また，オークリーがジェンダー・ロール概念で批判的に示そうとしたのは，一部の社会学者による，女性がケアを担うことが「自然である」という説明の仕方だった．このとき，セックスとジェンダーが区別されているという定義を使用することで，ジェンダー・ロールの批判が可能になった．なぜなら，ジェンダー・ロールがセックス・ロールとは異なり，文化に深く影響し，可変的である限り，とりわけジェンダー・ロールの廃止や，その背景にある文化の批判を行うことに焦点を絞ることが可能になったからである．

　本章は，ジェンダーを再定義することを目的としたものではなく，それを使って何をしようとしてきたかを解明することが目的だった．つまり，ジェンダーが社会学やフェミニズムに導入されたことで何が達成されたかを，論者の語の用法に基づき再構成してきた．オークリーに絞れば，オークリーがジェンダー・ロールを使ってあらわそうとした実践は，ひとことでいえば，現在の社会学においては「ジェンダー」だけでなく「ケア」や「セクシュアリティ」それぞれの概念が部分的に重なり合うような実践であるといえる．もちろんこのことは，このジェンダーの定義が曖昧で使いものにならないとか，より精緻な定義が目指されなければならないといったことは意味しない．加藤がいうように，「その意味が一義的に画定されるまではジェンダーの概念が無効であるというわけではない」のである（加藤2009: 270）．

　　本質的なレベルでは，ジェンダーとはそれ自体として積極的に定立される概念ではなく，むしろ生物学的なセックスではないものとして，消極的・相対的に規定されるものであってよいと言える．…中略…性差の

生物学的把握を問題化することにこそ，ジェンダー概念の存在理由があるのだ．(加藤2009: 271)

　加藤は上の引用部分に続き，近年の言説におけるセックスとジェンダーの概念的連関および相互作用の様相の分析へと進んでいるが，筆者が本章でみてきた限りでも，たしかに，オークリーやミレットがジェンダーを使用することでなそうとしてきたことは，「セックス」という概念だけで性差を説明することの貧困さを実演することだったといえる．ジェンダーとセックス，そしてケアは，実践のなかで，相互に重複しあうような概念なのである．

　とくに，ケア的実践は，コンネルがいうように，個々の身体がおこなうふるまいの積み重ねがジェンダー化された社会構造を形成し，また今度はそのような社会構造がケアのジェンダー化と個々のふるまいを形成するという再帰性がある．それは，気遣いや気配りを伴う具体的かつさまざまな実践を伴う活動であり，身体的な相互行為によって達成されるものである．

　したがって，今後の課題として，セックスやジェンダー，そしてケアといった，それ概念と概念の関係を分析し，その結びつき方を解明すること．さらにはそれが具体的な実践のなかでどのようにそれをおこなう人々によって成し遂げられているのかを観察することが必要になってくるのではないだろうか．すなわち，「ジェンダー・ロール」は，オークリーによって概念化され，関心を引き付けることになったが，今後はその内実を，人々の実践のなかで解明する作業が求められているのではないだろうか．

注
1) 以下本文中では，genderをジェンダー，sexをセックス，roleをロールと記載する．「性別」のような訳語をあてずに片仮名で記載するのにはつぎのような理由がある．つまり，(1)外来語であることを明示するため(2)その外来語が既存の日本語と一対一対応するわけではないことをふまえたうえで，語の用法を検討の対象にするためである．とくにgenderは，その多義性に注目されることが多い．

加えて，翻訳文献を引用する際，引用先に日本語の訳語があてられている場合には，その訳語ごと引用し，性別（gender）のように原語を明記する．
2) これに対し高橋は，テクノサイエンスなどの，身体に関するさまざまな分野の知見を相互検討することによる共同作業を提案している．
3) 二元論の「わかりやすさ」がもたらしてきた概念的区別はセックス／ジェンダーだけではない．アンヌ・ウィッツ（Anne Witz）は，そもそも社会学において身体が論じられる場合，その身体とはつねに女性身体が対象だったと問題提起する（Witz 2000）．ウィッツによれば，社会学では，男性の脱身体化（disembodiment）と女性の身体化（embodiment）が行われてきたというわけだ．言い換えれば，これまでの社会学の枠組みのなかでは女性／男性の対は身体／社会という対にうまく当てはまるように語られているというのである．さらに重要なことにウィッツは，ブライアン・ターナーが試みたように身体を社会学的にとらえようとしても，その議論内では男性身体が性的な身体として論じられることはなく性的な身体の言説は常に女性の身体に対して形成されてきたとも指摘する．女性身体と男性身体という身体のジェンダー化がなされてきたというわけである．
4) 分析概念として用いる場合は，加藤が提案しているように，議論に応じて「その都度ごとに意味内容を明らかにしさえすればよい」だろう（加藤: 270-271）．
5) ハリエット・ホルターやナンシー・チョドロウもジェンダー概念に重要なかかわりのある論者として数えるべきかもしれないが，とりわけ「セックス／ジェンダー」の区別に依拠したのはミレットおよびオークリーである．
6) 近年ではhermaphroditismおよびその訳語である「半陰陽」や「両性具有」などの語は，「政治的な正しさ」の点で使用するべきでないとされている．ジャーモンは，当事者たちは，異性愛主義的なものの見方・考え方によって，まさに二元的な性別の間に位置されてしまう考え，その政治的な意図から，インターセックスを受動態にした「インターセックスド（=intersexed）」を使用している．本章では，歴史的な検討という目的から，マネーの記述と語法を踏襲する．
7) そして，この1.と7.が，現在広く理解されているところの「ジェンダー」を意味するのである（Germon 2009: 33）．
8) 少なくとも，4本の論文のなかにgender identityという語が一切用いられていないということは確かなようである．
9) 事実，マネーは著作の冒頭において，パーソンズの指導を受けたと述べている（Money 1986: 5）．
10) 別の場所では，セックスは「男女の性（=sex）つまり男性（=male）か女性（=female）かを決定する場合の生物学的な構成部分のこと」，ジェンダーは「第一義的には生物学的な含みを持たない行動・感情・思考や空想の途方もなく幅広い領域」端的には「心理学的諸現象」と定義されている（Stoller 1968=1973: 9）．
11) 現在ではpatriarchyは家父長制と訳すのが一般的である．

文献

Connell, R. W., 2002, *Gender,* Cambridge: Polity Press.（＝2008，多賀太訳『ジェンダー学の最前線』，世界思想社．）

江原由美子，2000,『フェミニズムのパラドックス——定着による拡散』勁草書房．

Germon, Jennifer, 2009, *Gender: A Genealogy of an Idea,* New York: Palgrave Macmillan.（＝2012，左古輝人訳『ジェンダーの系譜学』法政大学出版局．）

Haig, D., 2004, "The Inexorable Rise of Gender and the Decline of Sex: Social Change in Academic Titles, 1945-2001," Archives of Sexual Behavior, 33(2): 87-96.

伊東秀章，1995,「セックスかジェンダーか？」『心理学評論』(38): pp441-pp461.

加藤秀一，2009,「概念と方法　性／愛，セックス／ジェンダー」飯田隆・伊藤邦武・井上達夫編『岩波講座哲学 12　性／愛の哲学』岩波書店．

Millet, Kate, Sexual politics, (New York: Doubleday, 1969, 1970, 1990, 2000), （＝藤枝澪子訳『性の政治学』，自由国民社，1973）

見田宗介・大澤真幸・吉見俊哉編『現代社会学事典』(弘文堂，2012)

Money, John, 1955, 'Hermaphroditism, Gender, and Precocity in hyper- Adrenocorticism: Psychologic Findings.' *Bulletin of the Johns Hopkins Hospital* 96, no. 3:253-63.

―――, 1980 *Love and Love Sickness: The Science of Sex, Gender Difference, and Pair-Bonding,* Bartimore: John Hopkins University Press. （＝1987，朝山春江・朝山耿吉訳,『ラブ・アンド・ラブシックネス—愛と性の病理学』人文書院．）

―――, 1985a, 'The Conceptual Neutering of Gender and the. Criminalisation of Sex', *Archives of Sexual Behaviour* 14: 279-91

―――, 1985b 'Gender: History, Theory and Usage of the Term in Sexology and Its Relationship to Nature/Nurture', *Journal of Sex & Marital Therapy,* 11(2), 71-79.

―――, 1986, *Venuses Penuses: Sexology Sexosophy Exigency Theory. Buffalo,* NY: Prometheus Books.

―――, 1987, *Gay Straight and In-Between: The Sexology of Erotic Orientation,* New York: Oxford University Press.

―――, 1995, Gendermaps: Social Constructionism, Feminism and Sexosophical History. New York: Continuum.

Money, John, and Anke Ehrhardt, 1972, Man and Woman Boy and Girl: The Differentiation and Dimorphism of Gender Identity from Conception to Maturity. Baltimore: Johns Hopkins University Press.

Money, John, 1955, "Hermaphroditism, Gender and Precocity in Hyper – Adrenocorticism: Psychologic Findings." *Bulletin of the Johns Hopkins Hospital* 96, no. 3: 253-263.

Money, John, Joan Hampson, and John Hampson, 1955a, "Hermaphroditism: Recommendations Concerning Assignment of Sex, Change of Sex, and Psychologic Management." *Bulletin of the Johns Hopkins Hospital* 97, no. 4: 284-300.

―――, 1955b, "An Examination of some basic sexual Concepts: The Evidence of Human

Hermaphroditism." *Bulletin of the Johns Hopkins Hospital* 97, no. 4: 301-19.
Money, John, and Patricia Tucker, 1977, *Sexual Signatures: On Being a Man or a Women*, London: Sphere Books.（＝1979，朝山信一ほか訳,『性の署名』人文書院．）
信田さよ子，2009,『苦しいけれど，離れられない　共依存・からめとる愛』朝日新聞出版．
Oakley, Ann, 1972, *Sex, Gender and Society,* N. Y. : Harper Colophon Books.
―――, 1974a, *Housewife,* Allen Lane.（＝岡島芽花訳，1986,『主婦の誕生』三省堂．）
―――, 1974b, *The Sociology of Housework*, Allen Lane.（＝佐藤和枝・渡辺潤訳，1980,『家事の社会学』松籟社．）
荻野美穂，2001,『中絶論争とアメリカ社会―身体をめぐる戦争』岩波書店．
Parsons, Talcott, 1955, in Parsons, Talcott and Bales, Robert Freed, Family, *Socialization and Interaction,* London: Routledge and Kegan Paul.（＝1981，橋爪貞雄訳『家族』黎明書房．）
笹谷春美，1999,「家族ケアリングをめぐるジェンダー関係」鎌田とし子・矢澤澄子・木本喜美子編『講座社会学１４　ジェンダー』東大出版会，213－248．
Stoller, Robert J., 1964a, "A Contribution to the study of Gender Identity" *International Journal of Psychoanalysis* No. 45, 220-26.
―――, 1964b, "Gender-Role Change in Intersexed Patients." *The Jounal of the American Medical Association* No. 188(7), 684-5.
―――, 1968, *Sex and Gender. Vol.* 1, N, Y, : Science House.（＝1973，桑原勇吉訳『性と性別』岩崎学術出版社．）
館かおる，1998,「ジェンダー概念の検討」，ジェンダー研究(1)，pp81-pp95．
髙橋さきの，2006,「身体性とフェミニズム」江原由美子・山崎敬一編『ジェンダーと社会理論』有斐閣，138-52．
柘植あづみ，2012,『生殖技術――不妊治療と再生医療は社会に何をもたらすか』みすず書房．
上谷香陽，2009,「化粧と性別――〈素肌〉を見るやり方――」酒井泰斗・浦野茂・前田泰樹・中村和生編『概念分析の社会学 ― 社会的経験と人間の科学』ナカニシヤ出版．
Valentine D., 2007, *Imagining Transgender: an Ethnography of a Category*, Durham and London: Duke university Press.
West, C., & Zimmerman, D. H., 1987, *Doing gender, Gender &Society*(1), pp125-pp151.
Witz, Anne, 2000, "Whose Body Matters? Feminist Sociology and the Corporeal Turn in Sociology and feminism" *Body & Society,* 6(2), 1-24.
Zelditch, Morris, 1955, "Role differentiation in the nuclear Family", in Parsons, Talcott and Bales, Robert Freed, *Family, Socialization and Interaction,* London: Routledge and Kegan Paul.（＝1981，橋爪貞雄訳『家族』黎明書房．）

第5章
ジェンダー論と生物学
―― 永続する闘争か？

加藤　秀一

はじめに

　性差および女性の社会的地位の実態と由来をめぐるフェミニズム思想，およびそれと密接に関連しながら展開してきたジェンダー論と，さまざまな領域にわたる生物学とのあいだの長年にわたる応酬ほど，「ジェンダーをめぐるコミュニケーション齟齬」という本書のテーマにふさわしい事例はないように思われる．そこでは互いの主張を正確に理解し，より洗練された世界認識に至るために手を取りあうよりも，相手の議論の全面否定，あるいは実質的な否定に通ずる見せかけの譲歩や自陣営に有利な中立地帯の設定といった，言論上の闘争において表面的な優位を奪うためのありとあらゆる手管が陳列されてきたかのようだ．そのありさまをふりかえって眺めるとき，コミュニケーション齟齬どころか，そもそもコミュニケーションなどと呼びうるものはどこにもなかったのではないかとさえ思えてくる．

　だが他方には，相対立する両極のはざまでうろたえ，葛藤に悩みつつ，より妥当な科学的認識と望ましい政治的立場を両立させようと真摯に知的模索を試みる人々がいたことも確かだ．本章がめざすのは，そうした人々の企ての跡を――駆け足ではあるが――たどり直し，そこに見出されるはずの重要な遺産を継承することである．この大きな目的の下に，具体的な作業として，(1)性差をめぐるジェンダー論と生物学との対立の構図を概観し，(2)それを調停――あるいは止揚！――しようとした試みの中から，時期も場所も異なる3つのシンポジウムの記録をとりあげ，それらからいくつかの論点を抽

出し，(3)性差をめぐる生物学の視線と人文・社会科学的なジェンダー論の視線との関係という観点から，筆者なりの考察を加えることにしたい．このような作業を通じて，ジェンダー研究と生物学との「コミュニケーション齟齬」を直ちに解消することはできないとしても，少なくともそのような状況が発生してしまう理由を特定することで，今後の議論をより生産的なものにするためのスタートラインを引き直すことができればいいと思う．

なお，本論に入る前に，あらかじめ以下のことをお断りしておきたい．本稿でとりあげる素材の中には，生物学を「ジェンダー研究／ジェンダー論」と対比するものもあれば「フェミニズム」と対比するものもあるが，本稿では両者を特に区別しないということである．フェミニズムとは社会運動であり政治活動であり，またそうした運動において掲げられる，あるいはそれらを駆動する思想であり理念であり，政治哲学であり倫理学である（これはかなり端折ったリストではあるが）．他方，ジェンダー論とは，ごく大まかに言えば，性別と呼ばれる現象の社会性——その意味はさまざまである——を解明する学的営みを指す（これもまた極端な簡略化をやむをえず施した定義であることにご理解を）．このようにジェンダー論とフェミニズムとはイコールではないけれども，世界認識の実践という点について見れば両者は大きく重なっているので，本稿の問題関心からは，両者を概ね同一視しても特段の害はないと思う．

1. 生物学とジェンダー，あるいは「氏か育ちか」（から「遺伝子と環境の相互作用」へ）

1.1 前史

今日もなおジェンダーをめぐる言論の最前線を枠づけている，人間における性差の生得性およびそれゆえの固定性を強調する立場とその後天性およびそれゆえの可塑性を強調する立場との対立は，遅くとも17世紀後半にその

起源を遡ることができる．それは17世紀フランスに屹立する思想家フランソワ・プーラン・ド・ラ・バールが，男性に対する女性の生得的劣等性という当時支配的だった妄言に抗して，『両性平等論』(1673年) を書いたときである[1]．プーランはそこで，デカルトの心身二元論と理性への信の教説にもとづき，人間の精神には性別による本質的な違いはないこと，女性の劣等性とは男たちによる手前勝手な偏見でしかないこと，そして女性にいくつかの欠点が見られるとしても，それは女たちの置かれている外的状態や教育に責を帰すべきであることを主張した (Poulain de la Barre [1673]1984=1997)．その考察の公平さと論旨の明晰さは，時代背景に照らせば驚くべきものである．だが彼の主張は，同時代の思潮からあまりにも高く抜け出ていたがゆえに，まったく無視されたとは言えないにせよ，それによって思潮を変える力を持つことはなかった．

　プーランの見解は18世紀の啓蒙思想を先取りしたものとも言われるが，しかし周知の通り，啓蒙思想と呼ばれるものが必ずしも両性の本質的平等を肯定したわけではない．そのことを象徴するのが，『両性平等論』から一世紀近くの時を経て現れたジャン・ジャック・ルソーの『エミール』(1762) における「妻は夫に従うというのが自然の秩序だ」という思想である (Rousseau 1762=1964: 114)．女性は多くの点で男性とは先天的に異なる存在であり，かつそのことが女性の役割を私的領域に封じ込め，男性と同等の公的地位を与えないことの正当化理由とされたのである．そして，プーランがやがて典型的な忘れられた思想家となり，1980年代になるまでその再発見および再評価を待たねばならなかったのに対して，ルソーの女性論は18世紀後半から20世紀前半にわたる時期の西欧世界において，女性の地位をめぐる俗論を呪縛する大きな影響力を誇り，おそらくそれは今日に至るまで残響しているように見える．

1.2 性差の科学的承認

　『エミール』の影響が西欧世界に広まっていった18世紀終りから19世紀

は，自然科学者たちが性差について猛然と論じ始め，そのことを通じて概ね女性の居場所を家庭に局限することに意を注いだ時期でもあった．これについては，すでに科学史家たちによる研究の厚い蓄積がある (Gallagher & Laqueur 1987; Lacquer 1989=1998; Shiebinger 1989=1992; Russet 1989=1994; Weeks 2017; 小川 2001; 2004)．それらの成果を借りて，事態の推移をごく簡単に整理しておこう．

西洋世界で古代以来連綿と受け継がれてきた男女の身体的差異の観念は，男性を基本形として女性はそれが変形し劣化したものであるとする「1性モデル」であった．これに対して，18世紀になると，観察にもとづいて女性と男性の解剖学的差異をより正確に描写する「2性モデル」が採用されるようになる (Lacquer 1989=1998)．2性モデルの登場は，両性の生殖機能の再認識・再評価にもつながった．アリストテレスやガレノス以来，男性が精液を通して子に形相や霊魂を与えるのに対し，女性は月経血を通して質料のみを与えるにすぎないと考えられており，17世紀に顕微鏡によって卵と精子が観察できるようになった後も，卵は単なる栄養源であって，生命の重要部分は小さな精子によってもたらされると信じられていのだが，18世紀に入って，卵もまた精子と対等に子の発生にかかわることが認められるようになっていったのである (Shiebinger 1989=1992)[2]．

しかしながら，2性モデルの登場が性差の正確な認識や男女の社会的平等を直ちに推し進めることにつながったわけではない．シンシア・イーグル・ラセットが指摘するように，むしろそれは，性差の強調およびその自然化によって，女性の社会的劣位を正当化することに資することになった．ラセットによれば，ヴィクトリア時代の科学者たちは，フェミニズムの興隆によって男女関係が揺るがされたことから生じた不安に対処するために，「社会における男女の役割の違いを正当化するような両性の差異を，根気強く詳細に調べ上げた」(Russet 1989=1994: 20)．かれらは脳の大きさを根拠として男性の知的優位性を主張し，それが根拠薄弱だと批判されると，次には脳と身体の他の部位との関係や脳の形状・素材・構造といった別の観点に訴えて，自

らの主張を固執した．ただ一つ——あたかも宗教的禁忌であるかのように——疑われなかったものは，男性の知力が女性よりも高いという，あらかじめ前提された「事実」そのものだけだった．そのようにしてかれらは，女性は男性に比べて——「未開人」と同様に——進化の段階において遅れていると結論づけたのである．

　20世紀に入ってからも，こうした状況がすぐに変わったわけではない．プーラン・ド・ラ・バールによる孤高の闘争は，それから三世紀半あまりの時を経た1949年に出版されたボーヴォワール『第二の性』において，引き継がれたというよりも，ほぼそのまま反復されねばならなかったように見える（『第二の姓』の巻頭にはプーランの『両性平等論』からの引用が掲げられている．Beauvoir [1949=2001:]）．ボーヴォワールはそこで性差別と性差の自然化に抗し，女性を抑えつける文明総体のあり方を解明し，さらに女性たち自身が主体となってそれを変革するという課題を提示した．それが成就された後の新たな文明の中に立つ者は，もはやみじめな「人間と雄と去勢物の中間のもの」などではなく，男性と同じ地平に立つ真の「女性」であるはずだ．——以上の論旨から明らかなように，『第二の性』は性差に生物学要因があることを否定してはいなかった．むしろ，そこでは生物学的性差それ自体は自明の前提として扱われていた（Beauvoir 1949=2001）[3]．ただしそれは人間にとっては一つの外的条件にすぎないのであって，それよりも重要なのは環境要因（「文明の総体」）であり，さらには，その只中にあってなお自分自身を絶えずつくりかえることができる人間の実存なのである．

　ただこれだけの主張が，20世紀半ばの世界においてなお，良識を旗印とする無数の人々を憤激させたことは，少なくとも思想史的には，いささか奇妙なことにも思える．それに先立つ1930年代にはすでにフランツ・ボアズを旗頭とする文化人類学上の環境主義プログラムが台頭し，人種にかんする遺伝決定論を事実上駆逐しつつあったのだから．人種について言われたことは，性別にはあてはめられなかったようだ[4]．実際，性における解剖学的・生理学的特性に還元されない独自の心理的特性がジェンダーと呼ばれ，科学

的探究の対象として認識されはじめるのは，『第二の性』より後の1950年代以降のことであり，その認識が広く共有されるようになるには，そのさらに後，1970年前後に興隆した第二波フェミニズム運動とジェンダー研究の拡がりを待たねばならなかった（加藤 2009；須永 2016）．もっとも，一部の生物学的決定論者による誇張に反して，現在に至るまで，性差とその社会的意味をめぐる知的言説全体が，強固な環境決定論に席巻されたことなどは一度もなかったと言うべきである．その背景として，ジェンダーの概念が人文社会科学に広まっていった1970年代のその同じ時期に，生物学の側にも革命的な変化が起き，新しいやり方で性差の生得的側面（「究極要因」としての進化－遺伝子要因）を明らかにする作業を押し進めはじめたことが挙げられよう（その内実については後により詳しく紹介する）．

　それ以降のフェミニズム／ジェンダー論と生物学との性差をめぐる議論状況は複雑をきわめており，その全体像を描くことは容易ではない．大ざっぱに言えば，一方には性差を過剰に生物学化する動きに対するフェミニスト側からの抵抗があり（Fausto-Sterling 1985=1990; Tavris 1992等），他方には逆に過剰なジェンダー化に対する生物学側からの批判がある（Pinker 2002=2004等）．だがこのような図式はあまりにも単純にすぎる．前者も性差に生得的要因があることをまったく否認するわけではないし，後者も性差別の解消に反対するわけではなく，なかにはフェミニストであることを自称する論者も含まれている[5]．さらには，より自覚的に，一方でフェミニストとしての政治的立場を明確にしつつ，同時に生物学者として性差の生得的要素を強調し，そのうえで両者の関係を実りあるものに発展させていくべきことを主張する人々もいる．本稿は特にこの第三のカテゴリーに含まれる人々の言説に合焦し，何を問題とし，それをどのように克服しようとしたのかを明らかにしたい．具体的な素材としては，比較的規模が大きく，またその概要が出版されている3つの（開催時期も場所も異なる）シンポジウムを取り上げ，それぞれの概要を紹介したうえで，いくつかの論点について論評を加えていくことにする．

2. フェミニズムと生物学——架橋の試み

2.1 『女性であるということ』(Le Fait Feminin)
——社会学者エヴリーヌ・シュルロ主導による1976年のシンポジウム

　フランスの社会学者エヴレーヌ・シュルロが生物学者オデット・チボ〔人名表記は邦訳書に倣う〕の協力を得て1976年に主催した大規模なシンポジウムの記録である．当初は高名な分子生物学者ジャック・モノーとシュルロが密接に協力しながら準備を進めていたが，会議の開催前にモノーは亡くなってしまった（なおシュルロも長らくジェンダー研究を領導した後，2017年に逝去した）．

　シュルロによる「序文」にこの会議のねらいが記されている．——長らく女性は男性よりも余計に自然に束縛される存在であるとされ，それによって女性の社会的劣位が正当化されてきた．したがって，「女性社会学あるいは婦人運動」が女性の地位を問題にするにあたって「自然」を引き合いに出すことを拒んできたことにはもっともな理由がある．ここでシュルロが，性差にかんする生物学の知見を受け入れることへの「恐怖」を語っていることは印象的だ[6]．当初，シンポジウムを熱心に進めようとしていたモノーに対して，シュルロはこう言ったのだという．性差についてわざわざ話すなんて，不平等を保証するようなものではないか．遺伝学とホルモンについて論じることは，不平等を正当化する決定論ではないのか．科学は異議のさしはさめないやりかたで操作を偽装する方法にすぎないなどと非難されるのではないだろうか——．

　「女性の生物学的本性（ナチュール）」についてもっと知りたいと強くおもっていたにもかかわらず，私はやはりこういったアプローチの仕方をおそれずにはいられませんでした．女性の免れがたい運命を動かぬ固定したものにするものが何によらずこわかったのです．内心ひそかに変革の希望を社

会的要因の上にのみおきつづけていました．(Sullerot ed. 1978=1983: 25-26)

　だが，とシュルロは続ける．近年では，逆説的にも，生理学・生物学・遺伝学といった自然科学の新展開により，むしろ「女性が自然の束縛からぬけだすのに役立つ手段」が提供されつつある．たとえば，生殖における女性の役割を単なる受動的な容器とみなすような古い見方はすでに葬り去られた．今日において，「生物学的な性差の事実の考慮を拒否したまま婦人問題を論ずるという非科学的な態度」は，もはや女性の地位を高めるための社会経済文化的な変革にとって危険すらある．人文科学は，性差についてのイデオロギー的な見方を捨て去らなければならない．他方，生物学の側も，人文科学から投げかけられる問いを真摯に引き受け，「自分たちの研究と発見の社会的影響」を真正面から見据えるのでなければならない．両者が相俟ってこそ，「女性の生物学的本性」を認めつつ，なおそれが女性の「運命を動かぬ固定したものにする」ことを免れうる道筋を見出すことができるだろう．

　かくなるシュルロの希望は，このシンポジウムによって成就したのだろうか．本書のまえがきにもあとがきにも，企画の成否にかんするシュルロ自身の総体的な評価は記されていない．そこにあるのは，各々の論者による主張の多様性を尊重する主催者としての公平な意志の表明だけである．

　筆者の印象としては，出版された記録を読むかぎり，参加者たちは全般的にシュルロの意図をよく理解し，性差の実相を見極めるために異分野の知見を交換しようとする基本的な姿勢をそれなりに共有していたと思う[7]．しかしながら，精細に各々の論説を読んでいくと，しばしば不穏な言明に出会うことも否めない．とりわけ「身体」をテーマとする第一部に登場する自然科学系の論者たちの言葉づかいには，あくまでも文化を生物学に還元して語ろうとする志向が見え隠れすることがある．

　まず何よりも，記録の巻頭に置かれた（シンポジウムそのものの冒頭だったかは不明だが）心理学者ノルベルト・ビショフによる報告は，会議の先行きが決

して楽観できないことをいきなり強く印象づける．ビショフによれば，性別の器質的側面の由来について生物学者の意見はほぼ一致しているが，ただ一つ，「性別に固有の行動」については一致を見ていない．どういうことか．論の運びがやや不明瞭だが，文脈からみて，ビショフが言及しているのは，「性別に固有の行動」が生物学的な要因（「生物学的にありうる前成説」）に由来するのか，それとも「社会的文化的な上部構造」に由来するのかという，あのおなじみの問題である．それではビショフは両者の関係をどのようにとらえているのか．

> むろんそれぞれの社会には，男の子と女の子の行動はかくあるべきというイメージにあてはめようとする，強制的な文化規範があるということは考慮しなければなりません．ですが，これらの規範は人間の本性の上にむやみやたらに課せられるのではなく，むしろ本性の言いかえ(paraphrase)，解釈(interprétation)，解明(élucidation)だと考えることはできないものでしょうか？(Sullerot ed. 1978: 36=1983: 44)

「文化規範」は「人間の本性」の「言い換え，解釈，解明」にすぎない——．これはきわめて強い意味における還元主義の表明である．還元主義という概念は非常に雑多な意味で用いられるが，ここではヒトという生物種における生物学的基盤と文化現象との関係という文脈に考察を限定しよう．さらに，問題の見通しをよくするために，弱い還元主義と強い還元主義とを区別しておくことが有効だろう．ここで弱い還元主義とは，生物進化が文化規範の存立の必要条件だという主張を指す．そもそもヒトが文化と呼ばれる現象の担い手になりえたのは，それを何らかの意味で——因果的決定であれスーパービーニエンスであれ——支える脳や各種の身体器官が現にあるように進化したからである．こうした最も広い意味での自然主義は——人間の精神活動＝魂は肉体からは隔絶された神秘的な何かであるとするのでないかぎり——ほとんど自明に正しい主張であり，また特段の問題はない．生物進化と

文化規範との関係はなお開かれた問題であるからだ．だがビショフの主張をこの程度の内容にとどまるものと理解することはできない．文化規範なるものがただ単に（生物進化を必要条件として）存在するという事実そのものではなく，文化規範の具体的な構成要素（たとえば「男の子と女の子の行動はかくあるべき」等）が「本性」の「言いかえ，解釈，解明」にすぎないという主張は，実質的に「文化規範」と「本性」という二元論そのものを棄却するに等しい強い還元主義である．むろんそのような主張が成り立つ可能性はあるが，少なくともそれは弱い還元主義のように自明な妥当性をもつ主張ではなく，論証を必要とするはずである（まず何よりも，「本性」が「文化現象」によって強いられなければならなかったのか，言い換えれば，「文化規範」によって強いられなければ維持されないような属性をいかなる資格において「本性」と呼びうるのか，というパラドックスを解決しなければならない）．だがそのような論証をビショフはほとんど与えてはいないのである．

ビショフの論の運びには，他の点でも，自然科学的な思考の癖を社会的-規範的問題に安易に当てはめる姿勢が目立ち，まるで戯画化された科学者のパロディのようだ．「男の子が子どものときから生まれつきの競争心は悪いものだといいきかされつづけたとき，大人になって幸せな男になれるかという疑問があります．同じく女の子に男の子まがいの行動をさせる社会的抑圧がかけられるとすれば，彼女は幸福な女性となるでしょうか」(Sullerot ed. 1978: 49=1983: 62)．言うまでもなく，このような問いに対する正しい答えはただ一つしかない．すなわち，それは人による．女の子に「男の子まがいの行動をさせる」ことが「抑圧」になることはあるだろう——その行動が女の子自身の望んだことではないならば．だが，女の子に女の子らしい行動をさせることだって，しばしば「抑圧」になるのである．ビショフもときおり「男性は平均的に」とか「平均的女性」とかいった表現を挟み込むのだが，すぐさま集団内の分散を忘却してしまったかのように，あたかも平均的な男性ないし女性という存在者が個体として街中を歩いているかのように語り始めてしまうのである．シュルロが主催者として中立たろうという自戒を破

り，「「男」,「女」と単数で言うたびに，こういう言い方は科学とくに社会科学に違反するものだということをおもいおこすべきである」(Sullerot ed. 1978: 52=1983: 63-64) と苦言を呈するのも当然だろう．

ここでは他の諸報告について逐一検討することはできないが，ビショフ以外にも，強い生物学的還元主義への傾斜を見せる論者は複数みられる．そもそもこのシンポジウム企画は，フェミニストたちが性差の生物学的基盤をあまりにないがしろにしてきたことへの反省から生まれたのだから，その基調においてある程度の還元主義を受け入れることは前提とされていたはずだが，だがそれでもなお，シュルロが巻末に次のような一節を書きつけなければならなかったことには，この意欲的な企画を通じてが「伝統を的〔性の〕二元論を越えたい」というもくろみを納得のいくレベルで達成することはできなかったという苦い認識が垣間見える．

　　この討論の参加者の一人は，笑いながら「女は女である」と，わたしに心中を打明けたが，この種の大ざっぱで曖昧な断定から抜け出すのはきわめてむずかしい．(中略) 自然にたいする波状的な文化の介入も，結局のところ性の二分法にいささかの変化ももたらさないのではなかろうか．二分法はつねに，文化の新たな基盤のうえに，新たな口実を設けては再現されるものだからである (Sullerot ed. 1978: 515=1983: 371).

2.2 『フェミニズムと進化生物学』
——進化生物学者パトリシア・ゴワティ主導による1994年のシンポジウム

状況

シュルロたちが『女性であるということ』を企画した1970年代中盤，第二波フェミニズム運動が興隆し，フランスにおいては妊娠中絶にかかわる女性の権利が拡充されるなど，女性たちをめぐる状況は激動の真っ只中にあった．一方それは，生物学においても激動の時期であった．1930年代から

R・フィッシャーやJ・B・S・ホールデンといった先駆者によって切り開かれつつあった遺伝子を中心とする進化理論構築の試みが，1960年代以降，G・ウィリアムズによる群淘汰説の否定，W・D・ハミルトンによる包括適応度の概念，トリヴァースの血縁淘汰理論といった成果に結実し，それまではうまく説明がつけられなかった生物の利他的行動の進化を可能にする条件が明らかにされるなど，進化機構モデルの説明力が飛躍的に高まったのである．こうした動きの全貌を一般読者向けに解説したR・ドーキンスの『利己的な遺伝子』(Dawkins 1976)は，本国イギリスだけでなく，世界的なベストセラーになった．他方，アメリカ合衆国では，同様の発想にもとづきつつ，人間の行動や認知機能の遺伝的基盤という20世紀中庸の「人間科学」におけるタブーを真正面から肯定的に論じたE・O・ウィルソンの大著『社会生物学——新たな総合』(Wilson 1975)が社会的にセンセーションを巻き起こし，人種等による社会的差別を正当化する悪しき科学だと主張する人々から激烈な攻撃にさらされていた[8]．

　このような革命とも形容されるうねりの中で，ジェンダー論／フェミニズム思想との関連でとりわけ注目すべきは，ダーウィン以来一世紀の長きにわたって顧みられなかった性淘汰 (sexual selection) の理論がようやく正当に評価されるようになったことである．性淘汰とは，自然淘汰 (natural selection) と対になる生物進化の原動力の一つで，「配偶成功率もしくは交尾成功率の違いを通じてはたらく淘汰」(巌佐 2012: 664) と定義される．進化論の創始者ダーウィンは，クジャクの雄だけがもつ大きく派手な尾羽のように，そのメリットがよくわからない形質がなにゆえ進化しえたのかという謎に頭を悩ませた．そのような外貌を発達させるには余分なエネルギーが必要だし，しかも捕食者に見つかりやすいので，自然淘汰上は不利であるように見える．仮に未知の有利さがあるとするなら，どうしても雌も同じ性質をもっていないのか．こうした疑問に答えようと考案されたのが性淘汰というもう一つのメカニズムであった．たとえ個体の生存上はいくらか不利な形質であっても，繁殖に際して有利であるなら，淘汰をくぐり抜けて進化する可能性が高くな

る．具体的には，雌に好まれやすい形質や，他の雄との争いに打ち勝って雌と配偶するのに役立つ形質を持つ雄がより高い確率で繁殖に成功し，子孫にその遺伝子を伝えやすいのである[9]．

だが，現在でこそダーウィンならではの天才的な卓見として認められる性淘汰の概念は，長い間正当に評価されなかった．その理由の一つは，男性中心主義に凝り固まった同時代の生物学者たちには，生物の雌（女性！）が繁殖において能動的な役割を果たすという事実が認めがたかったからだとも言われるが，ここではその真偽には踏み込まない．いずれにせよ1970年代半ばには，性淘汰は生物における性的二型の起源を解き明かすのに不可欠の概念として認知されるようになったのである[10]．

このように紆余曲折を経ながらも，進化生物学者パトリシア・ゴワティが「進化とフェミニズム」(Ev and Fem) と題されたシンポジウムを主催した1994年の時点では，「革命」以後の進化理論がすでに定着し，人間を対象とする諸学問と生物学との関係をめぐる議論は次の局面に入りつつあった．その少し前には，人類学者ジョン・トゥービーと心理学者レダ・コスミデスによる『適応的な心』が出版され，人間行動を生物学的に説明する進化心理学 (evolutinary biology) の狼煙が上げられていた (Tooby & Cosmides 1992)．シンポジウムとまさに同じ年には，発生生物学者ポール・グロスとノーマン・レヴィットが『高次の迷信』を出版し，当時興隆しつつあった社会構成主義（構築主義）にもとづく科学批判を痛烈に反批判して，いわゆる「サイエンス・ウォーズ」の口火を切ったのだった．そしてそれは，生物学サイドからの苛烈なフェミニズム批判の狼煙でもあった．グロスらはその著作において，「生物学とジェンダー研究集団」を名乗る女性たちによる論文集『今日の細胞生物学に対するフェミニズムによる批判の重要性』を取り上げ，最新の生物学的知見にかんする無知や誤解にもとづく迷論にすぎないと斬り捨てたのである (Gross & Levitt 1994: 116-126)．

コミュニケーションの困難

　このような当時の言論空間の雰囲気はおそらく緊張感に満ちたものだっただろう．そのことは何よりも，ゴワティがシンポジウムの記録に寄せた「まえがき」のなかに，悲痛とも言える筆致で明かされている．この企画にゴワティが期待していたのは，「さまざまなフェミニズム（……）と進化生物学とのあいだの学際的な仕事のための機会を探求し，拡大し，活用」することであった．そのために彼女は参加者たちに「進化生物学とフェミニズムの境界面でかれらが言いたいことを何でも言うこと」を求めた．その結果はどうだったか？　シンポジウムは「私が予想していなかったほどの争論をもたらした．（……）私は「境界紛争」に絶好の機会を与えてしまったらしい」．多くの時間が，生産的な討論というよりも敵意の応酬とでも言うべき敵対的なやりとりに費やされた．しかも奇妙なことに，公式のセッションよりもそれ以外の非公式な場において批判が語られることが多かったという（この点については，ゴワティだけでなく，進化生物学の大御所であるジョン・メイナード・スミスによる証言も記録されている）．

　何が問題だったのか？　主な問題は，「コミュニケーションの困難」あるいは「コミュニケーションの失敗」であったとゴワティは言う．自分が招待した人々によって自分の主張が誤解され，まるで自分のものではないように思わされたこと，そして一部の参加者たちが他の参加者の仕事に対して示した「無理解の根深さとあからさまに傲慢な無視」にたいする悲しみを，ゴワティは吐露している（Gowaty 1997: No. 55-57）．それでは，具体的な係争点は何だったのだろうか．ゴワティは序章で次のように述べている．フェミニズムと進化生物学が相伴って成長していくこと（cross-germination）を妨げている2つの要因がある．その一つは，ヒトの行動と文化の発現における遺伝子の役割をめぐる見解の不一致であり，もう一つは，数多くのフェミニストたちを含む現代人が科学および科学的言説に対して抱く反感である．シンポジウムの前までは，後者は自分には無関係であり，前者はもう15年も前に解決済みだと考えていたが，それは間違いだった．直裁に言えば，「多く

の進化生物学者はフェミニズムに無知であり，またフェミニストのなかにはそれと同じくらい進化のプロセスについて無知な者もいる」(Gowaty 1997: No.148). いわば両者は，ゴワティのナイーヴな期待よりもはるかに大きな距離に隔てられ，まだまともに出会ってすらいなかったのである．

進化生物学に対する誤解

　上記のような問題意識の表明から始まるゴワティ自身の研究報告は，進化生物学の基本的な発想や概念装置にかんする解説であり，とりわけ自然淘汰と人間行動とを関連づけることに対するそれまでの批判に焦点をあてて，それらの背後にある偏見や誤解を正そうとするものである．ゴワティによれば，主な論点は4つある．(1)自然淘汰の理論は遺伝子決定論である[11]．(2)それは検証不可能であり，科学的でない．(3)他の非進化的モデルで十分に説明でき，それゆえ自然淘汰は的外れである．(4)したがって，自然淘汰の理論は，政治活動のしっかりしたガイドにはならない（Gowaty 1994: No.272-273）. こうした主張はすべて間違いだ，とゴワティは言う．(1)のような誤解は，自然淘汰についての議論と遺伝的なもの（genetic）についての議論を混同することから生じる．実際には，自然淘汰そのものは遺伝子について何も言わない．祖先から子孫へと形質が伝えられるという広い意味での遺伝（heredity）の媒体は別に遺伝子（gene）でなくともよい．もちろん遺伝子も遺伝の媒体であるがゆえに両者は混同されやすいのだが，しかし自然淘汰を認めるからといってそれが遺伝子型が表現型を決定するという発生観を含意するわけではないという認識は重要である．表現型は遺伝子のみによってダイレクトに決定されているのではなく，遺伝子とその環境の相互作用を通じて発現するのである．

　進化における自然淘汰とそれを通じた適応を認めることは，遺伝子決定論（個々の人間の性質が遺伝子によって決定されている）を認めることとイコールではないという指摘は，ゴワティ以外の参加者からも繰り返しなされている．たとえば進化学の大御所ジョン・メイナード・スミスは，遺伝子決定論は事実

として誤りだと述べるとともに，そもそも「遺伝子決定論」というフレーズは社会生物学や行動生態学に対する批判者の言辞として用いられるだけで，実際に遺伝子決定論を信じているまともな進化生物学者などいないと主張している[12]．どんなケースについても，その原因は遺伝子かもしれないし，環境かもしれないし，両方の組合わせかもしれない（なお基礎知識を確認しておけば，遺伝子が「決定」するかもしれないのは生物の形質それ自体ではなく，複数の形質のあいだの差異である．Gowaty (1994: No.7389)[13]）．

進化生物学批判とフェミニズム批判

　ゴワティ以外の論者たちの主張については，進化生物学およびフェミニズムのそれぞれに対する典型的な批判だけを抜き出して紹介しておこう．

　まず進化生物学の人間論に対する批判としては，植物病理学者で女性学の講座も担当するケイティリン・アレンによる報告がある (Gowaty 1994: Ch. 22)．そこでアレンは，社会的地位の低い男性ほど女性に対してセックスを強制する傾向があると主張したソーンヒルらの有名な研究について，データ・サンプリングの偏りを指摘する．すなわち，ソーンヒルたちが用いたデータはアメリカ合衆国でレイプ犯として逮捕・訴追された人たちについてのものだが，そもそも社会経済的に低い地位の男性たちはレイプに限らずどんな犯罪にかんしても疑われやすく，逮捕されやすく，訴追されやすいという事実を考慮すれば，訴追されたレイプ犯のなかに貧困者の占める割合が（その人口全体に占める割合よりも）大きいからといって，そこからかれらが子作りのためにレイプに手を染める遺伝的傾向をもっているとは言いきれない．それは社会的環境を背景とする絶望や権利剥奪 disenfranchisement や偏見によって引き起こされる無法性への一般的な傾向かもしれないのである．しかるに，ソーンヒルたちが提示するデータにはこうした対立仮説を退ける要素はなにもない．このように，社会科学者であれば真っ先に気に掛けるはずのサンプリングの偏り，そしてその背景にある，行動を分類するカテゴリーの社会的性という問題に無頓着であるために，ソーンヒルたちの主張は実証性

を欠いているとされる．

　これはそれ自体として重要な指摘であるだけでなく，さらなる含意をそこから引き出すこともできるだろう．すなわち，統計データの取り扱い方以前に，そもそも「レイプ」にかんする統計データ自体がどこまで現実を反映しているのか，さらには「レイプ」というようなカテゴリーにあてはまる実際の具体的な行為をどのように同定すべきかという，およそ人間にかんする科学的研究にとって最も基礎的な問題である．いかなる特徴をもつ行為が「レイプ」と呼ばれるのか．それはどうやって認定されるのか．加害者と被害者の言い分が食い違った場合にはどうなるのか．被害を申し立てる女性の訴えはしっかりと聞かれてきたのか．フェミニズムによる性暴力論が問うてきたこれらの問題[14]を解決しない限り，社会的要因を統制したうえで進化史的な究極要因を抽出することなどは，夢のまた夢にとどまり続けるだろう（この論点は非常に重要なので，後で再び論じる）．

　他方，フェミニストたちの生物学に対する無理解を最も痛烈に批判しているのは，生態学者のバーナード・パトンである (Gowaty 1994: Ch. 26)．パトンの報告は主に二つの異なる論点からなっており，まずはフェミニズムが集団としての女性という概念に準拠する活動であること自体を「アイデンティティの政治」として非難するのだが，この点については本稿では論じない．本稿のテーマにとって重要なのはもう一つの点である．パトンは，このシンポジウムにおいて広く共有された見解，すなわち「社会的・政治的な運動であるフェミニズムが，生き物の進化という生物学的プロセスの理解にとってレリヴァントであるという前提」を曖昧なものだとして否定し，さらにナチズムの人種主義，ソ連生物学におけるルイセンコ主義，創造科学等に言及しながら，フェミニズムをもそれら疑似科学に連なるものとみなし，「アイデンティティの政治によって科学的探究を歪めてはならない」とも主張するのである (Gowaty 1994: No. 7950)．

　フェミニズムという政治的／イデオロギー的観点を科学の場に持ち込むことが科学の客観性を損なうという批判は，独りパトンだけのものではなく，

当時興隆しつつあったフェミニズム批判の中心的な論点であった．そうした批判は生物学のみならず，自然科学全般にかんするフェミニズムの主張にも向けられた．なかでも批判対象として最も多く取りあげられたのが，科学哲学者サンドラ・ハーディングの提唱する「フェミニスト認識論」である．

　ハーディングは，トマス・クーンの科学革命論やW・O・クワインの決定不能性テーゼ，またエディンバラ学派の「ストロング・プログラム」等，相対主義的な科学観を唱道するものとみられるさまざまな議論を換骨奪胎しつつ，従来の男性中心主義的に歪められた科学的知識をフェミニズムの観点によって矯正しうるとする．その中心部分である「立場理論（スタンドポイント・セオリー）」の概要を，ハーディング自身によるまとめに沿って見ていこう．①あらゆる知識は歴史的に構成された「状況に埋め込まれた知識」であるとみなす．②女性のための研究を生み出すよう意図されている．③女性やその他の経済的・政治的に弱い立場の人たちを抑圧している権力関係を公然と批判する，政治的な実践である．④支配的な制度とその実践や文化を研究する．⑤女性差別的な概念枠組みからではなく，女性の生活に即して発想する．⑥集合的な立場をとる．⑦方法論上，今までよりも有効な方略を実践でき，これまでの男性中心主義的な科学よりも「強い客観性」を獲得できる (Harding 2009=2009: 131-135)．

　このようなハーディングの主張に対しては，多くの科学者や哲学者によって厳しい批判が突きつけられてきた．グロスとレヴィットは，ハーディングによる物理学批判——物理学は万物の因果関係を明らかにすると言いながら，自らを生みだした歴史的因果関係については無視している，といった——についての記述を取りあげ，それが現実の物理学からはかけ離れた戯画を相手に空振りしているだけだという (Gross & Levitt 1994: 126-131) [15]．プラグマティズムの認識論に立脚する哲学者スーザン・ハークは，「フェミニスト認識論」は科学に対するシニシズムから発する相対主義の一形態にすぎないと断じ，またグロスらと同様に，フェミニズムという政治的観点から科学的知識の正当性を判定しようとする態度をルイセンコ事件やナチスのアーリ

ア科学といった概念と同根だと痛烈に批判する (Haack 2007). 科学哲学者カッサンドラ・ピニックは, ハーディングの主張を真に受ければ, 政治的に中立的でないほど客観性に近づくという謎めいた逆説を受け入れることになってしまうと指摘し, そこには論理的整合性も経験的証拠も存在しないと斬り捨てている (Pinnick 1996).

いわゆる「ソーカル事件」によってサイエンス・ウォーズの象徴的人物となった物理学者アラン・ソーカルも, ハークやピニックの議論を参照しつつ, 「フェミニスト認識論」を批判している (Sokal 1996). まずソーカルは「科学の社会的研究」を大きく三つの種類に分け, そのいずれもが重要だと言う. (1)人間の営みとしての科学の社会的分析. 具体的には, 研究テーマの流行り廃り, 研究予算の配分, 誰が名声と権力を手に入れるのか, 科学的知識が公共政策に果たす役割等に対する社会的要素などについての研究. (2)科学理論の展開プロセスにおける「外的」要因と「内的」要因にかんする科学史および科学社会学的研究. (3)政治的な目標を実現するための科学研究. この第三点を自然科学者が肯定していることはやや意外に思われるかもしれないが, ソーカルによれば, それは, その目標のために目がくらんで都合の悪い事実が見えなくなってしまうようなことさえなければ, 決して悪いものではない. この第三点に関連して, ソーカルは, 優生学と人種差別にかんするS・J・グールドの仕事 (『人間の測り間違い』) と, 心理学および医学と生物学の一部における性差別にかんするアン・ファウスト゠スターリングの仕事 (『ジェンダーの神話』) を, 科学に対する社会的・政治的批判の実りある実例として挙げている.

しかしソーカルの見るところ, 近年の「サイエンス・スタディーズ」のなかには, 「無意味な主張や馬鹿げた意見, 知ったかぶり, まがい物の教養をひけらかすこと」や「ずさんなものの考え方と薄っぺらい哲学」が「軽薄な相対主義の形をとって同時に現れること」が多すぎる. 具体的に批判されるのは, フランスのポストモダン思想家たち, 科学社会学者ブルーノ・ラトゥール, 「ストロング・プログラム」を提唱したデイヴィッド・ブルアとバリ

ー・バーンズ，そしてかれらの議論を援用するサンドラ・ハーディングの「フェミニスト認識論」である（慎重なソーカルは，「本格的な科学哲学者」の間にはこうした傾向はあまりないともつけ加えている）．

ソーカルによれば，そのような「ずさんなものの考え方」は，以下のような異なったレベルの問題のうち二つ以上をいっしょくたにしてしまう．①存在論（この世界にはどのような対象が存在するか？　これらの対象について，どのような言明が真であるか？），②認識論（人間は如何にしてこの世界についての真実に関する知識を得ることができるのか？　どのようにすれば，知識がどの程度信頼できるかを評価できるのか？），③知識の社会学（ある社会に属する人間に知られている（あるいは，知ることができる）真理は，社会的，経済的，政治的，文化的，イデオロギー的な要素にどの程度影響されているか（あるいは，規定されているか）？），④個人の倫理（科学者（あるいは技術者）は，どういう種類の研究を行うべきか（あるいは，行うことを拒否すべきか）？），⑤社会の倫理（社会は，どういう種類の研究を奨励し，助成し，公共予算で援助すべきか（あるいは逆に，やめるように勧告し，税を課し，禁止すべきか）？――これらは現実には絡み合っていることが多いけれども，概念的には区別されねばならない．たとえば，研究の動機に政治的な要素があるからといって（当然あるだろう），その研究から得られた知識が間違っているということにはならない．逆に，良い意図を持っているからといって，研究結果が正しい保証はない．いや，もしかしたら，前項から後項への因果関係は実際にあるのかもしれないが，それはハーディングのように自明の前提としておかれるべきものではなく，論証ないし検証されるべきことだろう．

こうしたハーディング批判は妥当なのだろうか？　本稿の枠内でこの問いに答えることはできない[16]．(自然）科学と呼ばれる実践が社会のなかで行われることは明らかだが，そのことが科学的知識にいかなる影響を与えるかは，今なお決着のつかない難問なのである．ましてゴワティのシンポジウムがそれを解決しうる，少なくとも解決への方向を見いだす可能性はほとんどなかった．繰り返すならば，それはむしろ問題の難しさを白日の下に曝しただけだった．だがそのようなものとして，それは大きな意義を持つ企てだっ

たと言うべきだろう．

2.3 性差とは何か——ジェンダー研究と生物学の対話

　最後に検討する素材は，2005年に日本学術会議の「学術とジェンダー」委員会主催で行われた公開講演会の記録である．ただし，この素材をここまでの二つと対比することは適切ではないかもしれない．数日を費やして激しい議論がたたかわされたシュルロやゴワティのシンポジウムに対して，この「公開講演会」はたった一日の，ほんの数時間だけのイベントにすぎない．出版されたその記録『性差とは何か』は，シュルロ編著が大きな判型にぎっしり詰まった活字で500ページ超，ゴワティ編著が同様の体裁で600ページ超の大著なのに対して，小さな判型に大きな活字で300ページほどの書籍だから，情報量は前二者の数分の一しかない．また内容的にみても，「ジェンダー研究と生物学の対話」という副題にはやや誇大宣伝のきらいがある．なぜなら全4部構成の本書のうち，真正面からこのテーマにあてられているのは「生物学的性差をどう見るか」と題された第3部だけだからである（他は「1　ジェンダー研究と男女共同参画」「2　人文社会科学におけるジェンダー研究の成立とその展開」「4　ジェンダー研究を社会にどういかすか」）．これは，各分野のエキスパートたちによる真剣勝負の場であった先の二つのシンポジウムとは異なり，あくまでも不特定の公衆を対象とした「公開講演会」であり，寄稿者たちの発言内容も（本格的な研究報告ではなく）各々の専門分野におけるごく基礎的な知識の解説が主になっている．

　だが，そのようにいささか（いや，かなり）物足りない企画であるとはいえ，それでもこれはゴワティから十余年を経て日本でもようやく実現された「ジェンダー研究と生物学の対話」のための大きな試みとして突出したものであり，その歴史的意義は無視できない．このテーマをめぐる私たち自身の立ち位置を省みるためにも，ここでとりあげる価値があるはずだ．

　まずは第3部の内容を辿ってみよう．まず冒頭におかれた江原由美子の報告「問題の所在」が，ジェンダー研究と生物学における「コミュニケーショ

ン齟齬」の現状を整理している．江原によれば，今日においては，これまでのように人文・社会科学のみならず，生物学を始めとする自然科学においても「ジェンダーの視点」を導入することが，さらなる学問的発展に貢献する可能性がある．しかしながら現状では，「セックス」と「ジェンダー」等の概念使用に対する共通理解の不在やそれに基づく相互了解の不在といった状況があり，「ジェンダー視点による学術の再構築」という課題に対して大きな障害になるだろう．これは本稿とほとんど共通の状況認識・問題意識であると言ってよい（ただし筆者としては，「だろう」という未来形あるいは推測ではなく，これまでずっと障害になり続けてきたと言い切るべきだったと思う）．

それでは，どうしてこうした不幸な状況がもたらされたのか．江原は言う．

> このような事態が生じてしまう理由には，ジェンダー研究が主にこれまで人文社会科学系の学問において発展してきたこと，ゆえに，生物学や医学など，自然科学系の学問領域において発展してきている身体的性差や生物学的性差に関する最近の研究に対する十分な理解を欠いていること，相互の交流が十分でなかったことなどが，あると思われる（江原 2008: 141）．

ここで江原が挙げている二つの理由のうち，一つめが正しいことに疑問の余地はない．筆者もまたフェミニズムを志向する人文社会科学系研究者の一人として自戒を込めて言うならば，「ジェンダーの視点」を基軸としつつ自然科学分野の最先端の性差研究と正対する研究者は，まだ非常に少ない[17]．ただしそこからいきなり二つめの理由に飛ぶのは，あえて言えば少々不公平であろう．すなわち，「人文社会科学系」の研究者たちが「自然科学系」の学問にかんする「十分な理解」を欠いているのと同じく，「自然科学系」の論者たちも「人文社会科学系」の「ジェンダー研究」について十分な理解を欠いていることをはっきり指摘すべきだろう．

人文社会系と自然科学系（生物学）との間のこのようなコミュニケーション不全状況は，前者が合焦するジェンダー（gender）の概念と後者が合焦する性差（sex differences）ないし性的二型（sexual dimorphism）の概念の双方についての他方からの誤解・曲解をもたらしている．

　まず「ジェンダー」ついて見ていこう．江原が指摘するように，「ジェンダー研究は，性差を全て社会的に作られたものであるとして，生物学的性差の存在を否定しているのではないか」という「誤解」が生物学者たちによってもたれている（江原 2008: 140）．それを「誤解」だと断言する自身は筆者にはないが，仮に「誤解」だとしても，そのような「誤解」をもたらした責任は（「誤解」を抱く当の主体として想定されているであろう）生物学者だけではなく，ジェンダー論者の側にもあることは否定できないだろう．その証左の一つは，他ならぬ『性差とは何か』に江原の報告と並んで収録された上野千鶴子によるジェンダー概念の解説である．上野によれば，「ソシュール以降の構造言語学」が「諸科学の基礎となる科学認識論に対して「言語論的転回」と呼ばれるパラダイム転換」をもたらし，「ジェンダー概念もこの言語論的転回の影響下にある」という（上野 2008: 28-29）．だがこの定式には，公開講演会という場における短い報告の要旨であるということを割り引いても，怪しい記述が多い．アメリカの哲学者R・ローティによって人口に膾炙した「言語論的転回」という用語は，常識的にはフレーゲやラッセルによって遂行された哲学のスタイルの変化を指すものであり，それをソシュール言語学に帰することはかなり異例な解釈であるし，それ以降の「言語学」にもとづく「ポスト構造主義の20世紀における科学認識論」が「諸科学の基礎となる」ことをめざしたという言明も，一般にポスト構造主義が，知識を基礎付ける確実な基盤を認めない反基礎付け主義の潮流に棹さすとみなされることを考えれば，どういう事態を指しているのか，理解に苦しむ．だが，こうした学史的問題よりも深刻な問題は，アメリカの現代思想家ジュディス・バトラーのジェンダー論が「セックスはジェンダーだ」あるいは「ジェンダーがセックスに先行する」と要約されることだ．バトラー自身が実際にそのよう

な乱暴な主張をしているかどうかは措くとして (Butler 1990)[18]，いずれにしてもこれはバトラーのテクストからの正確な引用ではなく，上野による要約である．そしてその要約のプロセスには，上野によるかなり強引な解釈が入り込んでいる．すなわち上野によれば，これらの命題は，「セックスはジェンダーという言語カテゴリーを介してのみ認知される」という言語学にとっての常識を言っているだけであるという．言い換えれば，「セックスという生物学的性差も，ジェンダーと同じく言語的なカテゴリーであり，社会文化的な認知から独立したものではない．生物学的性差を研究対象とする人々も，個体を二つの集団に分類しその一方を「オス」と他方を「メス」と命名するとか，そのなかから逸脱例を発見するとかの認知的操作には言語カテゴリーを用いている」(上野 2008: 29-30)．この主張を，何ごとも言語と関連しているので，どのような言語を用いるかによって対象の認知も影響されるという程度の話だと解釈すれば，たしかにそれはかなり「常識」的な認識であって，ほぼトリヴィアルに正しい (それゆえ，改めて学ぶべきものもない)．だがここから「セックスはジェンダーだ」という命題が導かれるわけではないことには注意が必要である．「セックス」と「ジェンダー」という二つの相異なる「言語的なカテゴリー」があって，両者が実際に異なる言語外的な対象に対応しているという可能性はまったく排除されないからである[19]．他方，引用の前半部分にある「言語カテゴリーを介してのみ認知される」(強調は加藤) という文言を文字通りに読むならば，それをもって一切の存在を言語カテゴリーに還元する一種の観念論と解釈し，江原の言う「生物学的性差の存在を否定する」主張だと「誤解」する人がいても仕方がないのではないだろうか．

　他方，生物学者サイドのジェンダー論理解もきわめて貧しいものだ．過去の状況をざっと振り返っても，日本語圏の生物学者たちが，シュルロのシンポジウムに参加したジョン・メイナード・スミスのように真摯にジェンダー研究を真剣に学び，その意義を理解したうえで批判もしてきたとはとうてい言えない．そのことを示唆する記録として，かつて1990年代末に，やはり

ジェンダー論と生物学との対話を意図して行なわれた連続講義の記録に寄せられた歴史学者・西川祐子（シュルロ編『女性とは何か』の翻訳者の一人）によるコメントを読み直しておこう．

　　この本の中では性差に蓋をして見ようとしないフェミニスト・フェミニズムといわれているものの姿が見えにくかった．本書にはフェミニズムとしては60年代アメリカのフリーダンやNOWの例が引かれているだけである．日本の例は挙がっていない．（……）私たちが「女性とは何か」の翻訳で悪戦苦闘したように，人文・社会科学系列の人間はわからないことだらけの自然科学をそれでも知ろうとして苦労している．同じだけの苦労に値するものの蓄積が一方にもあることに関心を持ってほしい．本書では「客観的科学的」という表現が疑われることなく繰り返されている．その一方にフェミニズムはイデオロギーだからという断定があって，フェミニズム理論の理解をあらかじめ妨げているのではないだろうか（西川 1998）．

　西川によるこの厳しく苦い評言は，残念ながら『性差とは何か』についても有効であるように思われる．たとえばそこでは，日本を代表する進化生物学者・長谷川眞理子が，「ジェンダー論はもともと，性差はある「べきではない」という価値観に基づいて論じられるので，〔進化生物学が探究する性差の〕究極要因の研究とは相性が悪いのだろう」という一面的な推断を述べている（長谷川 2008: 145）．それは批判対象を明示せず，ジェンダー論を十把一絡げにした雑駁な悪口にすぎない．早くから性差と性役割規範や性差別を区別した上で議論を展開してきた江原由美子や西川祐子といった日本を代表するジェンダー研究者たちの定評ある著作すら読んでいるかも疑わしい．それは学問に携わる人間として誠実な態度であるとはとうてい言えないだろう．
　課題はずっと前からはっきりしていたはずである．すでにシュルロ編著の訳者あとがきには，「性差は遺伝できまるのか，それとも環境や文化がつく

りだすのかという討論も行きちがいに終わるのでなく，一方で性差別のイデオロギーを暴露しながら，他方でそれぞれの性の特性としての性差を尊重するという余裕のあるものの見方を生むまでには，二つの立場の激しい応酬が必要である」という一節が記されていたのだから (Sullerot 1978 = 1983: 260)．これだけの的確な認識が1983年という時点において——それは日本語圏におけるジェンダー研究そのものがいよいよ興隆しつつあった時期である——表明されていたにもかかわらず，その四半世紀後に各分野の第一人者を集めて刊行された書籍がこれほどの停滞をあらわにしていることは，いったい何を意味しているのだろう．それは今後，歴史社会学的に探究されてしかるべきテーマである．現時点の筆者がさしあたり指摘できるのは，要するにほとんどのジェンダー研究者も生物学者も勉強不足だったという平板な事実だけだ．私たちは，ジェンダーという一つの問題をめぐる複数のパースペクティヴについて真剣に学び理解することを怠ってきた．それこそが，江原が指摘した「相互の交流」の不足という事態の実質であるように思われる[20]．

だが，こんな泣き言を言っていても始まらない．ジェンダー研究者（人文社会系）と生物学者（自然科学系）が相互交流を，さらには相互理解を進めるためには，何が必要なのか．以下では，最も基本的な論点のいくつかについて若干の考察を行なうことで，今後の展望を開くことにつなげたいと思う．

3　ジェンダー研究と生物学の生産的な関係をつくりだすために
　　——若干の考察

3.1 性差／性的二型と性役割・性差別との関係をどう見ればよいのか

　ジェンダー研究と生物学研究がすれ違いつづける理由の一つは，実は関心の対象が異なるのに，そのことがしばしば理解されていないということである（その意味では，先ほどの長谷川眞理子による評言にも一理あると言えなくはない）．生物学者はヒトを含む生物における性的二型の実態や由来に主たる関心を向ける．それに対して，ジェンダー研究者にとって生物学者の言う性的二型は

固有の研究対象でなく，それとは異なる水準の社会現象としての性役割規範や性差別の実態や由来を明らかにする際に留意すべき要素の一つとして注目されるにすぎない[21]．

ここで何よりも理解しておかなければならないポイントは，ヒト以外の生物についてはもちろんのこと，ヒトにおける性的二型の研究も第一義的には生物学に属する課題であるのに対して，生物学の言う意味での性的二型が人間における各種の性差や性役割や性差別にどのように関係するかという課題は生物学には属さず，本質的に「人文社会系のジェンダー研究」，たとえば社会学に固有の課題だということである．なぜそう言えるのか．最も簡潔な答えは，人間以外の生物にはそもそも「性別役割」や「性差別」は存在しないから，というものである．これらの現象にとって構成的な規範性が，他の生物種には見出されないからである[22]．

たとえば，鳥類の交尾行動について見てみよう．「おしどり夫婦」という日本語すらあることが示唆するように，生物学にくわしくない人々は，鳥類がいわゆる「一夫一妻」の結びつきを長期にわたって維持すると信じているかもしれない．しかし近年の研究から，そうした鳥たちも実際には繁殖期ごとに相手を変えていたり，雌がつがい相手とは別の雄たちと交尾することが明らかにされている．問題は，生物学者や科学ライターたちが，そうした「つがい外交尾」行動を「雌の乱婚」と表現したり「浮気」と表現したりすることだ．この点について，進化生物学者のマーリン・ズックがきわめて的確に批判している．

> 鳥たちは「浮気している」("cheating") のではなく，ただするべきことをしているにすぎない．それに鳥たちは，雄と雌の間で夫婦の絆についてルールを発案したりしなかった．発案したのは私たち人間である．違反になるルールがないのなら，それは浮気などではない（Zuk 2002: 70=2008: 120）．

同じ理由から，ズックは『ネイチャー』誌に掲載された論文の一つが鳴禽類のヒナたちを「婚外子」("illegitimate")と呼んだことについて，「鳥の親たちが鳥用の小さな結婚証明証でも持っていて，誓いの言葉でもさえずったかのよう」だと批判している (Zuk 2002: 71=2008: 121)．言うまでもないことだが，鳥——だけでなく人間以外のすべての生物——は「結婚」などしない．かれらは自らの行動を「結婚」という規範的制度に結びつけて意味づけたりはしないからである．鳥類の一部が「一夫一妻」風のつがいを形成するのは，進化の結果としてそのような行動上の傾向性を獲得した結果であり，そしてそれがすべてであって，人間のように，それに違背すればサンクションを受けるようなルールに従っているからではない[23]．

　これは，ヒト以外の生物にも見られるような意味での性的二型が，ヒト＝人間に特有の現象である性役割・性差別との間にいっさいの関係をもたない，ということではない．

　だがここで注意すべきは，性的二型という自然史的事実が性役割・性差別という規範的制度と関係する回路は二重であるということだ．一つは性的二型の現象それ自体が性差別をもたらす原因 (cause) となる——逆に性役割・性差別は性的二型を生じさせることもある——という〈因果関係の回路〉であり，もう一つは，性差をめぐる意味づけが性差別を正当化する理由 (reason) になるという〈正当化の回路〉である．人間においても前者の水準と無縁であるわけではない．人間は自らを記述し規範性によって自らの行動を律するという性能を有する特殊な生物ではあるが，それでも生物の一種なのだ．しかし，〈因果関係の回路〉を〈正当化の回路〉から切り離し，独立に論じることはできない．前者はつねに後者に包摂され，後者を構成する一つの水準としてしか把握することができないのである．

　ここで改めて性暴力（と呼ばれる人間の行動）について考えてみよう．性犯罪を犯した少年たちの治療教育に長らく携わった藤岡淳子によれば，性暴力とは「性的欲求によるというよりは，攻撃，支配，優越，男性性の誇示，接触，依存などのさまざまな欲求を，性という手段，行動を通じて自己中心的

に充足させようとする」行為であるという（藤岡 2006: 15）．「性的欲求」が性暴力の一要因ではないというわけではないが，それだけには収まらないさまざまな欲求，しかも対他者関係的な欲求が複雑に絡み合うことから性暴力が引き起こされるという事実を，性犯罪者の証言という具体的なデータをふまえて，藤岡は明らかにしている．ここで，分析を簡略化するために，百歩譲って「性的欲求」がヒト以外の生物種（の雄）にも通底する何物か，たとえば主体的にはコントロール不能な衝動であると仮定したとしても——ドーキンスのいう「無力な麻薬中毒患者」のメタファー（Dawkins 1976=:389）を想起してもよい——それ以外の諸要因まで同じように片づけるわけにはいかない．藤岡が挙げる他の諸側面は，男であるならば性的に活発であるべきであり，女を従わせることは正しく，また女が男の欲求を満たすことは当然であるといった正当化文脈と切り離して理解することはできない．そして「性的欲求」さえも，こうした文脈と関連することで初めて性暴力を駆動する一要素になることができるのであり（人間が何をどこまで我慢するかという基準が当該社会の規範によって変わることは自明である），かくのごとく性暴力とは深く〈正当化の回路〉に属する現象なのである[24]．以上の考察からも，人間以外の生物に見られる強制的交尾を人間における性暴力と同一視する進化心理学的な「レイプの自然史」といった試みがかなり根本的に的はずれであることが示唆されるだろう．さらに言えば，おそらく以上のような特性は，性暴力に限らず，およそ人間における「性」と呼ばれる現象全般に通底する特質であろう．

3.2　「自由」をめぐる生物学と哲学の齟齬

　最後に，ジェンダー研究と生物学という枠組みを含め，人間にかんする科学的研究のすべてが直面せざるをえない一つの問題を取り上げることで，さらなる探求の視界を開いておくことにしたい．

　科学哲学者フィリップ・キッチャーは，おそらくこれまでに書かれた最も浩瀚かつ充実した社会生物学批判のなかで，生物学者たち——なかでも，

W・O・ウィルソンを含む「ポップ社会生物学者」たち——が各自の専門分野を超えて哲学的な問題に言及する際の，その考察の稚拙さを詳細に批判している．キッチャーによれば，ポップ社会生物学者たちが好んで取りあげる哲学的問題は，「人々は真に利他的でありうるか？」「人々は自由に行為しうるか？」「客観的な道徳原理はあるか？」の3つである（Kitcher 1987: 395-396）．いずれもきわめつけの哲学的難問だが，このなかから本稿では，二番目の自由というテーマに合焦したい．そうする主な理由は紙幅の制約と筆者の問題関心であるが，直接のきっかけは，最近，進化生物学者・長谷川眞理子による次のような発言を読んだことである．

> 近年の脳の研究から，人間が自分で意識して思考している部分は脳の働きの中の氷山の一角でしかなく，その下に無意識の広大な基礎があり，情動によるからだとの連結があるので，自由意思などというものも，本当は存在しないことがわかっている（……）．（長谷川 2013）

これは『日本経済新聞』に連載されていた哲学者・永井均のいわゆる「〈私〉の独在論」への感想として発表された短文の一部である．発表舞台から見て，「自由意思は存在しない」という表題も含め，著者自身が書いたものではなく，談話を記者がまとめたものかもしれないということはお断りしておきたい．以下の考察は，あくまでもこの記事に示された見解に限定されたものである．

自由をめぐる哲学史上のさまざまな論点に目配りしたキッチャーの議論は複雑かつ難解だが，ここでは本質を歪めない範囲で，筆者なりに要約および敷衍しておこう．ポイントは決定論と自由との相克というスタンダードな問題である．決定論にもさまざまなレベルがあるが，生物学との関係で問題になるのは，遺伝子と環境との相互作用によって人間の主体性そのものがつくりだされているとしたら，自由とは幻想にすぎないとする「心理学的決定論」の当否である[25]．

このように決定論にもとづいて自由の不在を主張する立場（哲学史的には「非両立説」と呼ばれる）をキッチャーは否定する．人間が自由であるための必要条件は，制約なしに何でもできるということではない．そうではなく，ヒュームが言うように，われわれが実際にしたのとは別のことをしようと望んでいたならそれをすることができたであろうということなのである．行為は，それが行為主体（agent）の態度，目標，信念，欲望と何らかの意味で因果関係をもつならば，自由な行為としてカウントされなければならない．決定の有無は本質的な問題ではない．仮に出来事がランダムに生じるとしても，それはわれわれの自由を保証しないし，逆に心理学的決定論が正しいとしても，われわれが自由でないことにはならない．重要なのは，行為を「決定」するものがわれわれ自身の意図，信念，欲望であるかどうかなのである．これに対して懐疑論者は，そうした意図等がそれ自体として先行条件によって決定されていたらどうなのかと反論するかもしれない．だがそれは的はずれである．重要なのは「決定」の性質である．ある人物の行為について，われわれがそれを強迫神経症や麻薬中毒に期するのではなく——それらに冒された人は通常の意味では「自由」ではない——十分な理由と証拠をもって当人の意図に帰することができるのなら，それは自由な行為なのである．（あえて繰り返すならば，それはわれわれの心理や行動が遺伝子や環境の影響を受けるということとまったく矛盾なく両立する．）

　キッチャーによる総論をふまえたうえで，先ほどの長谷川による発言を見直してみよう．発言のなかには明示されていないが，おそらくそこで念頭に置かれているのは，ベンジャミン・リベットが1980年代に行なった脳生理学上の有名な実験であろう（cf. Libet 2004=2005）．被験者に自分の好きなタイミングで手首を曲げてもらい，その際に生じる脳の電位変化を計測すると，手首が曲がる0.5秒前に電位変化が起こった．それと並んで，被験者がどの時点で手首を曲げようと意図したかを尋ねると，脳の電位変化よりもわずかに遅いことがわかった．すなわち，人間が手首を曲げようという意図を意識するよりも前に，脳の関連する活動は始まっていた．——これがその実

験の概要である．

　このことを根拠として，われわれが自由意志／自由意思にもとづいて行為するという図式を否定する論者は，長谷川だけでなく，脳神経科学の専門家の中にも少なくない．哲学者の中にも同様の立場をとる人はいる．しかし，そのような主張の根拠はそれほど盤石ではない．その理由を，哲学者の古田徹也がシャープに整理している．古田によれば，(1)リベットの実験が計測したのは被験者が「意図を意識した瞬間」であって「意図した瞬間」ではない，(2)というよりも，「意図を意識する」とはいかなる事態なのかがまったく明らかではない，(3)そして，「意図する」ことに「（意図を）意識する」ことと同様の始まりの瞬間があるかどうか自体が疑わしい（古田 2013: 48）．こうした分析をふまえて，古田は次のように結論する．

　　結局のところ，リベットの実験は「意図」とは何かを解明するものではないし，まして，意図と行為の関係性を説明するものではない．少なくともここで言えるのは，この実験によって自由意志が存在しないことが示されたわけではないということである．（古田 2013: 50）

　それにしても，本業において卓越した業績を残している科学者たちが，そもそも本質的に自然科学の領域には属さないことが明らかな「自由意志／自由意思」のような問題に安易に言及し，早計な推断を下してしまうのはどうしてなのだろうか．キッチャーも皮肉な調子で言うように，科学者が余技として（専門外の）哲学的な問題について発言することはアリストテレス以来連綿と繰り返されてきたおなじみの光景であり，それもまた進化史的に獲得された傾向性──人間の性（さが）！──のようなものなのかもしれない．もちろん，中には科学的な問題と哲学的な問題の区別がついていない者もいるだろう．だがここで注意を払っておきたいのは，やはり古田が指摘する別の理由である．すなわち，脳や遺伝のメカニズムを解明すれば人間の行為は原理的にすべて説明できるといった類いの主張を行なう「物的一元論」者たちは，「意

図」「信念」「欲求」といった「民間心理学」的な諸概念は自然科学的な見地から消去されるべき非本質的な存在だとみなしているのである．だがそのような主張は根拠のない独りよがりの断定にすぎず，その主張自体はまるで科学的ではない（古田 2013: 51-54）[26]．

人間の行為をわれわれが「意図」「信念」「欲求」といった概念と関連づけて説明するということは，それが天体の運行やニュートリノのふるまいではなく，またアリやハチの「社会的」な——この用語法もきわめてミスリーディングなメタファーであるが——行動でもなく，まさに人間の行為であるということにとって構成的である．繰り返すならば，そのようなやり方でおのれを記述するということこそが，生物種としてのヒト＝人間の特性であるからだ．したがって，人間を対象としていながら民間心理学的な記述を無造作に消去してしまうような自然「科学」は，解明すべき対象を雲散霧消させてしまったことに気づかぬまま，みずからつくりあげた虚像を弄んでいるだけである．人間についての科学的探究が人間の実像を明らかにする実践という意味での——おそらく「科学」という言葉の最も尊重すべき意味での——科学であろうとするなら，「民間心理学」を邪魔ものとして除去してしまうのではなく，それをありのままに理論のなかに組み込むのでなければならない[27]．

そうであるとすれば，人間に特有の現象として措定されたジェンダーという対象について，生物学は何も言うべきことがなくなるのではないか，という疑念をもつ読者がいるかもしれない．それは半分は正しく，半分は間違っている．

正しい面とはこういうことだ．人間における女と男の分類について考えてみよう．男とは，あるいは女とは誰のことだろうか．それはわれわれが女として，男として名指す対象者のことである．この循環的な規定がすべての，そして唯一の出発点である．これまでのところ，それは「卵を作る個体が雌，精子を作る個体が雄」といった生物学における定義と概ね整合的である．生物学の方が自然言語における「性別」概念に依存しながら実践されて

きたのだから，これは当然のことではある．だが現在においてすら，両者は完全に一致しているわけではない．われわれの自然言語は，無精子症の男性も「男」と呼ぶし，卵巣をもたない女性も「女」に分類するからである．さらに近年では，諸々の社会制度における性別の取り扱いを，生殖機能にもとづいて各個に割り当てられた性別ではなく，当人の性自認（ジェンダー・アイデンティティ）にもとづかせるべきだという主張が影響力を増している．今後，この趨勢が続くかどうかは分からない．だが，性別の基準がどのように変化しようと，その基準にもとづく「女」「男」という人間の分類が社会的に有効であるかぎりにおいて，それがわれわれにとっての「女」「男」の，すなわち性別という概念の意味である．このとき，どのような基準が採用されているか，そこに生物学の知見がどのように関わっているかといった事態を明らかにすることは社会科学の固有の課題であって，生物学の関わりは二次的なものでしかない．

　他方，生物学の方にも，もちろん固有の課題がある．生物学の体系内で定義されたヒトの性的二型にかんする研究の意義は，ヒトが有性生殖によって繁殖する生物種である限り，なくなるはずはない．また，たとえば「性自認」といった現象が遺伝子や生育環境とどのような因果関係をもつのかといったことも興味深い問題である．あるいはさらに，「自由」という概念をヒトがもつに至る自然史的プロセス／メカニズムさえも，将来の進化生物学は解明するかもしれない．だが同時に忘れてはならないのは，これらの課題はすべて，「性別」「性自認」「自由」といった民間概念の理解に立脚し，それを媒介として，初めて可能になるということである．そして，われわれがこれら諸概念を運用するやり方を解明することは社会学の，また，それらの規範的な正当性を問うことは倫理学，法哲学，政治理論といったディシプリンに固有の課題であって，そこに生物学の権限は及ばないという，ただそれだけのことだ．

　自然科学と人文社会科学とが有益な連携をなすための条件は，かつてW・O・ウィルソンをはじめとする社会生物学者たちが妄想したような「新たな

る総合」——実質的には，一つの素朴な自然発生的哲学にもとづいた，人文社会科学の生物学への還元——などではなく，以上のように，諸科学や哲学が人間の実像を明らかにするための必要条件を共有したうえで，各自の持ち場を自覚しつつ互いの知見を突き合せ組み合わせることである．ジェンダー研究と生物学もその例外ではない．この陳腐な事実を（何度目かではあれ）再確認することに役立ったなら，本稿にもいくばくかの存在意義があったことになるだろう．

注
1) これはプーラン以前に性差別を告発し，女性の解放を唱道した思想家がいなかったという意味ではない．くわしくは『両性平等論』の訳者解説（佐藤和夫による）を参照のこと．
2) ただし，こうした認識が直ちに一般化したわけではないようだ．19世紀のプルードンもまだ生殖において女性は単なる受動的な容器だと考えていたという (Sullerot & Thibault 1978=1983: 17)．日本では福沢諭吉が19世紀終りごろ（明治18年）に書かれた『日本婦人論後編』のなかで，当時の日本社会に広まっていた「（女の）腹は借物」という俗見の背後に，子どもに伝わるのは父親の種であって母親からは何も伝わらないという，生殖機構にかんする人々の驚くべき無知があると嘆いている（福澤 1885: 22-25）．
3) トリル・モイが強調するように，ボーヴォワールにとって平等とは性差の抹消を意味するのではなかった，なぜなら問題なのは「具体的な平等であって，伝統的なブルジョワ・ヒューマニズムが唱えているような，たんに抽象的な平等ではない」からであり，そのためには現にある性差をありのままに認識することが，その解消や縮小のために必須だからである (Moi 1993=2003: 407-408)．
4) この意味で，後に進化心理学者たちが人種——今日であればむしろエスニシティと呼ばれるものを多分に含む——にかんする文化人類学研究とフェミニズム／ジェンダー研究を環境偏重の「社会科学標準モデル」(SSSM) と一括りにして罵ることは，科学史的には粗雑にすぎると言うべきだろう．
5) もちろん，自称しているからといって，その人があらゆる女性差別や固定的な性別役割規範に反対するというミニマムな意味でのフェミニストであるとさえ素朴に信じることはできない．たとえば，進化生物学に立脚する言語学者スティーヴン・ピンカーが，その広範な影響力をもつ著作においてジェンダー論を批判する際，自らがフェミニズム全体を否定しているわけではない証左として参照するフェミニストの代表は，フェミニストを自称する人としてはかなり異例の保守派の論客で，アンチ・フェミニストとみなされることさえあるクリスティーナ・ホフ・ソマーズの議論である．このことは，ピンカーにおけるフェミニズ

ム理解を鵜呑みにすべきではないという警告になるだろう．詳しくは，Pinker (2003=2004: 第18章)，Sommers (1995) を参照．実際，ソマーズの議論を借りてピンカーが唱道した「ジェンダー・フェミニスト」(一切の性差を否定する非科学的なフェミニスト——とソマーズおよびピンカーがみなした人々——に対するレッテル) と「エクイティ・フェミニスト」(公共的領域における男女平等を認める穏健なフェミニストに対するレッテル) という奇妙な二分法は，すでに日本の言論空間においても「ジェンダー」概念を歪め貶めるという有害な影響をもたらしているように思われる．たとえば，進化心理学の啓蒙に大きく貢献し，筆者も多くを学んでいるブログ「shorebird　進化心理学中心の書評など」(https://shorebird.hatenablog.com/) でも，残念なことに，「ジェンダー・フェミニスト」というレッテルがたびたび無批判に用いられている．このような所作はフェミニズムと生物学の生産的な関係構築を阻害することにしかならないだろう．

6) この点に関連して，筆者の個人的な経験を書きとめておきたい．筆者が研究者としてまだ駆け出しだった頃の記憶で，正確な日時は覚えていないのだが，おそらく1990年代のはじめ頃のことだったと思う．数人のフェミニスト (主に社会学者) たちと話をしていたとき，筆者が性差の生物学的基盤をめぐる議論に関連して「疑似科学」という言葉を口にしたところ，その用語を知らない人たちからどういう意味かと質問された．筆者が解説すると，彼女たちはそのような用語を流通させることに難色を示した．その理由は，たとえ「疑似」という形容詞がついていても「科学」という言葉が含まれている限り，性差の生物学的基盤を事実として認めることになってしまうことを怖れる，というものだった．

7) 刊行当時，フェミニストの論説誌にも，「私たちの生成にかんする新たな省察の出発点になりうるもの」という好意的な書評が掲載された (Denis 1978)．

8) こうした展開の全体像については，Segerstrale (2000=2005) を参照．

9) どうして雄の方が派手に，あるいは大きくなりやすいのかについては，雄雌の生殖機能の違いに起因する繁殖速度の違いから説明される．雌の方が相対的に繁殖速度が遅いため，希少性が生じ，限られた雌をめぐって雄同士の競争が生じる．このことが雄に特有の進化を促すのである．基礎的な解説として，Zimmer & Emlen (2013=2016: 第8章)，長谷川・長谷川 (2000)，酒井・高田・東樹 (2012) 等を参照．

10) 性淘汰理論とその需要をめぐる科学史的文脈や社会的背景に留意したフェミニストによる批判的な読解として，Spencer & Masters (1994)，Zuk (2002=2008)，Hackinson-Nelson (2017: Ch. 2 & 3) を参照．

11) "genetic determinism" の訳語として「遺伝子決定論」と「遺伝決定論」のいずれがより適切かを決めることはなかなか難しい．その理由の一つは，日本語の「遺伝」が英語では "genetics" と "heredity" に分かれること，もう一つは，「遺伝子」の働きは日本語でいう「遺伝」だけではないことである．とりわけ第一点を理解することは，これ以降のゴワティの議論を理解するために必須である．具体的には，日本語で「遺伝」とは特定の形質が祖先から子孫に伝えられること全

般を指すが，それがすべて遺伝子型 (genotype) における伝達であるわけではないし，逆に，(突然) 変異 (mutation) によってもたらされた形質は遺伝子に起因するとは言えても日本語における「遺伝」の結果ではない．筆者は，"gene"に関連する語が「祖先から子孫に伝わる」ことよりも「遺伝子の働きによる」ことにより密接にかかわっていると考えられる場合には，「遺伝」ではなく「遺伝子」と訳すことにしている（たとえば，「遺伝子性疾患」(genetic disease)．以上の理由から，ここでも「遺伝子決定論」としておく．．

12) これが事実か否かはなんとも言えない．日本を代表する進化学者の一般向け書籍には以下のような記述がある．「ナスの味はナス特有であり，ほかに似た味を私は知らない．このような生命の独自性は，これまでもっぱら目で見える形態によって，生物の分類に用いられてきた．しかし，遺伝子決定論から言えば，これらの形態も遺伝子の違いが根本にあるはずだ．したがってゲノムの塩基配列のどこかに，その生物種の特異性を与える配列が存在するはずである」(斎藤 2004: 129-130)．また，こうした専門家による用法とはさしあたり別に，「遺伝子」や「DNA」という記号が大衆に受容される際にどうしても決定論的な理解をされてしまうことについては，加藤 (2007) を参照．

13) ここで，非生物学者が誤解しやすい「遺伝性」という概念について補足しておこう．遺伝性とは，ある形質そのものではなく，集団内におけるある形質（表現型）の差異に遺伝子がどれだけかかわっているかを示す概念である．たとえば，ヒトの脚が 2 本であることには遺伝子が当然かかわっているが，遺伝性はゼロである．なぜなら脚が 2 本でないヒトは例外的であり，集団内に差異＝変異（バリエーション）がないからである．他方，瞳の色の差異は環境によって変化せず，遺伝子のみによって決まるので，遺伝性はほぼ百パーセントである．

14) 性暴力というカテゴリーの認識をめぐる諸問題については，加藤 (2017: 第 9・10 章) で簡潔に整理した．

15) これに対して，フェミニスト文化人類学者のサラ・フランクリンは，グロスらが知識とその対象との関係のパースペクティヴ依存性を見落としていると批判している (Franklin 1996)．

16) とは言え，ここで筆者の現時点での見解を大まかに示しておきたい．興味深いのは，「科学」という概念をどのように理解すべきかという点については，ソーカルやハークはハーディングと必ずしも背反するわけではない考えをもっているように見えることだ．かれらは皆，科学的であるという概念を制度化されたプロフェッションによる営みに限定せず，より広範な一般の思索や実践を含めて理解しているのである．たとえばソーカルは「科学の認識論と日常生活での認識論の間に根本的な「形而上学的な」差があるとは思えない（中略）．歴史学者も，探偵も，配管工も，というよりもすべての人間が，物理学者や生化学者と同じように，帰納，演繹，データの評価といった基本的な方法を使っているのだ」と言う (Sokal 1996)．他方ハーディングは，「北側」の科学を唯一のものとせず，ローカルで多様な「自然の秩序に関する人間の秩序体系」を等しく「科学」とみ

なすべきであり，すべての科学は「民族科学」でなければならないと主張する（Harding 2006=2009: 220）．しかし相違点ははっきりしている．ソーカルやハークが制度的科学を特権視しないのは，むしろある実践を科学的たらしめる特性を明確に限定（ソーカルなら「機能，演繹，データの評価」，ハークならとりわけ「証拠」の重視）するからであって，実際に制度的科学はそうした基準を満たすための仕掛けを含んでいるがゆえに，客観性や真理性において「日常生活での認識論」よりも相対的に（つねにではなくとも）優位とみなされるのである．それに対してハーディングの場合は，制度的科学が他の活動と同様に利害関係や権力関係によって汚染されているという負の側面を強調し，同時に「科学」という概念そのものを拡張するために，一定の「秩序」さえあれば「科学」であるとされる．筆者としては，このような「科学」の基準はあまりにも緩すぎると言わざるを得ない．現実との対応という観点から明らかにナンセンスな疑似科学やオカルト思想であっても，それなりの秩序を持ってはいるのだから，ハーディングのような論法は，結局のところ科学というカテゴリーそのものを解体してしまうだけではないだろうか．

　ただし，ハーディングその人によるアーギュメントは不十分だとしても，彼女が提起している問題そのものは重要である．欧米の制度的科学をあらかじめ特権視し，非科学者の日常生活や異文化における人々の信念を（高次の）合理性や客観性において劣るとあらかじめ決めつけるような態度は，人間という対象の特性をそれにふさわしいやり方で把握していないという意味で，それ自体「科学」的ではない．言わば，異文化の「科学性」を認め，その内実を対象そのものの内在的な「論理」に即しつつ解明する態度が，人間にかんする「科学」には不可欠なのである．こうした観点についての基礎文献として，いわゆる「未開社会」をそこに生きる人々自身の世界記述体系に即して理解する必要性を説いた Winch (1972) を参照．

17) その先駆者である科学史研究者・小川眞里子の仕事は必読である（小川 2001; 2003）．筆者自身も，学生向けのジェンダー論の教科書の一章として，ジェンダー論と生物学との関係について書いたことがある（加藤 2006）．同じ書籍には，科学論研究者・高橋さきのによる啓発的な論考も収められている（高橋 2006）．

18) ただし彼女の，少なくとも『ジェンダー・トラブル』時点での議論の仕方にそのような「誤解」を招きやすい面があることは事実であろう．だがそれはまた別の話である．

19) 以上のことは，「セックス」と「ジェンダー」という二分法を排し，雄と雌との区分をすべからく「ジェンダー」と呼ぶような用語法を用いる場合でも変わらない．筆者自身も，「セックス」という語を「ジェンダー」とは別個に用意することは，それによって指示される対象があたかも超文化的・超歴史的な存在であるかのような誤解を招き寄せやすいと考えるので，「セックス」を排し一切を「ジェンダー」と呼び，その上で「生物学的ジェンダー」「心理学的ジェンダー」「社会学的ジェンダー」といった下位分類を行っている（加藤 2017）．だがそれは，ジェン

ダー現象の複雑な実相をある程度単純化して認識しやすくするためのテクニカルな工夫であって，それによって〈雄／雌の区分は言語カテゴリーに還元される〉というような存在論が直ちに含意されるわけではない．セックスと呼ばれる対象を〈超歴史的な実体として措定しない〉という認識上の方法論と，それを〈言語（という別の実体？）に還元するという存在論〉とは別のことなのである．

20) もっとも，それがいかなる意味で問題なのか，そもそも解消すべき事態なのかどうかは，実際には自明ではない．相異なる知識体系に拠って立つ人々が「ジェンダー」という記号をめぐってそれぞれの流儀に則ったやり方であれこれ申し立て，すれ違いつづけることが，必ずしも悪いとは言えないかもしれない．しばしば生物学者は，フェミニズムやジェンダー研究者が科学的真理を政治的立場によって歪めていると批判し，それに対する自然科学の正当性を主張し，そうした文脈において，〈性差を客観的に把握しなければ性差別の正しい解決には至らない〉といった趣旨の発言を行う．だがそれが事実であるか否かの検証は行われない．現実を観れば，科学的に正しい主張が道徳的により望ましい帰結をもたらすという保証など微塵もないことは明らかだろう．むしろ科学的に正しい理論に立脚して製造された兵器の方が誤った理論にもとづく兵器よりもより多くの人間を効率よく殺戮しうるのではないだろうか（このような観点から，ソーカルが挙げる第三の項目は真剣な考慮に値する）．性差について言えば，それを科学的に明らかにすることが性差別の解決という課題に資するだろうという甘やかな理念には，実はあまり根拠がない．性差という事実レベルの現象によって性差別という規範レベルの現象を正当化することはできないという自然主義的誤謬の指摘がたとえ哲学的に正しいとしても，仮に自然主義的誤謬を犯すような認知的傾向がヒトにおいて広く共有されており，しかも進化的な基盤をもつなら，啓蒙によってそれを矯正することは難しいかもしれない．仮にそうであるとすれば，そのような条件の下では，性差はないという（科学的にはおそらく間違った）主張をしつづける方が，もしかすると多くの人々に性差別の不当性を感得させ，事態を改善するのにより有効かもしれない．いずれにせよ，これはアプリオリに解決方針を定められるような問題ではなく，われわれは望ましいやり方を経験の積み重ねから学びつづけるほかないだろう．

21) ここでは性差という用語を，生殖機能の違いによって分かたれた二つの人間集団間に見られる何らかの特性に関する統計学的差異，という科学的な概念として用いている．これは十分に常識的な用法だと思うが，注19) でも触れたように，同じように常識的なその下位概念たち，たとえば生物学的性差と社会的性差といった分類には問題が多いので，本稿では（広義の）引用以外には採用しない．問題の本質は，両者の分類の基準がしばしばはっきりしないことである．生物学的性差という概念は生物学的でない性差というものが存在することを想定しているわけだが，それはどういうものを指すのだろうか．ここで少々ややこしいのは，英語の "biology" や "biological" は学問分野としての「生物学」とその研究対象としての「生物のしくみ」といったものの両方を統一的に表す語であるのに対し

て，日本語の「生物学」という語は通常は前者を表すが，「生物学的性差」という語句内に現われる場合には後者の意味で理解しなければならないということである．この点に注意を払いつつ，それでは生物のしくみそのものに備わった性差とそれ以外の性差とはどのように弁別できるのか．ジェンダー論において「生物学的性差」という語は，「解剖学的」や「生理学的」といった，肉体上の特性を表すもう少し狭義の概念と互換的に用いられることが多いように思われる．この場合，心理や行動における生物学的性差は除外されてしまうので，人間進化心理学や人間行動生態学とはそもそも話が嚙み合わない．また，「生物学的」という語が「生得的」「先天的」と互換的に用いられる場合も多いが，その場合には何をもって生得的とするか（遺伝子に起因するものだけか，体内環境に起因するものも含むか，また，遺伝子に起因する形質ではあるが出生時には発現しておらず，成長過程のなかで発現する形質をどう分類するか，等々）についての判定基準を示さなければ意味がないし，また環境からの学習によって脳を含めた肉体器官に形態的変化さえ生じることも多々ある（たとえば被虐待の影響による脳の海馬の萎縮など）という事実を考えれば，いずれにしても「生物学的」という概念は曖昧であり，あまりメリットがない．

22) もしかしたら，ヒトに近縁な霊長類の生活には萌芽的な規範性が見出される可能性があるかもしれない．だが現状では確たる証拠はないので，議論を複雑にしすぎないために，このように言っておこう．

23) たとえば，近年の進化生物学において，ヒト以外の生物における「罰」の進化が盛んに研究されているが（中尾 2015: 第6章），以上の観点から見れば，「罰」という名称はきわめてミスリーディングである．ヒト社会において広く見られる「罰」という概念にとって構成的な規範性をヒト以外の生物種に想定することは無理だからである．ある生物個体Aが他の生物個体Bに対して何らかの意味で損害を与えた場合，後にB自身から，あるいはBが属する集団の他の成員（たち）から，逆に損害を与えられるという行動の接続が観察され，かつ二つの行動の間に因果関係を想定しうるというだけでは，「罰」があることにはならない．強いて言えば，B側の行動をAに対する直接的な「報復」として記述することはかろうじて妥当かもしれないが，いかなる意味でもそれは未だ「罰」などではない．Aに対するBの行動を「罰（を与える）」とみなすことが妥当／可能になるのは，BがAの行動を（個体レベルの反射的行動や感情的反発を超えた）一般的な行動規範に違反するもの——相互行為の当事者たち自身によってそのようなものとして理解されているもの——として記述しうるときであって，それゆえそのような記述を行なう唯一の生物である人間だけが，「罰」を与える／与えられるという相互行為を行なうことができるのである．生物の進化史上のどの時点で罰が登場したかを明らかにするためには，安易な擬人化にもとづく操作化の結果として何となく「罰」っぽく見える行動がいつ出現したかではなく，それを「罰」として記述するための必要条件をなす社会的な規範性，およびそれと結びついた道徳感情がいつ登場したかを問わなければならない．目下知られている知識の範囲で

は，この条件を満たす生物種はヒトだけであると思われる．
24) ここでは性暴力と呼ばれる行為の直接の担い手だけに焦点を合わせて論じたが，セカンドレイプ（性暴力における二次加害／二次被害）という，より人間的な現象まで含めて総体としての性暴力について考えるなら，それが〈正当化の回路〉に属することがいっそう明瞭になるだろう．典型的な二次加害の言説は，被害者がいるべきではない時間・場所にいたという「落ち度」を責め立てる，まさしく規範的正当化に関わるものだからである．（ただし以上の考察は，一部の常習的性犯罪者による行為のなかに，一切の正当化文脈への考慮を無効にするようなアモラルなものが含まれる可能性を排除するものではない．）
25) すでに周知の論点ではあるが，念のために確認しておくならば，ここで「遺伝子」と「環境」のいずれもが決定因として指し示されていることは重要である．ジェンダー研究者はしばしば生物学を遺伝子決定論の廉で批判してきたが，行為主体の自由にかかわる制約条件を単純化する議論という点では，環境決定論も（ほぼ）同罪だからである．
26) 自由意志論については，刷新された反自然主義の立場から自由の存在を擁護する門脇 (2007) の「はじめに」，および，自然主義の立場に立ち，進化論を完全に受け入れたうえでなお自由意志の存在を認める Dennett (2003=2005) を参照のこと．
27)「自らを記述する人間」という観点に立つ人間社会科学を徹底して自覚的に遂行するエスノメソドロジーの紹介および実践例として，前田・水川・岡田編 (2007)，酒井・浦野・前田・中村編 (2009)，酒井・浦野・前田・中村・小宮編 (2016) を参照のこと．

文献
※一部，ページ番号に相当する箇所に「No. ＋数字」のように記されている箇所は，Kindle 書籍からの引用箇所を示す．

Allen, Behavior C., 1997, "Inextricably Entwined: Politics, Biology, and Gender-Dimorphic Dimorphic," in Gowaty, Patricia ed..
Beavoir, Simone de, 1949, Le Deuxième Sexe, Gallimard. (＝2001,「第二の性」を原文で読み直す会訳『第二の性［決定版］（全3巻）』新潮文庫.
Dawkins, Richard, 1982, *The Extended Phenotype: The Gene as the Unit of Selection*, Oxford University Press. (＝1987, 日高敏隆・遠藤彰・遠藤知二訳『延長された表現型』紀伊國屋書店.)
―――, 1989[1976], *The Selfish Gene*, Oxford University Press. (＝日高敏隆ほか訳『利己的な遺伝子』紀伊國屋書店.)
Dennett, Daniel C., 2003, *Freedom Evolves*, Viking. (＝山形洋生訳『自由は進化する』NTT 出版.)

Denis, Marie, 1978, "<<Le fait féminin>>," Les Cahiers du GRIF, n°23-24: 172-173. (http://www.persee.fr/doc/grif_0770-6081_1978_num_23_1_2153_t1_0172_0000_1)
江原由美子，2008,「問題の所在」財団法人日本学術協力財団編所収．
江原由美子・山崎敬一編，2006,『ジェンダーと社会理論』有斐閣．
Fausto-Sterling, Anne, 1985, *Myths of Gender: Biological Theories about Women and Men,* Basic Books. (＝ 1990, 池上千寿子・根岸悦子訳『ジェンダーの神話——「性差の科学」の偏見とトリック』工作舎．)
藤岡淳子，2016,『性暴力の理解と治療教育』誠信書房．
福沢諭吉，1885,『日本婦人論後編』石川半次郎（慶応義塾大学メディアセンターデジタルコレクション．http://iiif.lib.keio.ac.jp/FKZ/F7-A41/pdf/F7-A41.pdf)
Franklin, Sarah, 1996, "Making Transparencies: Seeing through the Science Wars," *Social Text* (Spring/Summer 1996), 141–1555.
古田徹也，2013,『これは私がしたことなのか——行為の哲学入門』新曜社．
Gallagher, Catherine and Laqueur, Thomas, 1987, *The Making of the Modern Body: Sexuality and Society in the Nineteenth Century,* The University of California Press.
Gibbs Jr., Raymond W., 1994, *The Poetics of Mind: Figurative Thought, Language, and Understanding,* New York: Cambridge University Press. (＝ 2008, 辻幸夫・井上逸平監訳，小野滋・出原健一・八木健太郎訳『比喩と認知——心とことばの認知科学』研究社．)
Gowaty, Patricia A. ed., 1997, *Feminism and Evolutionary Biology: Boundaries, Intersections, and Frontiers,* Chapman & Hall; International Thomson.
Gross, Paul R. and Levitt, Norman, 1994, *Higher Superstition: The Academic Left and Its Quarrels With Science,* Johns Hopkins University Press.
Haack, Susan, 1992, Science from a feminist perspective, *Philosophy* 67: 5-18.
―――, 1993, "Epistemological reflections of an old feminist," *Reason Papers* 18: 31-43.
―――, 2007[2003], Defending Science: within Reason: Between Scientism And Cynicism, Prometeus Books.
Hacking, Ian, 1983, *Representing and Intervening: Introductory Topics in the Philosophy of Natural Science,* Cambridge University Press. (＝ 2015, 渡辺博訳『表現と介入——科学哲学入門』ちくま学芸文庫．)
―――, 2002, Historical Ontology, Harvard University Press. (＝ 2012, 出口康夫・大西琢朗・渡辺一弘訳『知の歴史学』岩波書店．)
Hackinson-Nelson, Lynn, 2016. "Feminist and Non-feminist Philosophy of Biology: Parallels, Differences, and Prospects for Future Engagements." Maria Cristina Amoretti & Nicla Vassallo eds., *Meta-Philosophical Reflection on Feminist Philosophies of Science,* Springer.

―――, 2017, *Biology and Feminism: A Philosophical Introduction,* Cambridge University Press.
長谷川眞理子, 2008,「性差とジェンダー――進化生物学の視点」財団法人日本学術協力財団編.
―――, 2013,「自由意思は存在しない」日本経済新聞電子版（2013/12/12:00）(https://www.nikkei.com/article/DGXNASFG2703L_X21C13A1000000/, 2018/07/08最終閲覧.)
長谷川眞理子・長谷川寿一, 2000,『進化と人間行動』東京大学出版会.
巌佐庸, 2012,「性淘汰」日本進化学会編『進化学事典』共立出版.
門脇俊介, 2002,『理由の空間の現象学――表象的志向性批判』創文社.
―――, 2007,『現代哲学の戦略――反自然主義のもう一つの別の可能性』岩波書店.
加藤秀一, 2006,「進化生物学」江原由美子・山崎敬一編所収.
―――, 2007,「遺伝子決定論, あるいは〈運命愛〉の両義性について――言説としての遺伝子／ＤＮＡ」柘植あづみ・加藤秀一編著『遺伝子技術の社会学――テクノソサエティの現在Ⅰ』文化書房博文社.
―――, 2009,「概念と方法（セックス／ジェンダー, 性／愛）」川本隆史ほか編『岩波講座 哲学〈12〉性／愛の哲学』岩波書店.
―――, 2017,『はじめてのジェンダー論』有斐閣.
Kitcher, Philip, 1987, *Vaulting Ambition: Sociobiology and the Quest for Human Nature*, The MIT Press.
Lacquer, Thomas, 1989, *Making Sex: Body and Gender from the Greeks to Freud,* Harvard University Press.（＝1998, 高井宏子・細谷等訳『セックスの発明――性差の観念史と解剖学のアポリア』工作舎.）
Libet, Benjamin, 2004, *Mind Time: The Temporal Factor in Consciousness,* Harvard University Press.（＝2005, 下條信輔訳『マインド・タイム――脳と意識の時間』岩波書店.）
前田泰樹・水川喜文・岡田光弘編, 2007,『ワードマップ エスノメソドロジー』新曜社.
三上 純子, 1995,「『エミール』における女性観」『金沢大学教養部論集 人文科学篇』32 (2), 93-112 (1995-03-24).
Moi, Toril, 1993, *Simone de Beauvoir: The Making of an Intellectual Woman,* Wiley-Blackwell.（＝2003, 大橋洋一ほか訳『ボーヴォワール――女性知識人の誕生』平凡社.）
中尾央, 2015,『人間進化の科学哲学――行動・心・文化』名古屋大学出版会.
西川祐子, 1998,「『性差の科学』を読んで」(http://leo.aichi-u.ac.jp/~kunugi/seisa/j/nisikawa.htm, 2018/06/29最終閲覧)
小川眞里子, 2001,『フェミニズムと科学／技術』岩波書店.
―――, 2003,「ロンダ・シービンガーの科学史・科学政策研究」『お茶の水女子

大学F-GENSジャーナル』1号，2003年（PDFは http://ch-gender. sakura.ne.jp/wp/wp-content/ads/2014/06/1a796eae97d511defd6cec344819b534.pdf）

Patten, Bernard C., 1997, "On Science, Identity Politics, and Group-Speak," in Gowaty, Patricia (eds.), 1997.

Pinker, Steven, 2003, *The Blank Slate: The Modern Denial of Human Nature,* Penguin Books.（＝山下篤子訳『人間の本性を考える――心は「空白の石版」か（上中下）』日本放送出版協会．

Pinnick, Cassandra L., 1994, "Feminist Epistemology: Implications for Philosophy of Science," *Philosophy of Science* 61 (1994): 646-657.

Poulain de La Barre, François, 1673/1675[1984], *De l'égalité des deux sexes, and De l'excellence des hommes contre l'égalité des sexes.*（＝1997，古茂田宏・今野佳代子・佐々木能章・佐藤和夫・仲島陽一訳『両性平等論』法政大学出版局）

Rouseau, J. J., 1962, *Émile, ou de L'éducation.* (=1964，今野一雄訳『エミール（下）』岩波文庫）

Russett, Cynthia Eagle, 1991, *Sexual science: The Victorian Construction of Womanhood,* Harvard University Press.（＝1994，上野直子訳『女性を捏造した男たち――ヴィクトリア時代の性差の科学』工作舎）

Sacks, H., 1972, "An initial investigation of the usability of conversational data for doing sociology," Sudnow, D., ed., *Studies in Social Interaction,* Free Press.（＝1997，北澤裕・西阪仰訳「会話データの利用法――会話分析事始め」北澤裕・西阪仰編『日常性の解剖学――知と会話』マルジュ社，93-173.）

斎藤成也，2004,『ワードマップ ゲノムと進化――ゲノムから立ち昇る生命』新曜社．

Schiebinger, Londa, 1989, *The Mind Has No Sex?: Women in the Origins of Modern Science,* Harvard University Press.（＝1992，小川眞里子・藤岡伸子・家田貴子訳『科学史から消された女性たち――アカデミー下の知と創造性』工作舎.）

Smith, John Maynard, 1997, "Commentary," in Gowaty, Patricia (ed.), 1997.

Sommers, Christina Hoff, 1995, *Who Stole Feminism?: How Women Have Betrayed Women,* Simon & Schuster.

Tavris, Carol, 1992, *The Mismeasure of Woman,* Simon & Schuster.

酒井聡樹・高田壮則・東樹宏和，2012,『生き物の進化ゲーム――進化生態学最前線：生物の不思議を解く 大改訂版』共立出版

酒井泰斗・浦野茂・前田泰樹・中村和生編，2009,『概念分析の社会学』ナカニシヤ出版

酒井泰斗・浦野茂・前田泰樹・中村和生編，2016,『概念分析の社会学2』ナカニシヤ出版

Sullerot, Évelyne sous la direction de., 1978, *Le Fait féminin: Que-ce Que'une Femme,* Paris

: Fayard. (＝ 1983，西川祐子・天羽すぎ子・宇野賀津子訳『女性とは何か（上／下）』人文書院.)

須永将史，2016,「日本における〈セックス／ジェンダー区別〉の使用の変遷」『ソシオロジ』60(3): 117-132..

高橋さきの，2006,「身体性とフェミニズム」江原由美子・山崎敬一編所収.

Tavris, Carol, 1992, *The Mismeasure of Woman: Why Women Are Not the Better Sex, the Inferior Sex or the Opposite Sex,* Simon & Schuster.

上野千鶴子，2008,「ジェンダー概念の意義と効果──現状と課題」財団法人日本学術協力財団編，2008，所収.

Weeks, Jeffrey, [1981]2017, *Sex, Politics and Society: The Regulation of Sexuality Since 1800* (Themes In British Social History) 4th Edition, Routledge.

Winch, Peter, 1972, *Ethics & Action,* Routledge & Kegan Paul. (＝ 1987「未開社会の理解」奥雅博・松本洋之訳『倫理と行為』勁草書房.)

Sokal,, Alan D., 1997, "What the Social Text Affair Does and Does Not Prove," Noretta Koertge ed., A House Built on Sand: Exposing Postmodernist Myths about Science," Oxford University Press. (http://www.physics.nyu.edu/faculty/sokal/noretta.html) (＝ 2000，田崎晴明訳「ソーシャル・テクスト事件からわかること，わからないこと」，http://www.gakushuin.ac.jp/~881791/fn/norettaJ.html#r8，2018/07/15最終閲覧.)

Spencer, Hamish G. and Masters, Judith C., 1992, "Sexual Selection: Contemporary Debates," Evelyn Fox Keller and Elisabeth A. Lloyd (eds.), *Keywords in evolutionary biology,* Harvard University Press.

Zimmer, Carl and Emlen, Douglas, 2012, *Evolution: Making Sense of Life,* Roberts and Company Publishers. (＝ 2016/2017，更科功・石川牧子・国友良樹訳『カラー図解 進化の教科書（全2巻）』講談社.

Zuk, Marlene, 2002, *Sexual Selections: What We Can and Can't Learn about Sex from Animals,* University of California Press. (＝ 2008，佐藤恵子訳『性淘汰──ヒトは動物の性から何を学べるのか』白揚社.)

財団法人日本学術協力財団編，2008,『性差とは何か──ジェンダー研究と生物学の対話（学術会議叢書14)』財団法人日本学術協力財団.

＊本章は JSPS 科研費 JP16K02052 を受けた成果の一部である。

第6章
ジェンダー概念をめぐる攻防を「科学コミュニケーション」の視点から読む

江原由美子

1. はじめに

　本書は,「ジェンダーをめぐるコミュニケーション齟齬」を主題としているが,その主題は,「ジェンダー概念をめぐるコミュニケーション齟齬」と,「日常生活における相互行為におけるジェンダーをめぐるコミュニケーション齟齬」の二つに分けられる.本稿は,その中で主に,「ジェンダー概念をめぐるコミュニケーション齟齬」を主題とする.研究対象とする主な出来事は,他の「ジェンダー概念をめぐるコミュニケーション齟齬」を主題とする論文と同じく,1970年代以降の日本のフェミニズム論と,それに対する2000年代の「ジェンダー・バックラッシュ」である.

　日本社会においては,2000年代において,「ジェンダー・バックラッシュ」と呼ばれる政治的動きがあった.それから一定の時間がたった今日,それが何であったのかについて,丁寧な資料研究に基づく研究成果が生まれるようになっている.

　たとえば,石ヒャンは,従来の「ジェンダー・バックラッシュ」研究が,「バックラッシュの全体像」を捉えるものではなかったとして,長期的な時間スパンに立ち,詳しい事例分析と言説分析を行った(石　ヒャン 2016).そこから彼女は,「ジェンダー・バックラッシュ」は「女性の人権を前進させる動きに対する否定の言動であった」という結論を見出している.

　石によれば,バックラッシュ言説は,「男女二分法と,『男らしさ・女らしさ』に代表される『本質主義』『生理的宿命』論」に立っており,それは「固

定的な性別役割分業と性別特性論を肯定する」ものであり,「性の多様性」を否定することにつながる論であった.にもかかわらず,その言説は,①わかりやすさ②フェミニストは男女を敵対関係としてとらえていると解釈する論法④ジェンダーフリーを「性差否定」と論じる論法⑤「伝統・文化」,「家族・家庭」「道徳・美徳」「強い国」など誰もが反発しにくいスローガンを掲げる点⑥フェミニストに対し,反エリート主義に基づく反発を利用した言説や「フェミニスト・ルサンチマン」視に基づく言説を浴びせたこと等によって,人びとを引き付けたと,石は言う(石 2016: 200-201).

　本稿は,同じく「ジェンダー・バックラッシュ」を主な考察対象とする.しかし,石とは異なり,その「全体像」を捉えることを目的とするのではなく,「ジェンダー概念」をめぐる論争や攻防を捉えることに,問題を限定する.またバックラッシュ派の「右翼的・保守的」主張の政治的意味や担い手を明らかにすることではなく,その言説が「科学」に関してどのような位置にあるのか,またその結果そのような言説実践が,科学や学術に対してどのような効果を持ったのかを考察することを,目的とする.

　対象及び研究視点をここに限定するのは,無論本書の主題がそこにあるからであるが,本章の問題設定の背後にある関心を,付記しておくと,それは以下のようになる.本章は,「ジェンダー概念をめぐるコミュニケーション齟齬」には,「ジェンダー」という言葉が日常用語としては定着していない翻訳語であり,学術用語から政治政策用語に転用された用語であったことが,出来事の経緯に一定の影響を持っていたという仮説に立つ.それゆえ,「ジェンダー概念をめぐるコミュニケーション齟齬」には,日常生活世界と科学的世界という二つのリアリティが複雑に関連を持っていたと考える.さらに詳しく言えば,この概念をめぐるコミュニケーション齟齬には,日常生活世界と科学的世界の相違以外に,日本語と外来語に関わる文化の差異や,科学的世界の中の専門的分野を異にする科学者・研究者間でのコミュニケーション齟齬や,「科学と日常生活」に関わり方に関する認識の違いをめぐるコミュニケーション齟齬等も関与していたと考える.

まとめよう．本稿の問題意識は，「ジェンダー概念のコミュニケーション齟齬」という問題に即し，「科学と日常生活」「科学と社会」等の関係やその捉え方の相違が，コミュニケーション齟齬の一つの要因になっていたのではないかという観点から考察することである．「ジェンダー・バックラッシュ」を，「科学コミュニケーション」という視点から考察することは，様々な論点を含みうるのであり，一つの研究主題として十分設定可能だと思われる．本稿ではまず，この視点から出来事を記述し，「ジェンダー・バックラッシュ」がどのような科学観に立ってどのような主張を行ったのか，それがなぜ一定の影響力を持ったのか，こうした出来事は，科学や学術の世界に対してどのような影響を与えたのか，また科学や学術は，日常生活や政治と，どのような関わりを持つのが妥当なのか，その視点から見たとき，「ジェンダー・バックラッシュ」という出来事は，どのような示唆を我々に与えているのかを，考えてみたい．本章の問題関心は，そのような「社会学の社会学」，あるいは「フェミニズムのフェミニスト知識社会学」を行うことにある．

2.「ジェンダー概念」は「性差の存在を否定」するか？
　　　　——日本の「ジェンダー・バックラッシュ」における「ジェンダー概念批判」

　日本における「ジェンダー・バックラッシュ」言説の一つの特徴は，「ジェンダー概念そのものを放棄しなければ事態は何も変わらない」（光原 2005: 256）というような言説に現れているように，フェミニズムに対するバックラッシュを，ジェンダー概念に対する攻撃によって行おうとしたことにある．その主張によれば，ジェンダーという言葉は，「フェミニズムを信奉している人だけが認知している言葉」「フェミニズム革命の基礎概念」であり，その意味は「社会的文化的につくられた性差」であるが，実際には「男女のあらゆる性差を認めない」という意味の「ジェンダー・フリー」概念とおなじだという．つまり，「フェミニストが『社会的文化的性別』をいう場合，「『男女に生物学的差異は（妊娠・出産可能性を除いて）存在しない』というテー

ゼ」，つまり「ジェンダーフリー」を意味しているという．そして「ジェンダーフリー」とは，「性差の否定・解消，男らしさ・女らしさの否定，日本の伝統や文化の破壊」を主張する言葉であり，「政府が公式用語として問題があると認めた言葉」である．それゆえ，「ジェンダーフリー」と同じ意味の「ジェンダー概念」自体を否定しなければならないのだと．

このように，「ジェンダー・バッシング派」の「ジェンダー概念批判」は，まず「ジェンダー概念を使用することは性差の存在を否定することを意味する」という前提をおき，その上で，「性差の存在」を「科学的知」による証拠によって「証明」し，「性差の存在を否定するジェンダー概念の非科学性」を論証するという論法をとった．その「科学的知」「専門知」として大きく利用されたのが，ジョン・コラピント著『ブレンダと呼ばれた少年』(Colapinto 2000=2005) という著書であった．バッシング派は，ジェンダー概念の源流をジョン・マネーの性科学理論だと断定し，その前提の上で，ジョン・マネーの性科学理論が「誤りで」である証拠として，この書物に描かれている少年の「悲劇」を大々的に取り上げた．それによって，「ジェンダー概念の非科学性」が明らかになったと．このように，「ジェンダー・バッシング」派の「ジェンダー概念批判」の論法には，「科学」が一つの主題となっており，「ジェンダー・フリー派」を否定する上で，重要な役割を担っていた．

筆者は，フェミニストとして，また「科学活動」や「学術活動」に関わる研究者として，この「ジェンダー・バッシング」派がとった「ジェンダー概念」を批判する論法による彼らの「ジェンダー概念批判」に，同時代的に直面しているが，その時この論に対して強い戸惑いを覚えたのを，記憶している．その戸惑いは，彼らの主張があまりにも「荒唐無稽」であり，その主張が前提としている認識に，あまりにも多くの「間違い」や「誤解」や「曲解」があるので，議論しようにも何を糸口として行えばよいか全く分からないという感覚でもあった．今振り返るならば，まさに「ジェンダー概念をめぐるコミュニケーション齟齬」という状況に，自ら直面したと言ってよい．

本節では，まずこの「コミュニケーション齟齬」に直面した当事者としての自分の経験を振り返り，バッシング派のジェンダー概念批判に接して，その時感じていた疑問を，洗い出してみたい．

　筆者が感じた戸惑いは，バッシング派の問題設定自体が全くちぐはぐな論であって理解できないという印象に由来している．一般に，意見を異にする人々の間で議論が可能になるのは，何等かの前提が共有されている場合に限られる．共有する前提を確認したうえで，異なる見解がどこで生じているのかを確認し，どちらが妥当であるのかを判定するには，何が分かればよいのか，それが分かるためにはどのような「データ」や「知識」をどのような手続きで手に入れるのが良いのかなどが共有できてはじめて，議論は，実り多いものになる．無論普通議論はそんな具合に理想的に進行するわけではないが，それでも議論が成り立つためには少なくとも一つは共通の前提が必要である．もしこのような前提が見いだせない場合には，議論を始めることが困難になる．「バッシング」派の「ジェンダー概念批判」には，フェミニズムとは見解を異にする（であろうと推測される）あまりにも多くの前提が含まれているように思えた．しかもそうした前提に立って議論が組み立てられるので，見解の相違が複層的に折り重なっていたのである．

　具体的な例を挙げよう．例えば，「バッシング」派は，「ジェンダー概念を使用することは性差の存在を否定することを意味する」という前提をおいている．だからこそ，「性差があることが『科学的』に証明されれば，ジェンダー概念の非科学性は証明される」という仮説をおき，その仮説に適合的な「科学的知」を見出すことで，「ジェンダー概念の非科学性が証明された」とするのである．この問題設定では，あたかも「性差の存在を明らかにする科学的知の存在」いかんが，「ジェンダー概念の非科学性」を明らかにする証拠であるかのように，つまり「ジェンダー概念は非科学的か」という解答が，「性差の存在」いかんにあるかのように，描かれている．けれども，その問題設定が前提としている「ジェンダー概念を使用することは性差の存在を否定することを意味する」という認識は，それ自体妥当なのだろうか？

このこと自体は問われておらず，前提とされているだけである．仮にこの認識が妥当ではないならば，いくら「脳の性差」や『ブレンダと呼ばれた少年』の事例が真実であったとしても，「ジェンダー概念の非科学性を論証」するという問題の解にはならない．問題設定自体が「間違った」前提の上でなされている場合，証拠として挙げられた事例の「真実性」がいくら明らかになったとしても，そのことはもともとの問題の解としては，意味がないのである．

さらに，「バッシング」派のジョン・マネーの性科学の失敗した症例だと言われる『ブレンダとよばれた少年』の悲劇的事例が「フェミニズムのジェンダー概念の非科学性を証明している」とするバッシング派の主張にも，強い疑問を感じた．そもそも，『ブレンダと呼ばれた少年』の事例が，性科学者としてのジョン・マネーの理論が「間違っている」ことの証明になるのか，かりにそうだったとしても，そのことは，ジョン・マネーの「ジェンダー概念の非科学性」とどのような関連性を持つのか，仮に，ジョン・マネーのジェンダー概念が非科学的であったとしても，それはフェミニズムのジェンダー概念の非科学性とどのような関連性があるのか？これらの問いにそれぞれきちんと答えなければ，「フェミニズムのジェンダー概念の非科学性」は証明できないはずである．バックラッシュ派のジェンダー概念批判は，当事者としての筆者には論証できるかどうか疑わしく思われるこれら複数の疑問が問われることもないままに，「フェミニズムのジェンダー概念の非科学性」が証明されたと言われているように思われた．

つまり，筆者は，バックラッシュ派の「性差の有無」という問題設定にのって議論する以前に，その問題設定が当然視している前提に対して，これらの疑問を一挙に感じざるを得なかったのであり，それゆえ議論という「コミュニケーション」を行うことができない状況に陥ったのであった．

けれども，バックラッシュ言説が吹き荒れた時期からかなりの時間がたった今日，バックラッシュ派の言説を冷静に振り返ってみると，バックラッシュ派の言説にも，当時当事者としては見出せなかった一定の「説得性」を，

見出すことができるように思える．本稿が本章において論じたいのは，その「説得性」が示す「科学コミュニケーションにはらまれる問題」である．以下では，まず「ジェンダー概念を使用することは性差の存在を否定することを意味する」というバックラッシュ派の主張が含む推論構造を，問題にしよう．次に，『ブレンダと呼ばれた少年』というジョン・マネーの症例が「フェミニズムのジェンダー概念の非科学性の証拠」とするバックラッシュ派の主張に含まれる「説得性」について，考察して見よう．

まず，「ジェンダー概念を使用することは性差の存在を否定することを意味する」というバックラッシュ派の主張から．あらかじめ断っておきたいが，筆者は，ジェンダー概念が，現在世界全体で会議や条約にも多く使用されている「社会的文化的性別」を意味する概念であり，「フェミニズムを信奉している人だけが認知している言葉」「フェミニズム革命の基礎概念」などとバッシング派が批判するようなイデオロギー的セクト的概念ではないことを，十分承知している．以下で論じたいことは，バックラッシュ派のジェンダー概念批判が妥当であるということではなく，それが妥当に見える文脈があるならば，それはどのような推論なのかを確認することである．

バックラッシュ派は，「社会的文化的性別」を意味するジェンダー概念が「男女のあらゆる性差の存在を認めない」ことを導くという．しかし，「社会的文化的性別」という定義から，それが「あらゆる性差を認めない」ことを意味するとは，どう読んでも解釈できない．そこには形式論理的に無理がある．なぜなら第一に，「社会的文化的性別」という定義は，「社会的文化的性別」が存在する，すなわち「(社会的文化的)性差がある」ということを前提とする概念であることが，明らかだからであり，第二に，「社会的文化的性別」という定義を行うということは通常それ以外の性別，すなわち「身体的生物学的性別」があるということを前提としていると考えられるからである．

けれども，仮にバックラッシュ派が言うように，「社会的文化的性差」を「作られた性差」とし，「作られた」ということに，「作られたのだから本当の

181

性差ではない」という意味を付与すれば，そこから「社会的文化的性別」という定義は，「作られた性別」という意味に解釈可能である．仮にこのような解釈を行うならば，バックラッシュ派の主張は，「ジェンダー概念は，社会的文化的に作られた性別を意味するが，フェミニストは，社会的文化的性別は作られたものにすぎないのだから本当の性別ではないと主張しているのであり，それゆえ社会的文化的性別という定義を行っていたとしても，それは性差の存在を認めていないのだ」という解釈が可能になるだろう．このように，バックラッシュ派の「ジェンダー概念を使用することは性差の存在を否定することを意味する」という主張を理解可能にするためには，「社会的文化的性差は本当の性差ではない」ということ，「作られた性差は本当の性差ではない」という前提をおくことが考えられる．

　この「作られた性差は本当の性差ではない」と解釈させる意味理解は，「作為」を「真実」と対立させる我々の一つの常識に基づく理解である．つまり，「物事を人為的に作ること」＝「嘘をつくこと」＝「不誠実であること」＝「真実ではないこと」という，我々の日常的行為実践に基づく解釈枠組みなのであり，「社会的文化的に作られる」という主張に適用するには無理がある．「社会的文化的に作られる」という場合，それは社会を大きな視点で見たとき言い得ることを述べているのであって，誰か個人が意図的に「作っている」と主張しているわけではない．「社会的文化的に性差を作る」ことは，「嘘をつくこと」でも「不誠実であること」でもないのである．けれども，「作る」ことに関するこの常識的理解は，多くの人（フェミニストも含む）に共有されているものであり，時折我々の推論に紛れ込み作用を及ぼすことがある．筆者はこの「本当の性差」という観念の混乱に関し，「本質主義」との関わりで論じたことがある（江原 2001）．

　次に先述した第二の問題，つまりジェンダー概念が「社会的文化的性別」を意味することから，「身体的生物学的性差の存在を否定している」という推論がなぜ可能なのかという問題に，移ろう．「社会的文化的に作られる性差がある」という主張は，通常は，その他の性差（社会的文化的に作られるので

はない性差) もあるということを含意すると解釈されうる．フェミニズムの多くの主張は，身体的生物学的性差（セックス）の対語として社会的文化的性差（ジェンダー）を使用している．つまりそうしたセックス／ジェンダーと言う概念対の一項としてジェンダー概念を使用する場合には，当然「身体的生物学的性差の存在」を認めていることになる．

しかし，仮にフェミニズムが，「全ての性差は社会的文化的に作られている」ことを主張しているとしてみよう．その場合，以下の二つの場合のいずれかにおいて，「身体的生物学的性差の存在を認めない」という解釈が可能になる．第一に，先述したように，バックラッシュ派は，「フェミニストは『社会的文化的に作られた性差』を全て『虚偽の性差』だとみなしており，したがって『全ての性差は社会的文化的に作られている』という主張は，『全ての性差は嘘であり，虚偽である』という主張と解釈される」と，考えている場合．社会的文化的性差」は「虚偽」でありかつ「全ての性差は，社会的文化的性差である」のだから，「全ての性差は虚偽」であり，当然にも「身体的生物学的性差も虚偽」であると主張している．すなわち「身体的生物学的性差の存在を否定している」ことになるだろう．

第二に，「全ての性差」は「社会的文化的性差」であるか「身体的生物学的な性差」であるかいずれかに完全に分けられ，両方にカウントされる性差は存在しないという条件下で，「全ての性差は社会的文化的に作られる」と主張しているとみなす場合．この場合には，当然「全ての性差」は「社会的文化的性差」となり，「身体的生物学的性差」は無いことになる．

第二の場合に即して言えば，我々がこのような条件下で議論していることは，ほとんどない．実際に性差に関する議論で多いのは，性差に社会的文化的要因が大きいのか身体的生物学的要因が大きいのか等を問うことである．つまり，このような問題設定をする場合は，そもそも性差には双方の要因が関与しうることを認めている場合が通常であり，「社会的文化的性別」と「身体的生物学的性別」のいずれかに完全に分けられるという前提はおかれていない．たとえば，男女間の筋力差は，スポーツなど身体鍛錬の機会の差

183

によって「社会的文化的に作られる」側面があるが，このことを指摘する場合にも，「身体的・生物学的な性差」が存在していることを，多くの論者は，当然の前提としている．「全ての性差は，社会的文化的であるか身体的生物学であるか，いずれかに完全に分けられる」という前提が無ければ，「全ての性差は社会的文化的に作られた」と主張しても，それは「身体的生物学的性差は存在しない」ということを主張していることにはならない．

　したがって，フェミニズムが性差に「社会的文化的に作られた」側面があると主張し，その緩和や解消を求めたとしても，それは「身体的生物学的性差の存在を否定する」ことにはならない．確かにフェミニズムがジェンダーという概念を見出し利用したひとつの理由は，「『生物学は運命』という理由によって現状の性別分業の変更不能性と普遍性を主張する」勢力に対して，「性差の一部は社会的文化的に作られており，歴史相対的・社会相対的であるゆえに，変革可能である」ということを主張するためであった．しかし現状の性差の一部は変更可能だと主張することは，男女の性差を全て解消できると主張していることを意味しないし，ましてや「性差は生物学的性差を含めて全く存在しない」ということを意味するわけではない．

　また，全ての身体的生物学的性差も，言語や記号などによって表現されるとか，科学的実践によって解明されるなど，「社会的文化的に作られる側面」があるが，その意味で「すべての性差は社会的文化的に作られる」と主張する場合もある．この意味で「全ての性差は社会的文化的に作られている」という主張を行っている場合にも，「身体的生物学的性別」の存在は否定されてはいない．見出され表現された「身体的生物学的性差」に「社会的文化的に作られた」側面がある主張することは，「見出された性差は嘘である」という主張を含まないのだ．

　けれども，上述したような限定的な条件のもとであるとはいえ，「全ての性差は社会的文化的に作られている」と主張しているフェミニズムの言説があれば，そこから「『身体的生物学的性差は存在しない』と主張している」というように解釈することは，可能である．そのような解釈可能性の前提の

もとでならば,バックラッシュ派の主張も一定の「説得性」を持つことも,ありうるだろう.

まとめよう.確かに「社会的文化的性別」というジェンダーの定義から,「その概念を使用することは,性差の存在を認めないことになる」というバッシング派の主張が正当化されるということを了解することは無理がある.けれども,特定の条件や解釈の下では,フェミニズムの中に,「全ての性差は,社会的文化的に作られる」という主張がある場合,それは「身体的生物学的性差の存在を否定することを意味する」というバックラッシュ派の推論も成り立ちうる.

以上,「ジェンダー・バックラッシュ」派の,「ジェンダー概念」は必然的に「性差の存在を否定するジェンダーフリー思想を導く」という主張の裏にあると思われる解釈を推測した.次に,ジョン・マネー批判とそれがジェンダー概念の非科学性を立証しているというバッシング派の主張を,同様に考察しよう.

3.『ブレンダと呼ばれた少年』は「ジェンダー概念の非科学性の証拠」?

前節で論じたように,「ジェンダー・バッシング派」の「ジェンダー概念批判」の一つの方法は,「ジェンダー概念を使用することは(身体的生物学的)性差の存在を否定することを意味する」という解釈を行ったうえで,「性差の存在」を「科学的知」によって「論証」し,そこから「ジェンダー概念を使用するジェンダーフリー思想の虚妄性」が証明できたとする論法である.その際「バッシング」派は,ジョン・コラピント著『ブレンダと呼ばれた少年』という著書を,ジェンダー概念の一つの源流とされるジョン・マネーの性科学理論が誤りである証拠として,特に大きく取り上げた.この書物に描かれている少年の悲劇によって,「ジェンダー概念の非科学性」が明らかになったと.本節ではこの「バッシング」派の問題設定の妥当性を検討する.「バッシング」派の,『ブレンダと呼ばれた少年』を「ジェンダー概念の非科

学性を証明する証拠」とする問題設定に対して，それを可能にしている前提や推論を洗い出すことを課題とする．

　前節と同様に，最初にこうした課題を立てる意味について明確にしておくとにしよう．既に明らかになっているように，このバックラッシュ派の問題設定にもかなりの無理があった．まず，ジョン・マネーとフェミニズムとの間の学史的関係についての前提の妥当性という問題がある．バッシング派は，「フェミニズムのジェンダー概念は，ジョン・マネーのジェンダー概念を引きついでいる」ということを前提にしている．その前提があるからこそ，マネーの理論を叩くことが，「(フェミニズムの) ジェンダー概念」を「非科学的」だとして否定することになるのである．けれども，ジョン・マネーとフェミニズムとの学史的関係はそう簡単ではない．フェミニズムのジェンダー概念がジョン・マネーの研究をあまり引きついではいないということを明らかにする学史的研究も存在する (Germon 2009=2012)．彼女は，フェミニズムが，ジョン・マネーの研究等の「性科学におけるジェンダーの諸起源を無視している」ことを批判し，その意義を再評価することを主張しているのだ．

　また，ジョン・マネーが，最初にジェンダー概念を，「社会的文化的性別」という意味において使用した研究者であったことは間違いないけれども，ジョン・マネーの「ジェンダー概念」が，バッシング派の言うような「身体的生物学的性差の存在を否定する」意味での使用であったかどうかは，検討されるべきである[1]．ジョン・マネーは，雌雄同体者 (半陰陽者) の心理的適応過程を研究した，心理学を背景にする研究者・治療者であり，当然にも身体的性別に強い関心を持っていた．彼がジェンダーという概念を生みだしたのは，性別を決める要因の中に，生理学的要因以外に，養育上の性別 (家族の中で男女何れの性別で育てているのか) と，その性別への適応の程度をも，加えるべきだと考えたからであった．それまでほとんど生理的な徴候のみが重要視されていたけれども，ジョン・マネーは家族内での扱いや心理的適応等，社会的心理的要因も重要であることを主張し，そうした要因にジェンダーとい

う概念を当てたのである．すなわち，彼のジェンダー概念は，「身体的生物学的性別」を否定するものではなく，それ以外の社会的心理的性別を簡明に表現するものだった．また『ブレンダと呼ばれた少年』という症例が，ジョン・マネーの性科学研究を「全て」否定しているのかどうかということも，疑問の余地があることは，前述した通りである．これらの事から，この問題設定に無理があることは，十分明らかになっていると考える．その上で，なぜバッシング派は，『ブレンダと呼ばれた少年』の症例を，ジェンダー概念の非科学性」の証拠とするような問題設定を行ったのだろうか？それはどのような「説得性」を持っていたのだろうか？　本稿が考察したいのは，そのことである．

　最初に挙げたいのは，『ブレンダと呼ばれた少年』という書物で取り上げられた事例そのものが持つ力である．後に自分の出自を知ってデビット・ラティマーと名乗ることになる少年は，双子の兄弟の兄として，1965年にカナダで生まれた．生後6か月の時，包茎手術の失敗により彼は陰茎の大部分を失った．その子をどう育てるか迷った両親は，当時ジョン・ホプキンス大学病院にいた半陰陽者研究の第一人者であったジョン・マネーを頼ることにした．マネーは，性自認の形成は3歳以降であるという当時の彼の学説に基づいて，彼を女の子として育てることを両親にアドバイスし，そのための方法を伝えた．その判断を受け入れた両親は，彼の残された陰茎や睾丸を切除する手術を受けさせ，また女の子としての名前（ブレンダ）を与え，スカートをはかせる等，女の子として育てた．けれども，「ブレンダと呼ばれた少年は，自分を女の子だとは一度も思わず，本人も家族も追いつめられていった．ブレンダが14歳の時，真実を知らされ，すぐに男性として生きることを宣言しデビットと名乗るようになった．デビットはその後1990年に結婚した．

　他方マネーは，ブレンダを自分の学説の成功例として位置づけ，広報に使用していたが，デビットやデビットの家族からの報告は隠されたままだった．かねてからマネーの研究結果に疑問を感じていた，性科学者ミルトン・

ダイアモンドは，1993年にデビットに会い，デビットからその人生を聞き，論文に発表した．この論文は，あまりにも「論争的」であるという理由で，1997年まで受理されなかったが，1997年3月発表されると，多くの反響を引き起こした．デビットは自らも雑誌に登場し，真実を語った．ノン・フィクション作家のジョン・コラピントは，論文や記事が出た1997年からデビットにインタビューし，2000年に『ブレンダと呼ばれた少年』を刊行した．2004年5月，結婚の破たんなどがきっかけになり，デビットは自ら命を絶った．

　バックラッシュ派の主張に「説得力」があったとすれば，何よりもまず，この『ブレンダと呼ばれた少年』という書物自体が持つ力にこそ，その理由があったろう．コラピントは，現在も活躍するノン・フィクション作家である．その作家によって描かれた『ブレンダと呼ばれた少年』の物語は，その悲劇性ゆえに，人の心を大きく打つものだった．

　またこの『ブレンダと呼ばれた少年』の物語は，「専門家」や「科学者」の傲慢さや不誠実さを描き出すことにも成功した．この悲劇を作り出した張本人は，「専門家」として本人や家族の意見も聞かずに傲慢にふるまったジョン・マネーであった．しかもマネーは，家族から「ブレンダ」がうまく適応していない報告を受けていたにも関わらず，自分の権威を維持するために，その事実を社会から隠した．まさにこの点において，ジョン・マネーの「不誠実さ」が問われることになる．

　バックラッシュ派は，このマネーに帰された「不誠実さ」を利用して，「ジェンダー概念」の非科学性」を証明しようとしたのではなかろうか．少年が新しい性別に適応していないという事実を隠す「不誠実さ」は，そのまま彼の理論の「不誠実さ」へ，ジェンダー概念の「不誠実さ」へと移される．バックラッシュ派は，「専門家として傲慢にふるまう」研究者に対する反感を掻き立て，その反感を，「ジェンダー概念」を使用するフェミニストにも拡張しようとしたのである．ジョン・マネーと「ジェンダーフリー」と言われた教育実践の共通性が（かなりこじつけめいたものではあったが）盛んに書

きたてられ，ジョン・マネーが『ブレンダと呼ばれた少年』に行ったのと同じことを，ジェンダーフリー派は，日本の子供たちに行おうとしているのだと，恐怖心を煽った．

けれども，この『ブレンダと呼ばれた少年』の事例は果たして，ジョン・マネーの性科学理論や「ジェンダー概念」の誤りを明確に示していることになるのだろうか？　一つの失敗の事例が，ジョン・マネーの性科学論が誤りであることを明確に示しているとするバックラッシュ派のこの主張は，「反証が一つあれば全称命題は否定できる」という前提に立っているように思える．仮に，ジョン・マネーの性科学が，一般的法則を確立することを目的とする科学であり，たとえば，「全ての人間の性別は，3歳までは自由に変えることができる」ということを「真理」として主張していたならば，それに反する症例が一つであっても，それは「反証」となり，その命題は偽となる．このような論法を使用することは，バックラッシュ派の主張に，科学的議論であるかのような，外見を与えている．

けれども良く知られているように，「反証主義」は，実際の科学的活動を記述する理論ではない．それが「反証」になるのかどうかは，実験条件や観測過誤の有無などの厳密な検討が必要である．科学史においては，後に「反証」「新事実」として評価すべきであった結果を，最初は単に観測誤差として見逃し従来の理論を維持してしまった場合，逆に実験条件の不備等から生まれた観測誤差に過ぎないものを，従来の理論を覆す「新事実」「大発見」として位置付けてしまった場合等の例が，多く存在する．

さらに，医学等の臨床科学の事例の場合，そこにはコントロールすることが困難な条件が多く含まれるだけでなく，研究者も知りえない条件が存在した可能性を排除できない等，あまりにも多くの要因の検討が必要なので，「反証」であるというには，一層難しい検討が必要になるはずである．「ブレンダ症例」が，どのような症例であるのかについては，ブレンダになされた外科手術や両親その他の対応も含めて検討するべきである[2]．「ブレンダ症例」が明らかにされた後にジョン・マネーの研究の際評価の試みがなされた

場合にも，その症例だけでなく彼の他の症例相違例（「成功例」を含む）にも，検討がなされたのである．つまり，『ブレンダと呼ばれた少年』の事例だけから，ジョン・マネーの性科学理論が「完全に間違っている」という結論を出すことは，難しいのだ．

にもかかわらず，バックラッシュ派は，科学的議論であれば必要になるはずの様々な議論をすることなく，またその議論の中で生じるはずの様々な疑問に全て封印したうえで，「性差の存在」に関する正しい知識は，「科学」によって判断されるという前提で，マネーとフェミニズムのジェンダー概念を，「非科学的」と断定した．反証主義的論法を用いて，ジョン・マネーの性科学が間違っていたことは，あたかも『ブレンダと呼ばれた少年』の事例が失敗だったことによってくもりなく「科学的に証明」されたと主張し，そこからフェミニズムの「ジェンダー概念の非科学性」も明らかだと主張したのである．

以上みてきたように「バッシング」派の言説は，様々な点で「科学」と関連性を持っている．「ジェンダー概念の非科学性」を主張する等，彼らは，一見「科学的な議論」であるかのような装いを保っている．「日常知」に対する「科学の知」「専門知」の優位性を当然視し，「科学的知」を自らの主張の正当性根拠として利用している．けれども，他方においてその論は，疑問の余地だらけの前提に立って問題設定を行っており，この点において，「科学」や「学術」におけるコミュニケーションのルールからは大きく逸脱している．

この矛盾ぶりが，バックラッシュ言説を，非常に「奇妙」な印象を与える言説にしている．無論，バックラッシュ言説は，「科学的言説」でも「学術的言説」でもなく，「科学的知」の権威を利用した政治的言説である．そうであれば，それが「科学」や「学術」におけるコミュニケーション・ルールから大きく逸脱していたとしても当たり前ではないかとも，考えられる．けれども，それ自体が「科学」的コミュニケーション・ルールから外れているにもかかわらず「科学」の正当性を利用した政治的言説に対して，科学はど

う向き合うべきなのかという問いは残るだろう．

　以下では，この問題を考える一つの補助線として，アメリカにおける「サイエンス・ウォーズ」を取り上げてみたい．「サイエンス・ウォーズ」は，次節で記述するように，人文社会科学者たちによる科学批判に業を煮やした物理学等の自然科学者が，ポストモダニズム等に対して徹底的な批判を行った論争である．けれども，一見「学術的」なその装いの背後に，環境問題・気候変動問題等，加速する産業化にいる環境悪化への批判やフェミニズム等による科学批判，さらには冷戦体制の崩壊に伴う科学技術予算の削減などに対して強い懸念を持ち，それら「科学を批判する」「科学を知らない素人の人文社会科学者」を批判するという，政治的意図が明白に存在した論争であった．またその論争の過程において，科学的コミュニケーションにおけるルールを逸脱するやり方が使用された点でも，興味深い．

　私は，日本の「ジェンダー・バックラッシュ」は，一部この「サイエンス・ウォーズ」の論争を参考にしているのではないかと思っている．なぜ「バッシング」派は，「ジェンダー概念」を攻撃のターゲットにして，しかもその批判を，「身体的生物学的性差の存在を否定する」ことに求めたのであろうか？　このような問題設定を行ったために，バッシング派の主張は，「無理の上に無理を重ねる」主張になってしまったのではないか．このことはずっと気になっていたことであった．この問題設定をしなければ，伝統や文化を維持し，固定的性別分業を維持したいバックラッシュ派の主張は，ずっとわかりやすいものになったのではあるまいか．たとえば，ジェンダー概念を批判するのではなく，むしろ利用する形で，「日本の伝統と文化の重要性」を主張してもよかったはずなのだ．「性差は社会的文化的に作られる」というジェンダー概念が提示する社会認識・文化認識に従って，「社会的文化的性差こそ重要であり，そこにこそ価値がある．男らしさ・女らしさを作り出す伝統文化を大切にしよう」と主張することもできたはずである．この戦略をとれば，バックラッシュ派とフェミニズムの対立点は，「ジェンダー概念」の使用の可否にではなく，「社会的文化的性差を維持するのか，是正・解消

するのか」という論点になり，より実質的な論争が可能になったはずである．つまり，コミュニケーション齟齬ではなく，明確な対立点に基づく議論となったはずである．

けれども，もし「サイエンス・ウォーズ」が一部参考にされていたとするならば，なぜ「ジェンダー概念攻撃」になったのかは，ある程度納得が行く．先述したように，「ジェンダー概念は身体的生物学的性差を否定する」と言い得るためには，「全ての性差は，社会的文化的性差である」「セックスもジェンダーである」という主張をフェミニズムが行っていることが必要である．そのような主張を行っていたフェミニズムは，社会構築主義系のフェミニズム，ポストモダニズム系のフェミニズムであった．そして，「サイエンス・ウォーズ」において，徹底的な攻撃を受けたのは，ポストモダニズムや社会構築主義的科学論であった．日本における「ジェンダー・バックラッシュ」では，この問題はほとんど触れられなかったが，アメリカにおける「サイエンス・ウォーズ」では，ポストモダニズムや社会構築主義に基づく「科学批判」が，非常に大きな問題になった．そこでは，それらの「科学批判」は，「科学的知が実在について論じる」ことを揶揄していると，自然科学者からの猛烈な批判にさらされた．その批判の対象には，フェミニズム科学論やポストモダン・フェミニズムも，含まれていた．

バッシング派は，おそらく，ポストモダンに影響を受けたフェミニズムの中に，「セックスもジェンダーである」「生物学的性差も，社会的文化的に作られる」等の言い方があることを知っていたのではあるまいか．そしてそのような一種「衒学的」な主張を行うポストモダニズムが，アメリカの「サイエンス・ウォーズ」の中で「実在の存在を認めない」「科学を否定する」思想として，徹底的に揶揄的な攻撃を受けたことも，知っていたのではあるまいか．だから，「ジェンダー概念の非科学性」という批判のストーリーが作られ，そのストーリーに合わせて材料が集められ，バッシング派の主張が作られたのではないか．ジェンダー概念に批判の焦点をあて，その非科学性を主張するというバックラッシュ派の戦術は，アメリカにおいてなされた「サ

イエンス・ウォーズ」のストーリーに合わせた戦術だったのではなかろうか？　だからこそ，バックラッシュ派は，「科学」を「真理」の体現として，何が正しい知識かということを決定する最高審級として，位置付けたのではないか．「正しい科学」によって「性差の存在が証明されている」のだから，フェミニズムのジェンダー論が虚妄であることは明らかであり，それゆえ断じて否定されるべきだというストーリーになったのではなかろうか．このような文脈をおくことで，バックラッシュ派の「奇妙な」言説を理解することが可能になるのではあるまいか．

　以下では，アメリカにおける「サイエンス・ウォーズ」を追うことにしよう．その上で，フェミニズムと「科学」との関係をより深く考えてみることにしたい．

4. アメリカ社会における「サイエンス・ウォーズ」

　金森修は，著著『サイエンス・ウォーズ』において，1990年代後半のアメリカ学術界に，ポストモダニズムやカルチュラル・スタディーズを「反科学」として批判する一部自然科学者の人文科学の批判が吹き荒れ，その中でフェミニズム科学論も批判対象になったことを紹介している．以下金森による紹介に基づいて，サイエンス・ウォーズの概略を記述する（金森 2000）．

　金森によれば，現代科学論は，1962年に公刊されたトーマス・クーンの『科学革命の構造』に決定的な影響を受けているという．「帰納主義的な手続きを核とした知識生産が科学的知識の生産様式を根底から決めているという考え方が（……）大枠は受容されていたなかで，科学史的知見を駆使しながら，知識の生産や蓄積の様式はそれほど連続的でも蓄積的でもない，という主張をした科学革命論は，その後の科学論の多様な展開に大きな推進力を与えた」（金森・中島 2002: 3）．この「『科学革命』が共約不可能性を持つ『パラダイム』の転換によって生じる」とするクーンの「科学革命論」は，その後，「自然の素朴実在論を否定し，自然科学も他の学問と同様に，一種の信

念体系をなすにすぎず，その意味では科学の認識論上の特権性はないとする科学論を唱道した」(金森 2000: 22) として，「サイエンス・ウォーズ」あるいはその日本への飛び火において，自然科学の側から科学論を批判する場合の主要な論難の対象の一つとなった．実際，クーン以降の科学論は,「科学的知識の社会学 (SSK)」「科学・技術・社会論 (STS)」「科学的知識の社会構築主義」等の展開をみせ，科学的知識の中立性・客観性・特権性を相対化する批判を強めた．この動きの中に，フェミニズムの科学論も，含まれていた．

私見によれば，第二波フェミニズムは当初から，近代社会における「科学」と「専門知識」を，主要な批判の対象としている．ベティ・フリーダンは，精神分析理論を批判し，ケイト・ミレットは，家父長制的イデオロギーの担い手として「科学」を批判した．その後，フェミニズム思想に基づく問題関心が様々な学問領域に広がっていく中で,「近代科学史」を女性の視点から見直す動きが出てくる．たとえば，歴史の中で消されてきた「女性科学者」の存在を掘り起こそうとする試みや，科学的言説のなかにジェンダー・バイアスを見出そうとする試みなどである．この領域は，「『フェミニズム科学論』と呼ばれており，(……)，英語圏では既に2,000冊前後の関連文献を誇る独立した問題系」(金森 2002: 235) を形成している．サンドラ・ハーディング『科学と社会的不平等——フェミニズム，ポストコロニアリズムからの科学批判』(森永康子訳北大路書房)，ダナ・ハラウェイ『猿と女とサイボーグ—自然の再発明』(高橋さきの訳，青土社)，エヴリン・F・ケラーの『ジェンダーと科学』(幾島幸子・川島慶子訳，工作舎) や『生命とフェミニズム：言語・ジェンダー・科学』(広井良典訳，勁草書房) など，日本においても著名な著作の紹介がなされている．

こうした「科学的知識の中立性・客観性・特権性を相対化する」英語圏の科学論やフェミニズム科学論は，1980年代に入ると，フランスのポストモダニズム思想の影響を大きく受けることになる．ポストモダニズムは，理性的人間による世界の合理的認識に基づき世界を合理化する啓蒙思想が前提としていた，理性，ロゴス等のヨーロッパの伝統的概念に対する異議申し立て

を行う，反基礎づけ主義的な思想運動である．「相対主義的科学観」を強めた（フェミニズム科学論を含む）科学論は，当然にも，知の確実な基盤の不在という立場に立つポストモダニズムと，親和的である．フェミニズムにおいても，フロイト精神分析学を，言語中心主義的な解釈によって転換したラカン派精神分析学や，性別二元論を批判するフランスのポストモダン・フェミニズムは，一定の影響力を持った．

　アメリカの哲学には，実証主義的な哲学以外に，人間の認識が行為実践に規定されているという観点から論じる，アメリカプラグマティズムの伝統が存在した．このプラグマティズム哲学を，ポストモダニズムの流れの中にあるポスト構造主義と結びつけ，認識や言説等の分析を行う社会構築主義が，生まれた．社会構築主義は，社会問題や文化等，多様な社会現象を，それを作り出す社会的実践の視点から考察した．フェミニズムにおいても，ジュディス・バトラーの『ジェンダー・トラブル』等の社会構築主義的なジェンダー論が強い影響力を持った．その影響は，無論，フェミニズム科学論にも及んだ．

　「サイエンス・ウォーズ」は，このようなポストモダニズムの影響を受けた（フェミニズム科学論を含む）科学論に対してなされた，一部の自然科学者からの攻撃である．その内容を簡単にまとめれば，「これらの科学論の中には多くは，科学を勉強してもいないのに，ポストモダニズム等の理論装置に頼って，分かりもしない科学を批判している」というものである．以下では，「サイエンス・ウォーズ」の中の重要な著作の一つである『高次の迷信』における主張と，その後「サイエンス・ウォーズ」をウォーズと名付けさせることを正当化するほどにもスキャンダラスな事件であったアラン・ソーカル事件に焦点を当て（主に金森の記述に従いつつ）追ってみることにする．

　1994年，ポール・グロスとノーマン・レヴィットは，『高次の迷信』(Paul R. Gross & Norman Levit 1994) を刊行し，ポストモダニズムとポストマートン科学社会学に対して，「科学者からの反論」を行った．批判の対象とした科学論は，「社会構成主義等を代表格とするポストマートン期の科学社会学」

である．この科学社会学を，グロスとレヴィットは，二つの版に分ける．一つは「弱いバージョン」であり，「科学は多様な文化的影響を受ける」と言う主張を行うもの，もう一つは，「強いバージョン」であり，「科学とはある特定の時代の特定の文化が全面に押し出すきわめて高度に錬磨された規約のセットに他ならない．それはイデオロギー，政治，経済などの支配下にあり，歴史的に存在してきた他の多くの言説共同体のなかの一つであるに過ぎない．だから実在について語るとき，科学が他の分野に対して知的特権請求をする権利はない．科学は知識というよりは実践なのであり，まさにそのために実践にふさわしい規約と恣意性を抱え込む．いわゆる客観性も，実は実践と相即するものであり，さらにその実践はテクスト的実践とも不可分なのだ」(金森 2000: 31-32) などと，主張するものである．前者は当たり前のことを言っているに過ぎないので問題ないが，後者は，「科学と迷信とを区別する根拠を否定する」とんでもない暴論であると，グロスとレヴィットは言う．

　金森は，グロスとレヴィットの「強いバージョン」の要約を，社会構成主義等の科学社会学の要約として「それほど的外れ」ではないと認めたうえで，彼らの批判は「批判らしい批判になっていない」という．さらに個々の科学社会学に対する批判をも見たうえで金森は，「『高次の迷信』が現代の社会構成主義的科学社会学を叩くことを主要目的にしていたのであれば，その攻撃はほぼ空振りに終わっていると診断して」良いと主張する．しかし金森は，グロスとレヴィットの『高次の迷信』の主要な論点は実は社会構成主義的科学批判にあるというよりも，ポストモダニズム批判にあったのではないかという解釈を行い，しかも，ポストモダニズム批判に関する限り，グロスとレヴィットの議論のかなりの部分は妥当であるという．

　グロスとレヴィットは，フェミニズム科学論に対しても，本の一章を割いて批判を行う．「まじない儀式のジェンダー (Auspicating Gender)」と題された5章において，彼らは，フェミニズム科学論の「既存の科学は家父長制的価値観に基づく前提によるバイアスを持っている」という主張を，徹底的に叩

く．フェミニズム科学論による従来の科学の批判の多くは，科学自体ではなく，例えば科学教育・数学教育等における例示や問題の「言葉使い」に向けられている．それらの指摘は，あまりにも些細な，取るに足らないことである．そのような例示で既存科学を全面批判している．それは，数学や科学などの授業の場を，一種の宗教であるフェミニズムの教義を教え込む場にすることである．生物学に対する批判が一番多いが，精子と卵子をめぐる記述においてその枠組み（たとえば，精子＝活動的，卵子＝受動的といった従来の「家父長制的」な偏向を持った枠組み）を変えたところで，実際の科学認識に大きな変化は生じない．フェミニズム科学論は，家父長制的価値観が既存の科学的認識にバイアスを生んでいると言うが，（たとえば既存科学が「因果論的認識」を行うのに対して，フェミニストは「全体論的」「相互影響的」認識を行う等）そうした議論は，認識方法の違いが実際の科学にどのような進歩を持たらすのかを具体的に示す事例がほとんどないゆえに根拠がないだけでなく，男女の科学的能力に本質的な相違はないとする多くのフェミニストの立場にも矛盾している．いずれにせよ，「女性は自然との調和などの価値観に立つがゆえによりよい科学を生みだせる」とするフェミニスト科学論は，ゲーテのニュートン批判と同じく，科学的には全く意味がない等 (Gross & Levit 1994: 107-148)．金森は，こうしたグロスとレヴィットの記述を，「フェミニズム科学論の戯画を提示することにかなりのウェイトを置」(金森 2000: 37) いているというようにまとめているが，章や見出しのつけ方を見るだけでも，この評価は当たっていると言えるだろう．

このフェミニズム科学論批判にも通じる傾向であるが，金森は，『高次の迷信』の主張に，「人文科学系の学問などは不要である」と言わんばかりの論調を見出し，その点に対して強く批判する．「要するに，グロスとレヴィットは，大学の人文系学部をぶっ潰せ」と言っているのである」(金森 2000: 56) と．つまり，異なる議論をまとめて扱い一括して戯画化するやり方は，学術的議論のルールからは大きく逸脱するものである．確かに人文科学系学問の中には（自然科学系学問においてもたまにあるように），その知の質が問題視

されるような研究もあるだろう．けれども，だからと言って，「人文科学系の研究はすべて不要」であると結論することはできないし，ましてやそこから「人文科学系学部をぶっ潰せ」と読めるような批判を行うことは，学術的議論の域を大きくはみ出している．ここから金森は，グロスとレヴィットの『高次の迷信』を「きわめて強い政治性を備えた文献」であると断定するが，筆者もその点では同感である．

『高次の迷信』が刊行された翌年の1995年，ニューヨーク科学アカデミーは，「科学と理性からの逃走」を開催し，科学論叩きを断行した．その翌年の1996年，『高次の迷信』において主要な攻撃対象の一つとされた，カルチュラル・スタディーズ系の雑誌『ソーシャル・テクスト』は，科学論者による『高次の迷信』への反論を，「サイエンス・ウォーズ」というタイトルでの特集で行おうとした．この特集号に，ニューヨーク大学物理学教授であったアラン・ソーカルは，「境界を侵犯すること：量子重力の変換解釈学に向けて」という論文を寄稿し，特集号に掲載された．その3週間後，ソーカルは，「物理学者のカルチュラル・スタディーズの実験」と題する論考を別の雑誌『リングア・フランカ』に掲載し，『ソーシャル・テクスト』に彼が寄稿した論文は，「本気でなされたものではなく，カルチュラル・スタディーズ風，ポストモダニズム風の科学批判を真似たパロディに過ぎない」（金森2000: 68）ことを，暴露した．わざと初歩的な科学的知識を間違えて引用する等「罠」をしかけ，『ソーシャル・テクスト』の編集委員会（アンドリュー・ロス等）がそれを見抜けるかどうかを試したが，誰も見抜けなかったというのである．つまり，ソーカルに言わせれば，この「実験」は，ポストモダニズムやカルチュラル・スタディーズ等の科学論・科学批判が，学術的装いのもとに行われているけれども，実際には科学的知識もないのに単にポストモダニズムの用語等をふりまわして真面目な科学的活動を揶揄しているだけであることを，明らかにしたのであると．

この「実験」という名の「詐欺論文」事件は，学術界だけでなく一般のジャーナリズムも巻き込んだ大騒ぎを引き起こした．このアラン・ソーカル事

件によって,『ソーシャル・テクスト』の特集号の名の通り,「戦争」にも例えられるような激しい言論上の敵対的論争状況が,生まれた.まさに文字通りの「サイエンス・ウォーズ」の勃発だった.

その後,「『ソーシャル・テクスト』編集委員会」は,『リングア・フランカ』に「編集委員会による回答」を掲載し,「編集委員会は,ソーカルの論文に対し,その哲学的議論の中に幾分かのまやかし臭さを感じてはいたが,物理学者の投稿は珍しいゆえに,欠点はあっても誠実な意図による投稿だと斟酌し,掲載した」ことや,「(ソーカルが仕組んだ『罠』が含まれていた)注部分については削除を要請したが,ソーカルが聞き入れなかった」ことなどを伝えた.ソーカルによる事態の定義,つまり「カルチュラル・スタディーズのまやかしを暴いた実験」という定義を否定し,「たとえパロディだとしても,ソーカルの論文は,物理学者が哲学をどのように解読しているかを示す資料としての価値があり,掲載は正しかった」と主張した.第三者的な言い方をすれば,自己正当化を行いながら,事態の収拾を図ったのである.

その翌年,アラン・ソーカルの「詐欺論文」はフランス語訳され,ジャン・ブリクモンとの共著により,フランスポストモダニズムのラカン・クリステヴァ・イリガイ・ボードリヤール・ドゥルーズとガタリ等への批判論文と共に,『知の欺瞞』として出版された (Sokal & Bricmont 1997=2000).けれども,この書物における批判の対象は,『高次の迷信』と比較すると,大幅に縮小されている.批判対象は,科学論や科学社会学全般に及ぶのではなく,フランスポストモダニズムに限定されている.しかも主要な批判の論点は,「ポストモダン思想全般を分析すること」にではなく,「この分野における数学や物理学の概念や用語の濫用」に向けられている (Sokal & Bricmont 1997=2000: 6).このように,双方に戦線縮小・事態収取への動きもあったものの,「勃発してしまった戦争」はその後も長く続いた.自然科学者対人文科学者という構図だけでなく,人文科学の側かららもソーカルに同調する意見も多く出た.ソーカルが科学者間コミュニケーションの基本である相互信頼のための基本倫理を破壊したことを批判する意見もあった.一般の読者に

は，高名な哲学者のいかにも含蓄がありそうな言葉が，全くのまやかしであるとする批判を読むことによって，偶像破壊の快感も生まれたろうが，それはまた学術的活動全体に対する信頼性の喪失をも生み出すことになった．結果的に，「サイエンス・ウォーズ」は，攻撃対象になったポストモダニズム等の人文科学だけでなく，学術世界に対する権威失墜をも，もたらしたと言い得るだろう．

　以上，「サイエンス・ウォーズ」の概略を紹介した．では，この「サイエンス・ウォーズ」という出来事は，日本の「ジェンダー・バックラッシュ」を考える上で，どのような論点を提供しているのか？　次節ではそのことを考察してみよう．

5.　日本の「ジェンダー・バックラッシュ」と「サイエンス・ウォーズ」

　「サイエンス・ウォーズ」は，日本における「ジェンダー・バックラッシュ」とは全く異なった出来事であった．確かにこの二つの出来事は，「科学や学術」に関する評価において対立する二つの勢力が，一般メディア等において，それぞれの主張を展開した出来事であったという意味では共通性があるが，主題，参加者層や議論の質，科学に与えた影響等に関しては，比較することが適当でないほど，違っていたと言ってよい．

　アメリカの「サイエンス・ウォーズ」は，科学論・科学社会学・社会構築主義・ポストモダニズム等，人文学・社会学を攻撃したのに対し，「ジェンダー・バックラッシュ」は，主要にジェンダー研究を攻撃した．攻撃者は，「サイエンス・ウォーズ」の場合は，物理学者等現役の自然科学者であったのに対し，日本の「ジェンダー・バックラッシュ」の場合，一部研究者は含まれていたものの，議員等政治的活動家の比率が高かった．「サイエンス・ウォーズ」においては，かみ合わないまでも議論が行われたが，日本の場合には双方が批判を行うだけで，議論には至らなかった．内容的にも，「サイエンス・ウォーズ」は，「科学者・研究者」の関心を引くに足る内容を含ん

でいたが,「ジェンダー・バックラッシュ」はフェミニスト以外の科学者・研究者の関心をほとんど引かなかった.「サイエンス・ウォーズ」は（人文学を含む）「学術・科学」に大きな影響を与えたが,日本の「ジェンダー・バックラッシュ」は一部のフェミニスト研究者やジェンダー研究分野に影響を与えたにとどまった.日本の「ジェンダー・バックラッシュ」の影響は,「学術・科学」界よりも,むしろ教育界の方が,大きかった[3]．

けれども,それにもかかわらず,「サイエンス・ウォーズ」は,「ジェンダー・バックラッシュ」を考える上で,いくつかの参考になる論点を提示している．

第一に挙げられる論点は,学術領域間のコミュニケーションの難しさである.「サイエンス・ウォーズ」においては,研究者を含む非常に多くの人々の関心を集めたが,「ウォーズ」という言い方にあらわされているように,一部とはいえ,自然科学と人文社会科学が双方に対して表明した強い不信の念は,コミュニケーションによって解消するには,至らなかった.「ジェンダー・バックラッシュ」においては,先述したように,ジェンダー研究以外の分野の研究者は,政治家や宗教勢力からの「ジェンダー概念批判」に対して,ほとんど関心を持たなかった.「ジェンダー研究」がどのような問題意識からどのような研究を行っているのかについて,自然科学や人文社会科学の他の分野の研究者は,そもそも知識を持っていなかった．また持つべきだという認識もなかったのではなかろうか．

分野間のコミュニケーションの難しさを明らかにしていると思われる一つの例は,「サイエンス・ウォーズ」あるいは「ジェンダー・バックラッシュ」における,一部自然科学者による「認識的相対主義」に対する強い反発の存在である.「サイエンス・ウォーズ」においては,ポストモダニズムが「認識的相対主義」の立場をとり,「科学の優位」を認めないことに対して,一部の自然科学者たちが,強い反感を持っていることが明らかになった.『高次の迷信』において,グロスとレヴィットが主な批判を向けたのも,「科学が他の分野に対して知的特権請求をする権利はない」という科学社会学や社

会構成主義の「認識論的相対主義」の主張であった．幾分戦線を縮小した『知の欺瞞』においてソーカルとブリクモンがポストモダンを主な批判の対象としたのも，「ポストモダンの言説の多くが，何等かの形の認識論的相対主義をもてあそんで」いたからであった．

確かに日本の「ジェンダー・バックラッシュ」においては，直接的には「認識的相対主義」の問題は表になっていない．けれども，ジェンダー研究の一部に対しては，一部の生物学者から「ジェンダー研究は生物学など科学に対して全く何も分かっていない」という批判も存在した[4]．「フェミニストは，生物学的性差の存在を否定する」というバックラッシュ派の批判の中には，「科学的手続きにおいて見出された実在に関する知識である科学的知識」の相対化に対する反発という，「サイエンス・ウォーズ」と同じ主題の存在を見て取ることができる．

人文科学の側から，この問題を見るならば，別の問題が浮上してこよう．確かに自然科学者にとっては，自分たちの活動を揶揄するようなポストモダニズムに基づく近代科学批判に「イラつく」であろうことは，良く分かる．けれども，人文科学における伝統では，自らの活動に対する自己省察は非常に重要であり，ポストモダニズムはまさに「輝かしい西欧思想」そのものが持つ抑圧性を暴き出したことによって，重要な思想的営みだったと言い得る．自然科学は，確かに大きく進歩した．人類社会に大きな貢献をたことも確かである．けれども，それが生みだした災禍もまた大きかった．科学史・科学社会学・ポストモダニズムによる科学批判（それは主に人文科学を含む人間科学に向けられているのだが）が行っているのは，そうした観点からする批判であって，そこには聞くべき論点もあるのだ．科学論を含むフェミニズムは，生物学主義が女性に与えた社会的抑圧の大きさを，明らかにしてきた．そうした効果は，生物学者が生み出したことではなく，単に生物学を利用した政治家や思想家あるいは医療など治療行為従事者が行ったことかもしれない．けれども，「科学」を至上の認識とする「科学主義」によってもたらされた側面もあることは，確かである．その問題に，生物学者は責任を問われない

で良いのか？ 問われる必要はないのか．「科学的でない」ということによって，ある言説が否定されるということは，そのよう価値判断によって，政治的な言動も生じる可能性を否定できないということである．「文系の」科学論や科学社会学は，まさに文系だからこそ出来る，科学的言説の社会的効果をこそ，検討の素材としているのである．けれども，このことは，攻撃者に理解されないままに，なっている．

　第二に挙げられるのは，第一の論点と非常に深く関連しているのだが，このようなコミュニケーション齟齬が，一部には，攻撃側の議論の仕方自体によって，生み出されているという問題である．「サイエンス・ウォーズ」においては，グロスとレヴィットの『高次の迷信』での科学社会学や社会構築主義・フェミニズム科学論等を，徹底的に揶揄する言葉の使用，あるいはアラン・ソーカル事件における「詐欺論文を書き，それを反対の立場の陣営の雑誌に投稿して，雑誌編集委員会の「科学的知識をテストする」という『罠を仕掛ける』という方法等，「科学や学術におけるコミュニケーション・ルール」であるところの「相互信頼性」を破壊する出来事が，見出せた．また「ジェンダー・バッシング」においては，「科学的コミュニケーション」の基本を踏まえない引用ルールの無視，論文や著作に対する批判ではなく研究者個人を名指しで攻撃すること，論理的飛躍が多く見いだせること，誰のどんな主張なのか全く分からないようなフェミニズム像を作り上げたことなどが，攻撃側の論じ方の特徴であった．また先述したように，フェミニズムとジョン・マネーの関係についての学史的検討を行わないままそれらを同一視した．ジョン・マネーの「男女二分法」に基づく治療実践を，正反対の立場（ジェンダーフリー派）に読み替えた．これらの粗雑な論述が目立つゆえに，その論を議論の方法において，「科学」や「学術」におけるコミュニケーションが最低保つべきルールから大きく逸脱していたといことが出来よう．それゆえ学術的な論争を行うことは，ほとんど不可能だった．見方を変えれば，「バックラッシュ派」は，最初からフェミニストを，真面目な論争相手とはみなしてはいなかった．そのことを，明確に態度で示していた．つまり「ジ

ェンダー・バックラッシュ」にも,「相互信頼性の破壊」をもくろむ論じ方が見出せる.このような態度で議論がなされることは,通常の学術的コミュニケーションでは稀なことである.それゆえ,逆に,このような論法が用いられること自体が,一般の研究者・学術関係者にとっては,それが学術的議論であること自体に対する疑念を生みだすことになる.

この「ジェンダー・バックラッシュ」における,論争相手というよりもむしろコミュニケーション不能者という位置づけは,その意味では,アメリカの「バックラッシュ」における宗教右翼が行ったフェミニストの位置づけに,似ていると言い得るかもしれない.実のところ,フェミニズムに対する「バックラッシュ」という動きは,日本に限定された動きではない.スーザン・ファルーディーは,著書『バックラッシュ』において,第二波フェミニズムを否定する言説がアメリカ社会に強まっていることを,既に1990年代に指摘している (Faludi 1991=1994).

彼女は,フェミニズムに対するバックラッシュの「誕生の地」を,「ニューライトの聖職者グループ」に求めている (Faludi 1991=1994: 208).このグループは,「男女平等が女性の不幸の原因」「女性運動が伝統的な家族の形を崩壊させた」と,主張した.たとえば,ニューライトの指導者の一人ポール・ウエイリッチは,フェミニズムの脅威を書きたて,彼が創設したヘリテッジ財団は,1981年に『リーダーシップの要求』という要望書をレーガン政権に提出し,「フェミニストの政治的影響力が強まりつつある」と,警告した.彼らは1984年にも同じく「女性運動の駆逐の必要性」を強調する要望書を提出した.「クリスチャン・コーズという宗教団体のニューズレターの書き出し」では,「悪魔が女性運動を支配している.もはや何をしでかすかわからない」と,フェミニズムを悪魔にたとえ,「フェミニストの魔女狩り」を行った (Faludi 1991=1994: 210-212).そして『『過激なフェミニズム』が,政界や学校に深く入り込み,ありとあらゆる社会悪が多発している」と主張し,フェミニズムに対する闘いに,全力を傾けると宣言した (Faludi 1991=1994: 213).けれどもニューライトを研究する歴史家や評論家は,こう

した彼らのフェミニズム批判を,「政府の規制緩和・財政カット・防衛等のもっと重要な政策」から人々の目をそらすための単なる手段であり,「二次的問題」に過ぎないとみなしていた（全く同様の認識があったことは,日本社会でも,既に指摘されている).

ファルーディは,ニューライト派によるフェミニズム攻撃において使用されたのが「言葉の意味を変える」ことだったという.「人工妊娠中絶」に対する「女性の権利」に反対することを「生命尊重（プロ・ライフ）」,「性の自由」への反対を「純潔の尊重」,「女性の社会進出」「女性の地位向上」への反対を「母性の尊重」「家族尊重（プロ・ファミリー）」と言い換え, 肯定的な言葉によって, 単なる反動（バックラッシュ）に過ぎない主張を, 肯定的なシンボルに満ちたスローガンに変えた.

このような宗教右翼による「バックラッシュ」言説は, フェミニストを悪魔に例える等, 最初から議論や対話を拒否している点, フェミニズムを多くの女性の生活の中で生まれた切実な思想としてとらえるのではなく,「世界制覇をたくらむ勢力」として定義し,「あらゆる社会悪」の源泉として位置付けている点, 言葉の意味を変えることによって, 自分たちの主張を強めた点等, 日本のバックラッシュ言説に良く似ている. けれども, 日本の「ジェンダー・バックラッシュ」は, フェミニストを「悪魔」にではなく,「傲慢な専門家」であるジョン・マネーに例えた. また「神」ではなく「科学」こそを, 最終審級とした. このことは, 私たちに, 再度「科学的世界」と「日常生活世界」をめぐる新しい問題へと向かわせることになる. 私たちが最後に向かうのは, その問題である.

6.「科学的世界」と「日常生活世界」
—— 再帰的関係が生み出す「コミュニケーション齟齬」?

アルフレッド・シュッツは,「科学的理論の世界」を, 多元的リアリティの一つとして位置づけ, その特徴を,「科学的態度の固有のエポケー」に求

めた（江原 1985: 119）．科学的態度とは，①仲間の中にいる人間としての主観性，②日常生活世界のオリエンテーション体系，③根本的不安とプラグマティックなレリヴァンス体系を「括弧入れ」する，「私心なき観察者」の態度である．

「日常生活者」である我々にとって，「科学的世界」は，多かれ少なかれ，このような「私心なき観察者」の世界として，意識されている．確かに私たちの多くは，既に「科学的世界の価値中立性」や「利害超越性」を素朴に信じているわけではない．科学的活動もまた，社会的活動の一部であり，それゆえ現実に諸資源の投入を必要としており，他の諸活動との競合を避けることができない．その意味で科学者は「私心なき観察者」としてだけ生きることはできず，まさに「私心なき観察者」としての活動を維持するためにも，研究活動を維持するための予算獲得や資金獲得に奔走せざるを得ないことは，良く知られている．けれども，それにも拘わらず，私たちは，「科学的世界」が「日常生活世界」とは異なる特有の世界であり，そこで形成された知識は「客観的知識」であること，あるいは少なくとも「客観性を標榜する知識」であると思っている．それゆえ，多くの人は，「科学」的に正当化された知識を，他の知識よりも「妥当な知識」として受け入れる傾向性を持っているのである．

けれども，「科学的理論の世界」と「日常生活世界」を峻別するシュッツの科学論に対して，「牧歌的」という批判があるように（張江 2003），現代社会における科学は，もはや独立の「私心なき観察者」の活動なのではなく，巨大資本や国家等のクライアントの要望に即して行われる「事業」の色彩を強く帯びるようになってきている．科学は社会の中に社会の重要な構成要素として組み込まれたのだ．日常生活者の側から言えば，我々にとっての日常生活世界とは，既に科学を組み込んだ世界なのであり，科学の変容は，我々の「日常生活世界」の変容に直結するし，逆に「日常生活を変革」するためには，「科学を変革する」ことが必要になることが多くなってきているのである．

さらにいえば，社会科学においては，この問題は単に状況論的な問題ではなく，原理的な問題としても，認識されるようになってきている．A・ギデンズは，自然科学に比較して科学として成功していないと評価されがちな社会科学について，社会科学は科学法則の発見こそ，自然科学に劣るものの，近代社会を作り出したのだから，その存在意義は自然科学に劣るものではないことを，主張した（Giddens 1990=1993: 58）．社会科学の存在意義は，社会の外で社会に関する一般法則を発見するというよりも，社会の一員として自らの社会科学的研究を公表し，それが社会に及ぼす影響を通じて，社会そのものを創造・形成していくことにこそ，あるというのである．もしこの社会科学観が妥当だとすれば，社会科学がその存在意義を果たそうとすればするほど，社会科学は，自らの研究が社会に与える再帰的影響に関わらざるを得ないことになる．

　つまり，現代において科学は，自然科学であれ，社会科学であれ，自らが生み出した知識や言説が社会に与えた効果の責任を背負いつつ，活動せざるを得ない状況（以下では科学の再帰性と呼ぶことにする）にあり，またそのことは今後ますます強まると予想せざるを得ないのである．

　日本の「ジェンダー・バックラッシュ」という現象は，まさにこの再帰性に関わる現象だったと考えることができよう．以下この観点から総括する．

　第二波フェミニズム運動は，学問に強い影響を与え，女性の視点から従来の学問を見直す女性学・フェミニスト研究・ジェンダー研究を生みだした．こうした学問から生まれた概念である「ジェンダー」は，次第に社会成員の成員カテゴリーにおいて，統計資料など社会状態の記述において，社会政策や社会教育などで，使用されるようになった．つまり，学術用語であった「ジェンダー」は，「学術の世界」を超えて，社会そのものの中で，使用されるようになったのだ．英語圏の多くの国では，書類の性別欄が，SexからGenderに代わった．女性の状況を明らかにしたくても，そもそも，そうした観点から統計資料を集めるという試みがなされていなかったので，「社会的・文化的に形成された男女の生活や意識における偏り，格差，差別を明

らかにする統計」の必要性が主張され，ジェンダー統計という言葉が生まれた．国連世界女性会議では，ジェンダー視点から国や地方等公的な予算を評価するジェンダー予算という評価法が，提案された．ジェンダー視点から開発計画を考える「開発とジェンダー」も主張された．ジェンダー・ギャップ・インデックス等，ジェンダー平等の程度を示す国際比較指標が作られ，毎年発表されるようになった．このように，もはやジェンダーという言葉は，学術用語から飛び出し，現実の世界を変えるために使用される政策の言葉となった．他方，「ジェンダー」は，学術用語としても使用され続けた．しかも，ジェンダー研究が学問の各分野に拡大するにしたがって，その定義も使用法も変化し続けた．

けれども，日本においては「ジェンダー」という言葉は，なかなか学術的世界から飛び出せない限界を持っていた．男女平等や男女共同参画に関する用語の浸透度を調べる自治体などの調査で，「知っている」人の割合が一番低い言葉の一つが，「ジェンダー」であった．外来語であることもあり，なおかつ「身体と精神」や「文化と自然」などの二分法的概念で構成される近代ヨーロッパ思想になじみが少ない日本社会において，「ジェンダー」概念が日常生活や政策に定着するのは，相対的に難しかったのだと思われる．確かに，一部の関係者には，ジェンダー統計やジェンダー予算，ジェンダー・ギャップ・インデックス等の社会政策用語は良く知られていたが，そうした知識は多くの市民にまでは，共有されていなかった．学校教育・社会教育において提起された「ジェンダーフリー教育」は，ジェンダーという言葉を前面に出した数少ない社会政策だったと，推測される．

バックラッシュ派の「ジェンダー概念」への攻撃は，そうした状況で起きた．その時，その主張の妥当性について，日常生活者から疑問を出されることがほとんどなかったのは，おそらく，以下のような理由によるのではなかろうか．多くの日常生活者は，そもそも「ジェンダー」という言葉を知らなかったし，知っていてもあまり関心を持っていなかった．あるいは，関心があっても，精通していないという自覚から，判断を留保せざるを得なかった

のではないかと．

　推測するに，まさにこのことこそ，「バックラッシュ」派が攻撃対象をジェンダー概念に絞った理由だったのではなかろうか．人々になじみが少ないジェンダーという概念をターゲットにすることで，問題は「男女平等」そのものではなく，「性差の否定・解消」をねらう過激フェミニスト思想にあるかのように，装うことができる．面と向かって「男女平等」に反対すれば，多くの日常生活者からも批判が出ることが予想されるが，「ジェンダー」というなじみが少ない言葉をターゲットに設定し，その言葉の周囲に「いかにも過激だ」と日常生活者が思うような事柄を集めれば，ジェンダーという言葉がマジック用語となって，あたかもそのような事柄を自動的に生み出す過激思想があるかのような影絵を，作ることができる．そしてその（本来不在の）過激思想を「科学」によって否定すれば，彼らが維持したかった「男女二分法」つまり「『男らしさ・女らしさ』に代表される『本質主義』『生理的宿命』論」的性別特性論や，「固定的な性別役割分業」論を正当化することができると考えたのだと思う．科学と社会の再帰的関係が強まっているにも関わらず，「科学」は未だ多くの人々にとって，最も信頼される知識である．その人々の信頼を利用して，「ジェンダー概念の非科学性」を（科学的コミュニケーションから逸脱した議論の仕方で）訴えることで，自分たちの主張を正当化できると踏んだのではなかろうか．

　確かに彼らのねらいは当たった．これだけ時間がたっても，本稿で述べた様なバックラッシュ派の言動の奇妙さや「科学的コミュニケーションからの逸脱性」については，十分な認識がなされていない．学術分野間のコミュニケーションギャップもあり，「ジェンダーという概念はもはや使用しなくなった」という認識を持つ自然科学者も未だ存在する．「ジェンダーフリー」を「間違った政策」と定義づける国の方針はいまだ健在である．他方において，女性活躍法の制定等，人口減の中で女性を活用しようとする施策はかつての「ジェンダー・バックラッシュ言説はどこへいったのやら」と思うほどにも進展している．もはや「ジェンダー・バックラッシュ」を論じる意義は

無いかのように思える.

けれどもそうではないだろう.どこにも存在しないフェミニスト像を作り,その虚像を叩くことで「日本の女性の人権を前進させる動きに対する否定の言動」(石 2016)を行った「ジェンダー・バックラッシュ」が,十分な考察を経ないままに留まることは,日本のジェンダー研究だけでなく人文社会科学の,あまりもひ弱な姿をさらし続けることになるだろう.「科学」の名を利用することでなされた「ジェンダー・バックラッシュ」は,「科学」からの攻撃を予測して,科学を批判的に考察するフェミニズム科学論のような研究の方向性を抑制させる危険性すらある.また「ジェンダー・バックラッシュ」がこのように簡単にできたということは,今後他の分野の人文科学や社会科学においても,こうした攻撃が簡単に行えるということを示している.確かにジェンダー研究に対する攻撃は,おそらく「ジェンダー研究」あるいはフェミニズムが,思いのほか社会変革を生みだしたことによって生じたと思われる.けれども,科学の再帰的関係が強まっている今日,どの分野においてこのようなことが起きても不思議ではない.

一体,科学と社会が再帰的関係を強める状況において,科学者は科学の社会的影響に関して,あるいは科学の名を利用する言説に対して,どのような責任を負うのだろうか.このような問いは,本稿の論じられる域を超えた問題である.けれども,「ジェンダー・バックラッシュ」をめぐる問題の考察は,この問題がフェミニズムに留まることなく,科学者全体にこのような問いを投げかけていることは,確かだと思われる.

注
1) 左古は,ジャーモンに従って,「その誕生において,ジェンダーは,生理学・生物学的な性別と対比されるものではなかったし,社会・文化的な可変性や流動性を主張するものでもなかった.言わばその逆だったのである」(左古 2012)という.
2) 「ブレンダ症例」が,バックラッシュ派が言うような「フェミニズムの主張である『性別の社会的文化的可変性』という説の間違いであることの証拠」として

位置づけられるかどうかには，その他にも，いくつか考えるべき問題があると思われる．たとえば，反陰陽症例と「ブレンダ症例」のような事故による性別変更の場合は，区別して論じられるべきであろう．さらに，社会的対応において，「性別二元論に基づく性別変更」と「性別中立的対応」は，明確に区別して論じられるべきであろう．ジョン・マネーの「ブレンダ症例」については，フェミニズムとは正反対の「性別二元論」に基づく治療的実践という評価がある．この視点から言えば，バックラッシュ派が，たとえば「ジェンダーフリー」における男女の呼称変更（「くん」と「さん」の区別等の解消等）という実践を，「ブレンダ症例」における異性への転換という治療実践と同一視していることは，この二つの異なる社会的対応を同一視している点において，批判されるべきである．通常の日本語理解で言えば，女児への性転換を行った「ブレンダ症例」は当然性差の存在を前提にしており，よってバックラッシュ派が問題にしている「ジェンダーフリー」派の「性差解消」実践とは異なると判断するのが，妥当である．

3) 「21世紀に入って，国会などでは性教育を実施した教員への誹謗中傷が繰り返され，以後学校現場で性教育は取り組みにくくなっている」(石 2000: 108)．石はこのような性教育を実施していた教員への誹謗中傷の事例として，「大阪府A市立B中学校」の事例をとりあげ，直接的に攻撃対象となったN先生への聞き取り調査と関連資料から，この一連の事件の概要を明らかにしている．

4) 上野千鶴子氏の『差異の政治学』という著作において「遺伝子，内分泌，外性器のどれをとっても，自然界には性差の連続性があるのに対し，文化的な性差は中間項の存在をゆるさず，男でなければ女，女でなければ男と，排他的な二項対立のいずれかに人間を分類するのである」という記述に対し，生物学者の大隅典子氏は，「上野氏はどうも根本的に『生物学』や『統計学』が分かっておられない」という批判を行っている（大隅 2005）．また大隅氏は，文系のジェンダー概念使用への疑問や，「ジェンダーがセックスを規定している」という記述に対する疑問も提示している．この疑問の呈示は，「サイエンス・ウォーズ」における議論と並行的であり，日本では大きな声にはならなかったものの，自然科学者の中に，文系のジェンダー研究に対する疑念が一定程度あることが分かる．なお，日本学術会議では，このような疑念を受けて，シンポジウム「性差とは何か──ジェンダー研究と生物学の対話」を開催し，その成果を書物にまとめている（日本学術協力財団 2008）．

文献

Sokal, Alan & Jean Bricmont, 1997, *Impostures Intellectuelles*（= 2000, 田崎晴明・大野克嗣・堀茂樹訳『「知」の欺瞞──ポストモダン思想における科学濫用』岩波書店．）

Anthony Giddens, 1990, *The Consequences of Modernity,* Polity Press.（=1993, 松尾精文・小幡正敏訳『近代とはいかなる時代か』而立書房．）

江原由美子，1985,『生活世界の社会学』勁草書房.
江原由美子，2001,『ジェンダー秩序』勁草書房.
張江洋直，2003,「シュッツ科学論と『見識ある市民』」——シュッツ科学論の二重性へ」シュッツ・パーソンズ研究会　2003年11月16日（神戸大学）
Colapinto, John, 2005, *As Nature Made Him: The Boy Who Was Raised as a Girl.* (2005 [2000]，村井智之訳『ブレンダと呼ばれた少年』扶桑社.)
Germon, Jennifer, 2009, *Gender A Genealogy of an Idea,* New York; Palgrave Macmillan. (= 2012，左古輝人訳『ジェンダーの系譜学』法政大学出版会.)
金森修，2000,『サイエンス・ウォーズ』東京大学出版会.
金森修・中島秀人編，2002,『科学論の現在』勁草書房.
日本学術協力財団，2008,『性差とは何か——ジェンダー研究と生物学との対話』学術会議叢書.
光原正，2005,「『男女共同参画』，その欺瞞の系譜とレトリック」『正論』2005年9月号.
大隅典子，2005,「大隅典子の仙台通信」2005年12月号，http://nosumi.exblog.jp/
石　ヒャン，2016,『ジェンダー・バックラッシュとは何だったのか——史的総括と未来に向けて』インパクト出版会.
左古輝人，2012,「訳者あとがき」(『ジェンダーの系譜学』法政大学出版会，329.)
Faludi, Susan, 1991, *Backlash: The Undeclared War Against American Women,* Anchor Books. (=1994，伊東由紀子・加藤真樹子訳『バックラッシュ——逆襲される女たち』新潮社.)
Gross, Paul R. & Norman Levit, 1994, *Higher Superstition,* Johns Hopkins University Press.

補論
「構築主義」は「ポスト真実」を準備したか？

江原由美子

1. ポスト真実の時代？

　21世紀に入り，近代を作り上げてきた様々な思想の潮流に，大きな異変が起きている．自由や平等という人権思想を否定するようなヘイトスピーチ，移民難民問題をきっかけとする人種主義や自民族中心主義，平和を希求する人々の願いをあざ笑うかのような軍事力強化や核武装の主張，民主主義を否定し独裁政権を許容するかのような権力の集中を是とする主張，等が，インターネット等様々なメディアの中に横行し，各国の政治的動向を揺り動かしている．近代思想は，多くの人々が理性に基づいて合理的討議を行うことによって，より良い社会をつくることができるという見通しを示した．現在起きているのは，この合理的討議によって人々の間の利害対立や反目を乗り越え，より良い社会をつくることができるという信念自体の揺らぎ，あるいは崩壊とも言いうるような事態である．

　勿論，「合理的討議によって人々の間の利害対立や反目を乗り越え，より良い社会をつくることができるという信念」は，楽観的過ぎることは確かである．実際には，様々な利害関係が入り乱れ，合理的な議論を封殺するような圧力がのしかかる．「真実ならば必ず勝つ」とは限らないし，「事実に基づいて警鐘を鳴らす発言」が誰にも見向きもされずに無視され，そのまま埋もれてしまうことも，ある．けれどもそれでもこれまでは，その議論を捻じ曲げる力そのものを，証拠に基づいて明らかにするなどの努力によって，「覆い隠された真実」や「無視された事実」が，いつか表に顕れうる可能性が，信じられてきた．そして「隠された真実」や「否定できない事実」がひとた

び世に出れば，正義についての共通の信念から，人びとはより良い解決を求め，やがてはより良い合意にいたることができると，信じられてきたのだ．けれども現在は，この「事実を明らかにし，共通の正義についての信念に基づいて討議することで，より良い合意に至ることができる」という信念，いやそれどころか，「事実・真実を明らかにすることができる」という信念自体が，崩壊しかかっているかのようである．

　このことを強く印象づけたのが，2016年のアメリカ大統領選挙とトランプ政権の誕生以降アメリカメディアにとびかった「フェイクニュース」と言う言葉であった．「フェイクニュース」とは，虚偽の情報でつくられたニュースをいう．大統領選挙では，「ローマ法王がトランプ支持を表明した」「クリントンは悪魔崇拝者」などの明らかな「フェイクニュース」がネット上にあふれ，フェイクでないニュースへのアクセス数を超えたアクセス総数となった[1]．明らかに嘘と分かる「フェイクニュース」でも，それを信じてしまう人々がいる．そうした人々による事件や騒動も起きた（遠藤 2018: 208-210）．信じずとも興味を持つ人が大勢いるであろうことを狙って，意図的に「フェイクニュース」を流し続ける人や集団があることが明らかになった．

　過去においても「意図的に嘘をつく」行為は，多く存在した．しかし「嘘」が身近な人々の間でのみ流通していた時は，広まるまで時間がかかり，流通範囲も限定されていた．流通範囲が狭い空間に留まれば，同じような価値観や生活様式を持つ人々の間で流通する確率が高くなり，その場合情報の「真偽」を確かめることも，比較的容易であった．しかし今日では「フェイクニュース」は一瞬にして世界を駆け巡る．流通範囲の広さと流通に要する時間の短さやコストが，けた違いである．流通範囲には，宗教や価値観，生活スタイル等において非常に多様な人々が暮らしている．異なる宗教や価値観，生活様式を持つ人々が外から流れてきた「フェイクニュース」に接する場合，それが事実かどうか判断することはより困難である．流通に要する時間も短くコストも安いので，フェイクニュースを次から次に作ることができる．一つのフェイクニュースが流通している時間が短いほど，その情報の真

偽を判定する時間を確保することは，困難になる．「嘘」をつくことの影響力＝リスクは，インターネット時代においては，格段に増大したのである．

　しかし，「フェイクニュース」という言葉が飛び交う時代の本当の怖さは，意図的な「フェイクニュース」の影響力の大きさにあるというよりも，あらゆることを根拠なく「フェイク」と断定してしまう行為，さらにはそうした行為が特段の咎めを受けることなく通用してしまうことにこそ，あるのではなかろうか．それをまざまざと示したのが，トランプ大統領の就任演説報道時であった．大統領就任時に集まった市民の人数が，オバマ大統領就任時よりも少なかったというニュース報道に対し，トランプ大統領は直ちに，それを「フェイクニュース」だと断定し（ツィッターで）「つぶやいた」．自分の大統領就任式に参加した人々は，オバマ大統領の就任式時よりも，ずっと多かったというのである．そしてTV映像に映し出された「明明白白な」人数の相違を示されても，「フェイクニュース」だとする断定は取り消されなかった（遠藤 2018: 216-220）．

　マイケル・ウォルフは，この大統領就任円演説に集まった参加者の数をめぐる「フェイクニュース」騒ぎを，次のように記述している．「就任式から24時間と経たないうちに，大統領は，この世に存在しない人間を，100万人ほど創出することになった．新任のホワイトハウス報道官，ショーン・スパイサー（すぐに，『そんなでたらめやでっちあげはまずいですよ』が彼の口癖になった）に命じ，就任式の観衆の人数に関して自分の見解を発表させたのである．この一件により，それまで実直に政治畑を歩んできたスパイサーは一瞬にして国民的な笑いものになり，今後もその汚名はすすがれる気配がない．おまけに大統領は，100万人の観衆が本当に存在したかのように伝えることができなかったといって，スパイサーを責め立てた．これはトランプが大統領になって最初の暴挙だった．（……）スパイサーがのちに振り返ったように，トランプはごくごく基本的なレベルの事実すら無視する．トランプに何を進言するも自由だが，彼にとっては自分が知っていることだけが事実だ．したがって，トランプと違うことを進言しても，彼が信じることはない」(Wolff 2018

= 2018: 90).

　このトランプ大統領の「暴挙」には，「意図的に嘘をつく」行為が伴うはずの，「真実を装うこと」がはらむ「嘘を見破られるかもしれない」という不安感や罪悪感が，全く存在しなかった．その点において，虚偽であることを見破られないように真実を装う「フェイクニュース」を流す人々の行為とは，全く異なるものであった．誰が見ても明らかな「大統領就任式の参加者人数がオバマ大統領の時よりも少ない」という「事実」を示されても，つまりウォルフがいうところの「ごくごく基本的なレベルの事実」を示されても，論拠やデータを示すことなく直ちにトランプ大統領は，「フェイク」と言ってのけた．この行為には，我々を惑わすような，「事実・真実」に対するアンビバレントな評価が見出せる．大手メディアのマスコミ報道を「フェイク」と断定する行為は，一見「フェイク」でない「事実」をこそ尊重する発言のように聞こえる．けれども，「フェイク」という断定の論拠を提示することへの無関心ぶりには，全く逆に，「事実・真実」などどうにでも作ることができるんだと言わんばかりの「事実・真実」の価値を評価しない態度が明確に示されている．本来，何かの報道や情報を「事実でない」＝「フェイク」と断じるのは，そう断じられた個人や組織の名誉や信頼性を損傷する「重い」行為であるはずである．けれどもトランプ大統領は，大統領である自分にとって不愉快な情報を「フェイク」と無造作に言ってのけた．つまりそこには最初からその情報を出した個人や組織の名誉や信頼性を尊重するつもりなど全くないという態度が，明明白白に示されている．「フェイク」という言葉は，単に彼らを「罵倒」(遠藤 2018: 220) する言葉として使用されているに過ぎない．このことは，つまりは「事実・真実」などどうでも良いということを示しているとしか解釈できないのである．自分に対していつも批判的な大手メディアの報道を「罵倒」することで，トランプ大統領は「自分に批判的な大手価値メディアの報道情報など，真面目に取りあげる必要がない」という態度を示したのである．それはまさに，自分が「真」だと思うことだけが「真」であり，自分にとって不都合なことは全て「偽」だという

「『真偽』の基準自体に対する挑戦」(遠藤 2018: 220) を，意味した．「真偽」が「客観的な証拠」によっては定まらず，その人が「真実」と思うかどうかによって決まると主張することは，まさに，「真実」という概念自体を愚弄することに，ほかならない．

　ここには，単に「嘘」が流通してしまうこと以上の問題がある．すなわち「真偽の基準」を揺るがすこと，「事実・真実という概念」の重要性自体を否定すること，「何が事実であるかについては証拠を挙げて合理的に議論し見出すことができる」という信念に基づく合理的コミュニケーションの可能性自体を否定すること，つまりはコミュニケーケーションへの動機づけ自体を破壊するような事態という問題である．このような「暴挙」を行ったアメリカ大統領は，これまで誰もいなかった．しかし，トランプ大統領はやすやすとこの線を越えたのだ．そんなことができるのは，ドナルド・トランプだからだろう．おそらくドナルド・トランプは，先述したような「ごくごく基本的なレベルの事実すら無視し，自分が知っていることだけが事実だとしてしまう」ような考え方を，ずっと持ってきたのだ．そして彼の大富豪という環境は，彼がこの「自己中心的な」真偽観を維持したまま人生を過ごすことを可能にしてきたのだと思う．こうした個人的資質を持つ人間がアメリカ大統領になり強大な権力を持ってしまったおかげで，彼の周囲のスタッフたちには彼の「でたらめやでっぢあげ」を何とか糊塗しなければならないことになり，「オルタナファクト」等の珍妙な言葉を生んでいったのである[2]．

　けれどもさらに衝撃的なのは，このトランプ大統領の「暴挙」は，彼を支持してきたアメリカ国民に，喝采を持ってむかえられたということである．つまり，「自分に不都合なことは偽」だとするトランプ大統領の言葉を支持する人々が，現在のアメリカ社会の世論において，かなりの割合を占めているということである．なぜこんなことがまかり通ってしまっているのだろうか．この出来事に衝撃を感じた多くの人々は，こんな疑問と不安に駆りたてられたに違いない．ドナルド・トランプがどんな個人的資質を持っていようと，彼が人々に支持されず大統領でなければ，それは単に個人的資質に留ま

217

る．ドナルド・トランプが実際に大統領になってしまったことにこそ[3]，本当の問題があるのだ．そもそも彼が，このような「真偽の基準」に対する愚弄を行えたのは，選挙期間中を通して，トランプの「でたらめやでっち上げ」が，彼への支持率にさして深刻な影響を与えず，むしろ支持率を高めていったことを知っていたからであろう．ここから考えると，ドナルド・トランプが大統領になったということは，アメリカ市民の中に，従来の「真偽の基準」に対して，強い不信感があったということを，間接的に見出しうることを意味している．だからこそ，トランプ大統領は，「真偽の基準」を無視することを，やすやすと行いえたのだ．無論，過半数の人々は，この「暴挙」に激怒するだろうが，支持者にとっては，トランプ大統領が引き起こした大手メディアの激怒ぶりこそが，トランプに喝采を送る理由になることを，トランプは確信できていたのだと思う．

　トランプは，自分をいつも嘲笑する大手メディアのジャーナリストや知識人，専門家，大学の研究者等，知的エリートに対して，強い不満を持っていた (Wolff 2018 = 2018)．他方，選挙戦を通じて，彼は，そうした不満は自分だけではなく，たとえ一部であるとはいえアメリカ市民の中にも強く存在することを，十分知ることになった．知的エリートは，高い学歴を持ち，威信の高い職業についていた．そしてそうした職業の多くは，それぞれ厳しい職業的倫理規定を持ち，その倫理規定の多くは「真偽の基準」に基づき「真実を述べる」ことを含んでいた．それゆえ知的エリートは，自らの言葉を，権威ある言葉として流通させてきたのである．その言葉を「普通の人々」が「嘘」などと否定することは，たとえどんなに強い不満を持っていたとしても，なかなか困難であった．そしてトランプ大統領が誕生した．彼は，自分がアメリカ最高の権力と権威を持つ存在になったことによって，知的エリートによる報道を「フェイクニュース」だと罵倒した．もともと大手メディアの報道内容に対して不満を持っていた人々は，このトランプ大統領の罵倒の中に，まさに自分自身ができなかった大手メディアへの「意趣返し」を見出したのである．大手メディアの報道をすぐ「フェイクニュース」と罵倒し，

ジャーナリズムが維持してきた「真偽の基準」自体を，価値のないものとして笑いものにすることで，トランプ大統領氏は，従来の大手メディアの報道に対して不満を抱いていた人々のうっぷんを，見事にはらして見せたのである．

「フェイクニュース」という言葉が飛び交う現代のこうした状況は，「ポスト真実の時代」と名付けられている．「ポスト真実の時代」とは，オックス・フォード英語辞書に拠れば，「世論形成において，客観的な事実よりも，感情や個人的心情に対する訴えが，大きい影響力を持つ状況」(遠藤, 2018, 205) を意味しているという．もし，先に推測したように，大統領就任式の出席者数についてのトランプ大統領の「フェイクニュース」という罵倒に喝采を送った人々は，トランプ大統領が述べた式典参加者人数が「事実」であったかどうかよりも，知的エリートを罵倒するパフォーマンスによって得られた満足感の方を重要視し，より一層トランプ支持を強めたとするならば，ここには，まさに「世論形成において，客観的な事実よりも，感情や個人的心情に対する訴えが大きい影響力を持つ」という「ポスト真実の時代」を見出すことができるだろう．

そうだとすれば，その意味するところは，あまりにも衝撃的である．SNS等のソーシャルメディアが民主主義の基礎である〈公共圏〉の確立にもたらす影響を論じた遠藤は，2016年のアメリカ大統領選挙における「フェイクニュース」を論じた後に，「このような混乱した状況の中で，われわれは〈公共圏〉どころか，われわれが長い歴史の中で築きあげてきた文明そのものを失うのではないか」(遠藤 2018: 233) と，述べている．「ポスト真実の時代」が生み出した危機感は，それほどにも大きいのだ．

2. 「ポスト真実の時代」と「社会構築主義」

しかし，本書を読んできた方には，「ポスト真実の時代」に，どこか既視感を感じられたのではなかろうか．「事実や真実等はどうにでも作ることが

できる」と言わんばかりの態度や，自分に不都合なことを言う人々を論争の相手として位置付けることなく罵倒する態度の中に，これまで，日本やアメリカの事例をいくつか参照することで示してきた「コミュニケーション齟齬」と類似のものを，見出すことができるのではなかろうか．「事実の価値」よりも「罵倒というパフォーマンスにより溜飲を下げる」ことを重視することは，相手と議論の相手として尊重していない点で，アメリカの「バックラッシュ」におけるフェミニストへの「魔女呼ばわり」や，「サイエンス・ウォーズ」における「罠を仕掛け」て，ポストモダニズム系の雑誌の権威の失墜をはかるやり方などと，似ているのではなかろうか．

さらに考えてみれば，「ポスト真実の時代」は，単にアメリカの出来事，日本にとっての「対岸の火事」ではない．本書においてこれまで見てきたように，日本の言論世界においても，既に20年以上前から，「ジェンダーをめぐるコミュニケーション齟齬」等，「真偽判断」を揺るがすような出来事が生じていた．ジェンダーに関わる問題以外でも，データ的には全く根拠がないにも関わらず，「少年犯罪の凶悪化」[4]や「外国人犯罪の増大」[5]が起きているかのような意見が，未だに根強い．事実無根の「在日特権」を攻撃するヘイトスピーチも，未だ健在である．やや乱暴な議論であることを承知で言うならば，トランプ大統領の「式典参加人数ツイート」は，日本の有力政治家による「ジェンダーフリー派攻撃」発言と，どこか重なって見える．トランプ大統領が100万人を生みだしてしまった発言を恥じることが無いように，日本でもこうした「事実に反した全くの虚偽」が，一国を代表する有力政治家から，訂正や謝罪がなされることなく，未だにあたかも「周知の事実」であるかのように，公的な場で発言され続けている．トランプ大統領の事実無視の発言を批判せずにむしろ喝采した市民がいたように，日本でも同じく有力政治家の「事実に基づかない発言」を批判するよりもむしろ支持する市民がいる．森友学園問題における文書偽造や加計学園問題等を挙げるまでもなく，日本社会は，アメリカにおける「ポスト真実の時代」のずっと前から，「虚偽がまかりとおる時代」になっていたとも，考えられよう．

もしこのような見方をするならば,「一体, なぜ何時から, またどのような要因がこういう状況を作り出したのか」という問いが, 必然的に生まれてくるだろう.「ポスト真実の時代」にせよ,「虚偽がまかりとおる時代」にせよ, 一挙には生まれない. そこに至るまでには, 長い過程があったはずだ. そうであれば, この数十年の言説の歴史の具体的検討が必要だろうし, 複雑に絡まる多様な要因の分析が必要だろう. おそらく最も大きな要因は, ICT技術の普及に伴うコミュニケーションツールの変化なのだろう. その変化が, 使用する言葉の違い, 日常的に一対多コミュニケーションを行う機会が増大することに伴うコミュニケーションの目的の変化（注目されること自体を目的とする等）等を生み出し, 精密に吟味する類のコミュニケーションを凌駕してしまったのかもしれない. また社会主義崩壊やネオリベラズム的経済政策等の政治状況の変化も, 大きな要因になっているだろう. 社会科学や人文科学も含めた科学の役割の変化も, 影響しているかもしれない. いずれにせよ, 社会学（あるいは他の学問でも良いが）は, このような言説状況の変化が, 政治や社会に与える影響について, 当の社会学等人文社会科学や科学・学術に与える影響をも含めて, 真っ向から向かい合うことを, 要請されているのだと思う[6].

　当然にも, このような大きな課題に対して, 本書では, 今後の研究に委ねること以上の言及はできない. けれども, 最後に, 大きな問いの中のほんの一部であるが, この数十年を社会構築主義的ジェンダー研究に費やしてきた者の一人として, どうしても問わざるを得ない問いに, 向かい合うことにしたい. その問いとは,「ポスト真実の時代」や「虚偽がまかり通る時代」を生み出すことに, 私自身も加担したのだろうかという問いである.「ポスト真実の時代」の最も大きな問題が,「真偽の基準の揺らぎ」などによって合理的討議を行うことに対する動機づけを崩壊させることにあるのだとすれば, そうした「真実を追求することを嘲笑するような態度」を一般化させた犯人の一人は,「社会構築主義」であったのだろうか. 仮にそうだとすれば, まさに, 私自身が「ポスト真実の時代」を生み出すことに加担したことにな

るだろう．

　実際，このような疑問を持つのは，私だけではない．大澤真幸は，「『ポスト真実』と『構築主義』の間には，はとこ同士くらいの『何となく』の類似はある」(大澤 2017: 32) と指摘する．私自身「社会構築主義」の立場に立つことは先述した通りだが，6章で指摘したように，ジェンダー研究には，「社会構築主義」の立場に立つ研究が多い．ジェンダーという概念自体，それがもたらす「構築主義」的な視角にあるとすら，いいうる．もし大澤の言うように，「ポスト真実」と「構築主義」に類似性があるとするなら，ジェンダー研究も，「構築主義」を通じて，類似性があるということになる．そうであるなら，ジェンダー研究も，「ポスト真実の時代」の到来を準備する地ならしの一つとして機能した可能性を否定できない．一体そうなのだろうか．

　この問いに答えるためには，二つの水準の議論が必要だろう．一つは，「ポスト真実」と「構築主義」の異同についての理論的検討，もう一つは，科学者や学術研究を社会に発信する側が，それが科学や学術の世界ではない世界（日常生活世界や政治的世界等）において，どのように利用されるのかという認識を踏まえて，発信してきたのかどうかという倫理的検討である．以下においてはやや大まかではあるが，検討の方向を示したい．

3.「知識の構築性」とはどのようなことなのか

　「ポスト真実」と「構築主義」の異同を検討するためには，まず「ポスト真実」の意味を限定していく必要があるだろう．「ポスト真実の時代」を，「世論形成において，客観的な事実よりも，感情や個人的心情に対する訴えが，大きい影響力を持つ状況」とする定義を，大澤の議論に沿う形で，より限定してみよう．

　大澤が「ポスト真実」と「構築主義」の間に類似があるとする理由は，どちらも「素朴実在論を批判」しているという共通性があるということに，あ

る．つまりどちらも「生の事実」の存在を否定し，「事実の理論負荷性」（野家 2017: 2）を主張している点に，ある．けれども，それだけではない．「ポスト真実」においては，「客観的真偽判断の不可能性」が前提とされていると推論できる（「ポスト真実」の立場を明確に述べたものはいないので，彼らがそう考えているのかどうかは推論するしかない）．他者に対する「罵倒」や「嘲笑」等，人びとの感情や心情に訴える世論形成の方法には，少なくとも，「罵倒」や「嘲笑」を浴びせかけた他者を，議論の相手として尊重する態度は，見出せない．つまり，「合理的討議によって事実かどうかを判断すること」に対するシニカルな態度が見出せる．ここから，「ポスト真実」を，「事実の理論負荷性」から「客観的真偽判断の不可能性」を推論し，結果的に「事実の価値」自体を低く評価する立場として，定義しておくことにする．一体「構築主義」の立場に立つことは，このような意味での「ポスト真実」の立場に立つことを意味するのだろうか．以下では，大澤の指摘に反論を加えている野家啓一の議論を参考にし，この問題を考えてみる．

　大澤は，「ポスト真実」と「構築主義」の類似性を「素朴実在論批判」に求めたうえで，「素朴実在論批判は，遡れば，カントの認識論を源流としている」（大澤 2017: 32）と指摘した．この言葉を受けて，野家啓一は「哲学で飯を食い，カントで口を糊している」哲学者として，大澤の指摘に「応答責任」があるとし，この議論に参加することを買って出る．

　野家に拠れば，クーン以降の科学哲学は，「科学的『事実』とは何か，事実の理論負荷性，事実と価値は峻別できるのか，そして相対主義や非合理主義をめぐる問題」を長く議論してきた．そしてその議論が明らかにしたことを，以下のようにまとめる．「論争が一段落して明らかになったことは，クーンの問題提起にも行きすぎや勇み足があったものの，今さら『生の事実』(brute fact) や『頑固な事実』(stubborn fact) を振りかざす素朴実在論や，神の目からみた客観的世界を想定する形而上学的実在論（両者は二卵性の双生児に他ならない）には戻れない．すなわち，『パラダイム論以前』の段階に時計の針を巻き戻すことはできないという自覚であった．その過程で，科学的真理も

また素朴な『事実との対応』から，H. パトナムの言葉を借りれば『理想化された合理的受容可能性』(idealized rational acceptability) へと変貌を遂げていったのである」(野家 2017: 2)[7]．

　この野家の大澤への回答を，本稿で定義した「ポスト真実」との関連で解釈してみよう．野家は，「科学哲学が素朴実在論を批判してきた点で『ポスト真実』と共通点を持つ」という大澤の指摘に対し，まず，科学哲学が素朴実在論を批判してきたことを認める．そしてその後の科学哲学の相対主義や非合理主義をめぐる議論等においても，「素朴実在論に戻ることはできない」という認識が共有されていることを示す．けれども科学哲学において素朴実在論が批判されているということは，先に「ポスト真実」として定義したような「客観的真偽判断の可能性」を否定することではない．つまり「知識の妥当性を合理的に問うことはできない」という立場を認めることではない．確かに，素朴実在論批判を経た科学哲学における科学的真理は，「『理想化された合理的受容可能性』に変貌を遂げた」．けれども，このH. パトナムの「理想化された合理的受容可能性」は，「科学的真理」の存在を認めている．土場学は，H. パトナムの「理想化された合理的受容可能性」を解説して，次のように述べる．「知識の妥当性は現実には特定の概念システムの認識上の諸条件に制約されざるを得ないが，あたかもそうした認識上の諸条件に関して理想的な状態がありうるかのようにしてみずからの知識や倫理の妥当性を問うことはできる」．「われわれは，認識上理想的な諸条件があるように語り，ある言明がそうした諸条件のもとで正当化されうるであろう場合に，それを真と呼ぶ」(土場 1999: 206) のであると．

　他方，ここでは「ポスト真実」を，「素朴実在論批判」という点では「構築主義」と同じでも，「客観的真偽判断の不可能性」という推論のもとで，「知識の妥当性を問うことの価値を否定する」立場と定義した．あらゆる知識は，個人あるいは組織の利害関心やイデオロギーによって規定されており，「知識の妥当性」は，科学的コミュニケーションや合理的討議における「真偽の合理的基準」に基づく評価に求められるのではなく，「誰が最も支持

されるか」「誰が選挙に勝つか」などの選挙結果や人気投票によって評価されるかのように考えるのである．つまり「ポスト真実」では，「真偽の合理的基準」が放棄され，人気等の「非合理的基準」に置き換えられているのである．このように，「構築主義」と「ポスト真実」は，「素朴実在論批判」という点では共通性があるけれども，「知識の妥当性を問う場」を尊重するかどうかという点においては，大きな相違が存在するのである．

では，「素朴実在論」と「科学哲学」はどう違うのか．土場学の記述に基づいて，整理しておこう．土場は，「知識に関する真と偽の判定のための合理的な基準は存在する」(土場 1992: 204)とする立場を，合理主義とよぶ．その「合理主義」には，「知識や倫理に関して，いかなる観点（概念図式）からも独立した合理性の基準がある」とする立場と，「全ての知識や倫理は，概念図式依存的であるが，その概念図式に基づいた合理性の基準がある」という立場があるとする．土場は，前者を外在的合理主義，後者を内在的合理主義として区別する[8]．つまり，「事実の理論負荷性」＝「知識の概念図式依存性」を認めたとしても，「真偽判定の合理的基準」を否定しない，内在的合理主義の立場はとりうるのだ．この土場の整理に従えば，「素朴実在論」は外在的合理主義の立場であるのに対し，「ポスト真実」は外在的合理主義を否定することで「真偽判定の合理的基準」の存在をも（すなわち合理主義自体をも）否定する立場，それに対して野家が示す現代科学哲学の立場（「構築主義の立場」）は，内在的合理主義の立場だと，言い得る．

ではこの内在的合理主義において，いかにして「知識の概念図式依存性」を前提として「真偽判定の合理的基準」は維持されているのだろうか．以下では，科学技術社会論の藤垣裕子の「変数結節」という枠組みを参照しつつ，現実の科学において「真偽判定の合理的基準」を維持する活動とそれが生み出す「科学的認識」とは何かについて，具体的に考えてみよう．

藤垣は，「科学的認識」について「現実に流通している科学のイメージ」と「現在進行形の科学観」の違いを指摘する．一般市民は，「現実に流通している科学観」を持ち，「科学は硬い，確実なもの」と考えていることが多

225

いのに対し，現実の科学は「現在構築中」の「不確実性」が存在する（藤垣 2003: 66-67）．ある時「科学的認識」と考えられていたことが，次の時には書き換えられてしまうことも多い．科学が進歩するということは，つまりは「科学は常に書き換えられている」ことを意味しているのである．この二つの科学観を，藤垣は，「出来上がった科学」（時間がたって何が最も正統化された知識であるかが固まった段階の科学（硬い科学））と，今まさに科学的認識を生産している場にある「現在作動中の科学」の違いとして説明する．「出来上がった科学」においては，「真偽判断は，正統化された知識に従って，一回限りの判断として，確定的に行い得るかのように見える．しかし，実のところ，科学は「現在作動中」であり，今行った「真偽判断」は，これまで行われてきた「真偽判断」の上に位置付けられ，これから行われる「真偽判断」によって，評価され直すのである．この積み重ねこそが，「出来上がった科学」の科学的認識の確固な妥当性を，保証しているのである．

　ここから分かることは，科学における「真偽判断の合理性」とは，一回の真偽判断によって確定されうるものなのではなく，合理的な認識を生み出すための科学的活動を，非科学的活動から区別することによって，より合理的な認識をめざす科学の営みにこそ，根拠があることになる．つまり，「科学的／非科学的」という区別が維持されうることこそが，「科学的認識」の合理性を支えていることになる．では一体「科学的活動」を他の「非科学的認識活動」と区別しうる基準とは何か．

　藤垣は，その問いに対する科学社会学のこれまでの立場を，二つにまとめる（藤垣 2003: 40）．一つは「科学と非科学を分ける確固たる条件があるという立場（本質主義）であり，他の一つは，「現代科学の認知的権威をその『科学的本質』という性質に帰属させること無く説明することを目指す」立場である．前者として藤垣が挙げるのは，カール・ポパー，ロバート・マートン，トーマス・クーンなどである[9]．

　ポパーは，「『推測が反駁される』プロセスが存在するか否かが，科学と非科学を分ける条件」であるとし（藤垣 2003: 39），(1)もしある主張が潜在的に

反証不可能な場合，(2)ある主張を反駁しようとする誠実で厳しい努力が存在しない場合，(3)ある主張が反駁されるような経験的証拠が顕れた時も，その主張が拒否されない場合，その活動は科学ではないとした．マートンは，「『制度化されたエトス』を科学と非科学を区別するものとして用いた」．エトスとして，マートンは，①共有性（成果を共有し合うこと），②普遍性（知識の評価は個人的背景（人種・性・国籍・社会階級）によって左右されないこと），③公平無私（個人的利益のために活動しないということ），④系統的懐疑の4つを挙げ，この4つのエトスを持っている活動を科学，そうでなければ非科学とした．クーンは，「パラダイムによるコンセンサス形成の徹底度」を，成熟科学と未成熟科学を分ける基準とした（藤垣 2003: 39-40）．

一方，「科学的本質」が確固としてあるのでは無く，人びとの活動から生まれてくるとする立場は，「『科学とは何か』について人々がどう語るか」を観察することが重要であると主張する．この立場の研究は，実際の科学間コミュニケーションにおいて，「反駁」がどのように行われているのか，科学者のノルムの適否がどのように交渉されるのか，科学者のコンセンサスがどの程度あるのか等を観察する．そうした観察によって，あらかじめ「科学と非科学」を分ける確固たる基準があるのではなく，「人々が境界を引こうとする」ことによって，つまりは科学者の相互行為において，境界が定まってくることを示そうとする．

藤垣は，この後者の立場に立って議論を進める．実際には科学と非科学の間に「確固とした境界」が引かれているのではなく，分野ごとに「科学的かどうか」の境界が定められている．分野ごとの「科学的かどうか」の境界は，ジャーナル共同体によって，引かれていると，藤垣は，言う．「科学者の知的生産活動の側面に注意すると，科学者集団の単位として『ジャーナル共同体』概念を使うのが有効である．ジャーナル共同体とは，専門誌の編集・投稿・査読活動を行うコミュニティのことを指す」（藤垣 2003: 16）．つまり藤垣は，この専門誌の編集・投稿・査読活動の中に，その分野の科学的生産物とそれ以外を区別する境界を引く活動を，見出している．

この後者の立場から見ると，前者の科学本質主義とは異なる科学像が見えてくる．つまり，科学は科学本質主義が想定するような，「科学か非科学か」の境界を維持している一枚岩的存在なのではなく，各分野の「ジャーナル共同体」において，その分野の業績と認められるものとそれ以外の間に境界線を引くことで，その分野の「科学性」を担保している諸分野のあつまりであり，「『科学的』と呼ばれるものに実は多様性がある」（藤垣2003: 44）ことになる．科学に関する藤垣の図式に従えば，今作られつつある実際の科学においては，ジャーナル共同体による境界を引く実践によって，科学的合理性が担保されている．ポパーやマートン，クーン等が主張した「科学と非科学」を分ける境界は，実際には，科学者が相互に行うこうした実践によって，維持されているのである．

　では，各ジャーナル共同体における「掲載に値する論文と掲載しない論文の区別」はどのようにしてなされているのだろうか．その判断の公正性は，どのように保たれているのだろうか．科学においては客観性を担保するために，思いこみが混入しやすい定性的な記述ではなく，誰もが確認できる定量的な記述の方が選択されやすい．定量的な記述を可能にするためには「定量化」が必要になる．定量化は，「測ることのできる数値への可操作化というプロセスが入る」．つまり，「どのような測定項目を採用し，各測定項目をどのように測定するのか，何をもってある指標を近似するのかが定められる」．これらを決めることが「変数結節」である．各学問の専門領域は，「時々刻々変化して連続して動く値のうち，どの値を当該目標にとっての代表値としての変数に『結節』させるか，あるいは連続する出来事のなかから，どれを変数として採用し，何を無視するか，（何を『図』として何を『地』とするか，あるいは何を『信号』として採用し，何をノイズとするか）は，各専門領域に属する科学者集団の「文化に依存する」」「研究者は，自分の分野のジャーナル共同体参入のための訓練をし，レフェリーに掲載許諾される論文を書く訓練をする．それはその分野で使われている変数結節を自明のものとし，その分野の問題設定を暗黙の前提とする過程である．」「ジャーナル共同体のなかで自

明の使われ方をしている変数結節は，専門用語と呼ばれる．」(藤垣 2003: 143-145)．ジャーナル共同体は，このような専門用語に習熟し適切な変数を適切な測定方法で測定しているか評価できる人びとによって構成されている．だからこそ，その分野において「科学と非科学」を区別することができるのだ．さらには，論文が提示した結論が「誰がやっても同じ結果が得られる」という意味で「客観的真理なのかどうか」を判断することも，適切な変数を適切な測定方法で追試できるからこそ，可能になる．科学における知識の蓄積とは通常このような形をとる．このような「科学と非科学」を区別し「客観的真理なのかどうか」を判断する研究者は，通常，その分野の専門知識に即して「科学的・専門的」であろうとし，判断を公平無私の態度で行う．その判断が専門領域外の利害関心やイデオロギーによって左右されることは，皆無とは言わないまでも，多くはないと思われる．

　本稿で定義した「ポスト真実」は，科学者の「科学と非科学を分ける実践」における公平無私性や客観性を認めない．科学者の認識活動も，科学者が持つ利害関心やイデオロギーによって行われているのであり，「普遍性や公平無私性のエトス」などは単に，科学者が自らの行為の意味を覆い隠す虚偽に過ぎないと主張する．しかし，このような論法をとらなければ，特定分野の科学的認識に対する異議申し立ては行いえないのであろうか．

　そうではないだろう．科学者が「普遍性や公平無私性のエトス」を持って，なるべく「専門的・科学的に」判断しようとするからこそ生じてしまうような「客観性」の歪みがあるのだ．「専門的・科学的」な態度を維持するために特定の「変数結節」を用いてデータを分析する．まさにそうだからこそ，この判断の「客観性」に対する異議申し立てが起こりうる．何を「信号」とし何を「ノイズ」とするかは，まさにその科学の専門性に依存する．他の分野であれば，別のものを「信号」とし別のものを「ノイズ」とするかもしれない．分野間における「変数結節」の相違によって，分野間摩擦が生じることは，十分想定できる．また，科学者が判断を求められる問題（原発問題・防災問題等）においては，科学的には「真偽」を判断出来ない現場固有

229

の変数が多く含まれているゆえに，専門的知識だけでなく「現場のローカル・ノリッジ」の構築が必要だ（藤垣 2003: 189）と指摘する．そして「科学的合理性」だけでは回答できないが「今判断が必要な問題」に対し，「公共の意思決定」「社会的合理性の担保」が必要だとして，その条件を検討する．

「事実の理論負荷性」とは，まさにこの「変数結節」のことを意味すると考えると，「構築主義」的な科学社会学が何を行っているのかが，良く見えてくる．「構築主義」は「事実の理論負荷性」という立場から，素朴実在論を批判した．しかしそのことは，「真偽判断の合理性」を否定することとイコールではない．他方，科学的認識の合理性，つまり「科学と非科学」を判断する営みの合理性を認めることは，「科学的認識」の絶対性を認めることでも，個別科学における「科学的認識」の歪みに対する批判を諦めることでも，ない．「知識の構築性」という立場から科学批判を行うことは，「ポスト真実」という非合理主義に屈することではけっしてないのである．

4. 社会に発信する「科学者」「研究者」の責任

本稿では，「『構築主義』は『ポスト真実』を準備したか？」という問いのもと，前節では理論的検討を行い，「ポスト真実」と「構築主義」では，「素朴実在論批判」という点では共通性もあるが，「合理的コミュニケーション」に対する評価において大きく相違が存在することを示した．しかし，理論的にはそう言い得るとしても，そのために理論的検討が必要だったことが示しているように，両者の主張点を混同することは，十分に生じ得ると言い得るだろう．

本書は，現代社会のコミュニケーション空間には，異なる多元的リアリティを出自とする言葉が溢れており，その言葉に対する理解の仕方の相違が「コミュニケーション齟齬」を引き起こしているという仮説的見通しのもと，これまで主に「ジェンダー」という言葉をめぐる「コミュニケーション齟齬」を論じてきた．「ジェンダー」という言葉は，科学・学術を出自としつ

つ「日常生活世界」にも入り込んでいる．また政策や政治的世界にも入り込んでいる．同じ言葉が「科学的認識の世界」「日常生活世界」「政治的言説の世界」という少なくとも三つの世界[10]を，「自由」に流通してきた．それゆえ，一見，ジェンダーという言葉が，異なる世界を移動することは，何も問題がないかのように見える．しかし，そうではない．ジェンダーという言葉が使われた文が，使用されたもともとの文脈を離れて，他の世界に移行した場合，異なる意味で理解される可能性があることは，6章で指摘した通りである．

なぜそういうことが生じ得るのか？ それは多元的リアリティのそれぞれの世界で，コミュニケーションの目的が異なるからだ．「科学的認識の世界」では，各論者がそれぞれ「何が真実か」という「真偽判定」に合理的にたどりつくことを目的に，コミュニケーションを行うことが前提とされている．しかし「日常生活の世界」では，日々の今ここの実践の方向を決めることこそが，コミュニケーションの目的である．「政治的言説の世界」では，より多くの支持を集めることこそが，目的なのである．

この視点を，藤垣が指摘した，一般の人々と実際の科学とのズレという問題に適用してみよう．藤垣によれば，一般市民や行政は，「硬い」科学観を持っていることが多いという．その科学観によれば，科学は，「正しいことと正しくないことを一義的に決定できる」と考えられている．しかし，「現在作動中の科学」に即した判断だけでは，現実の様々な問題に対して「何が正しいのか」はっきり明確に言えないことが，多い．科学的に申し分なく正しいと言い得ることは非常に限定されていて，現実の問題において必要になる判断に，明確な解答を出せないということがたびたび起こるという．

藤垣は，この一般の人の持つ「科学観」と「現在作動中の科学」の差異を，「出来上がった科学的知識」か「今生み出されつつある科学的知識」かという，時間論的視点から説明したが，この差異を，「日常生活の世界」におけるコミュニケーション目的と，「科学的認識の世界」におけるコミュニケーション目的との相違として，解釈してみよう．一般の人々が「科学的知

識」を参照するのは多くの場合,「日常生活の世界」において今直面している実践的課題を解決するのに必要な場合である[11].「科学」に,「何が正しいのか」を決めてもらうことで,「誰に責任があるのか」「誰にどのような働きかけ(要求・依頼・懇願・叱責など)を行うのか)」という問いを解決しようとするからである．しかし科学者が「科学的認識の世界」にいる場合，コミュニケーションの目的は，各論者がそれぞれ行う「何が真実か」という「真偽判定」について，合理的に合意に至ることができるという前提のもと，討議すること自体に置かれている．したがって,「何が正しいのか」についてその場で合意できなくても，討議がなされることだけで，目的は達しているのである．学会等における「科学者間の討議」で結論が出ないままになることが多いのは，結論を出すことが目的なのではなく，討議の過程自体にそれぞれの論者や聴衆にとって多くのヒントがあるからである．そうしたヒント等が得られる討議自体が，各自の研究にとって，非常に意味を持つ場合があるのである．

　藤垣は，この一般の人々との「科学観」の相違に対し，科学者が困惑することがあることを，指摘する.「科学的に申し分なく正しい」と言い得ることは非常に限定されている以上，現実的問題に対し実際には明確に判断できないことが起きる．理想的な条件においては言いうることも，さまざまな要因が折り重なる現実の条件において解決方法を示すことができないこともある．明確な「科学的判断」であるかのように，結論を示すことは，科学者の研究倫理において，許容されない行為であるからだ．では,「科学的に判断できない問題」に対し，発言を控えればよいのか．科学者が発言を控えることは，科学者の良心にとっては適切な行為であっても，一般の人々には不誠実に映るという．一般市民は，科学者ならば何が正しいか分かるはずと信じているから,「何が正しいか」発言を控える科学者が不誠実に見えるのである．異なる科学的見解が出されているのに，それがバラバラなまま放置されているとすれば,「何が正しいか」決めずに人びとを混乱に陥れている科学者たちに，不信感を抱く．他方，科学者は，それぞれの分野で「科学的」で

あるとされる範囲を超えた判断を行うことは,「科学的」ではないという教育を受けている．ジャーナル共同体の「真偽の基準」に基づけば，科学的に誠実であることは，当然,「科学的には結論が出せない」問題に対しては禁欲するべきだからである．けれども，原発事故処理・放射能汚染・低量被ばく健康問題・地球温暖化問題・防災問題等，いますぐここで判断が必要な問題は数限りなくある．それらの問題に対する判断は，今差し迫った問題である．たとえ判断する上でのデータが不足している等の理由で「科学的合理性」に基づいて行う判断が困難だからと言って，判断を延ばすことはできない．「科学」が「最も合理的な正しい認識」であるならば，今ここで回答するべきだと，一般の人々は「責め立てる」．科学者にとっては,「回答して」も「回答しなく」ても，罪悪感にとらわれることになる．

　ここから藤垣は,「科学的合理性は使えない」場面で,「社会的合理性」を作っていかなければならないとして,「専門知と公共性」の関係を論じていく．「科学的合理性」の限界を踏まえたうえで，一般の人々と,「社会的合理性」に基づく討議空間を持つことに，これらの問題に対する望ましい解決策を見出すのである (藤垣 2003: 77-219).

　無論,「専門知と公共性」についての議論を行うことは，本稿の主題を大幅に超えている．ゆえに本稿では，この藤垣の論から,「科学的知識」の信頼性に対する「適切な評価」の重要性の指摘を，読み取りたい．「専門知を超えた公共性」に向けた合理的コミュニケーションを生み出すには，一般の人々の科学観を,「硬い」科学観から，より現実に即した「現在作動中の科学」に近い科学観に変えていくことが，必要になるはずだ．人々の「硬い」科学観をそのままにしていれば，科学者は「科学的には判断不能な問題」に対し「科学的に判断可能であるか」のような虚偽の言明を強いられるか,「科学的には判断不能である」ゆえに発言を控えることで不誠実だとみなされるかしか，ありえないことになる．「社会的合理性」の実現に向かう開かれたコミュニケーションのためには,「科学的認識」に対する過信に基づく過剰な期待も，それが裏切られた時の一方的不信も，いずれも障壁となるの

である．「構築主義」的な科学哲学や科学社会学の最も重要な意義は，まさにこの一般の人々の「科学観」をより現実の科学に近い適切な科学観に変えていくことで，専門知を持つ科学者と一般市民が，より率直に「社会的合理性」に向けて話し合えるようにすることにこそ，あるのではなかろうか．

けれども，科学者の中には，一般の人々の「科学観」にまで科学者は責任を負えないという意見もあるだろう．「科学」を理解する責任は，一般の人々の方に有るのであり，一般の人々が「科学」をどう捉えようと，それは自分たちの責任ではないと．一般に，一旦発信された言葉は，さまざまに解釈されうる．他の人に引用されたり，異なる文脈で利用されたりする．科学者・研究者が，それらの全てを知り，「間違った解釈」についてはその間違いを全て訂正し続けることは，現実的に大変難しい．しかも，「科学」や「学術」の言葉を利用しようとする人々は大変多い．「日常生活の世界」においても「政治的言説の世界」においても，「科学的知識」の利用が頻繁に行われている．「この商品を買え」というアドバイスに「科学」を出自とした用語をちりばめることは，普通のCMの常套手段である．政策決定に「科学者のお墨付き」を利用することも，良く行われる．「科学的認識」は，「もっとも合理的な認識」とされているので，人びとに一定の行為を行うことを促したり一定の政策を採用することを勧めたりするうえで非常に，有効である．「日常生活の世界」や「政治的言説の世界」における権威を利用しようと思う者は，常に多く存在する．一体科学や学術は，このような利用に対して，責任を負うべきなのか．その必要はないという意見もあるだろう．「科学者の責任は研究成果を正確に出すまでで，それがどのように利用されるかについてまで，責任を負うことはできない」と．

しかし，科学に対する過剰な信頼は，科学者自身を困難に陥れることを既に指摘した．もし科学者が，「科学的に言い得る範囲を超えて」不当に「科学的判断」を強いられたくないのであれば，科学者自身が「科学的認識」の妥当性・信頼性に対する適切な位置づけを発信することは，不可欠であろう．

ややシニカルな見方をすれば，実際には，科学者は，この一般的な「硬い」科学観を半分迷惑だと思いつつ，他方においてそれを利用してきたのではなかろうか．なぜなら，「科学」は，現代社会において最も信頼性が高い特権的位置を与えられた言説であり，その特権的位置を支えているものは，この「硬い」科学観だからである．科学者の中に，たとえ無意識的にせよ，この特権と影響力を享受してこなかった者がどれだけいるのだろうか．「科学的認識」を適切なものに変えていくことは，科学者への過信や過剰期待を減らしていくだけでなく，「科学」が暗黙に享受してきた特権と影響力をも，ある程度減少させていくだろう．もし科学者の中に，この特権的位置を失うことを恐れて，一般の人々の「科学に過剰に期待する科学観」を訂正することを，意図的に怠っている者がいたとするなら，科学者の倫理的責任は重いと，言わざるを得ない．

　同じことは「構築主義」にも言い得るはずだ．もし，「構築主義的言説」の意味が，「日常生活の世界」において変容するとした場合，「構築主義」者もその意味の変容に注意する責任があるはずだ．「構築主義」的言説を例にとって，「構築主義的学術の世界」と「日常生活の世界」とにおける意味の違いを，示してみよう．ある知識を「作られた知識」としてみることは，「構築主異」という学術的認識の世界では，その知識の「真偽判定」や信頼度に影響を与えることがない，ごく当たり前の指摘である．「すべての知識は作られている」のであるから．しかしこの文が「日常生活世界」に移行すると，全く異なる意味を帯びる．「日常生活世界」における「真偽判定」や「知識の信頼性」は，その知識を表明した個人の誠実性に大きく依存する．それゆえある知識が「作られた」という言明は，誠実に「事実を表明」した知識なのではなく個人が何らかの意図を持って改変した知識であるという解釈を導く．つまり「日常生活の世界」においては，ある知識に「作られた知識」という言明を行うことは，その知識を表明した個人の誠実性に対する疑いを呼び起こすことになり，「真偽判定」や「信頼性」を揺るがすのである．「政治的言説の世界」においては，まさにこの「日常生活の世界」における

「真偽判定」や「信頼性判定」が，その知識を表明した個人に対する信頼性の評価に，利用されることになる．「政治的言説の世界」で，ある知識に対して「作られた知識」＝「フェイク」という言明を行うならば，その言明は，「フェイク」である知識を表明している個人に対し「そいつは信頼出来ないやつだ」という攻撃を行う言明と，なるのである．

したがって，科学者・研究者が，「科学的認識の世界」を出自とする用語や文を社会に発信する場合と同じく，「構築主義」の立場で科学批判や知識批判を行う場合にも，発信する側は，そうした言説が「日常生活の世界」や「政治的言説の世界」において，このような意味の相違を生じさせることがないように，十分注意する必要がある．「構築主義」は，そうした注意を充分行っていたのだろうか．

ましてや，もし「構築主義的言説」の影響力が，「日常生活の世界」において持つ意味の変容に負っている部分があることを知りつつ，影響力を享受するためにその意味の変容を利用していたとしたら，それは到底許容されえない行為だといいうるだろう．もし「構築主義」にそのような傾向がいささかでもあったとしたなら，たとえ理論的に「構築主義」と「ポスト真実」が異なると言いえたとしても，「構築主義」にも「ポスト真実」を準備した責任がないとは，言いきれまい．

5. まとめ

最後に，ここまでの考察で見えてきたことを踏まえて，「ジェンダーフリー・バッシング」や「バックラッシュ」，「サイエンス・ウォーズ」，「ポスト真実」に至るまでの，議論の流れを，追ってみよう．「構築主義」を媒介項として論争の動きを見てみると，それは，「科学至上主義」と「非合理主義」という二つの極論をめぐる議論として，再記述できるように思う．ここで「科学至上主義」とは，科学的認識は他の認識よりも合理的であるゆえに，「知的特権請求」に値すると考える立場であり，「非合理主義」とは，あ

らゆる認識は特定の立場からの認識に過ぎないということから,「真偽判定の合理的基準は存在しない」と主張する立場である.前節との関連で言えば,「科学至上主義」は,「素朴実在論」に立つ科学論やソーカル達の立場に近く,「非合理主義」は「ポスト真実」の立場に近い.

　第二波フェミニズムは,従来の科学や学問の中に,女性の生き方を固定化したり,女性に過剰な責任意識を強要する等,性差別的価値観が存在していることを見出し（同様の状況がLGBTの世界にもあることを,本書の三部論文が描き出している）,批判を展開した.4章と5章において論じられたように,フェミニズムは,特に,20世紀前半の生物学その他の学問において「客観的事実」とされていた男女の性差を,批判的に検討し直した.既存の「生物学」という科学的知識に基づく,性役割に適合的な男女の生まれつきの特性についての知識（性差）を相対化するために,「ジェンダー」という概念も,導入された.

　この「生物学」に対する批判や,その他の科学・専門知識に対するフェミニズム運動からの批判は,当初は,既存の学問・科学の世界にある研究者の（一部から）から冷ややかな視線を浴びせられた.フェミニズムからの批判は,「科学」全体を,「男性優位主義」に基づくイデオロギーとして否定するものであるかのように受け取られた.つまり「科学」普遍性や公平無私性も全否定しているかのように,要するに「ポスト真実」の知識批判のように,受け取られたのである.ここには,「科学批判」を,「非合理主義」として退ける視線を見出すことができる.

　しかし,もしフェミニズムの科学批判が「非合理主義」であったならば,その解釈は女性たちがその後,科学者共同体＝ジャーナル共同体に参加していったという事実を,説明できなくなる.たとえばまず,社会学や心理学など既存の学術分野を学んだ女性たちが,各分野へ専門家として参入し,「女性の視点に立つ」専門知を確立しようとした.さらに女性たちは,既存の学問領域に参加していっただけでなく,女性学やジェンダー研究を生みだした.つまり,フェミニズムは,新たな問題意識に基づく科学や専門知識を生

み出すことを主張しこそすれ,「科学的認識」や「合理的討議」の価値を否定しては,いなかったのである．女性は近代科学史の最初から,近代高等教育の最初から,科学や学問から排除されていた．それゆえ,そうしたジャーナル共同体の「科学と非科学」の境界を引く実践に関わる議論を行うことができるためには,その資格を持たなければならなかった．女性を排除した科学や専門領域は,女性からの批判を受け止められない専門領域を作ってしまっていた．それゆえフェミニストたちは,新しい「変数結節」を提起し,女性学やジェンダー研究等の新しい分野,新しいジャーナルを生み出した．そこには「科学的合理性」や「合理性」を否定する姿勢は,見出しにくい．

　その後,ジェンダー研究やフェミニズム社会理論は広く普及し,実際の政治過程にも影響力を与える力を持ち始めた．また,20世紀後半～末において,環境破壊に対する批判や植民主義・人種差別主義に対する批判も,強まった．これらの批判を受けた人文社会科学は,人文社会科学自体に含まれていた植民地主義や人種差別主義,あるいは産業優先主義などへの見直しを行い,「知識の構築性」についての認識を強めた．女性学やジェンダー研究も,同様にこの「知識の構築性」という認識を採用し,「ジェンダー」概念を精査し,精妙な理論を構築するに至った．フェミニズムが社会運動から離れ「学問の世界」に閉じこもる傾向に対しては,女性自身の中にも「フェミニズムの体制化」などの批判が産まれた．さらに保守派政治勢力や政治家たちも,この状況を変えるべく,動き始めた．また産業化に伴う環境破壊・健康破壊等の社会問題に伴う「構築主義」の立場からの自然科学批判に対して,科学予算獲得を至上課題としていた自然科学者の一部は,いらだちを募らせることになった．

　「サイエンス・ウォーズ」では,ソーカル達は,「構築主義」を,「客観的な事物の存在を認めない」という点において,「非科学的」であると断罪した．ソーカルらからすれば,「構築主義」の立場は,(後の「ポスト真実」と同じく)真面目な科学的活動に根拠なく非難をあびせかける「非合理主義」的な言説に見えたのだろう．しかし,このようなソーカル達の言説には,「素人

の科学批判」を禁じるエリート主義の匂いも感じられた．ポストモダニストを「科学を知らない素人」だと馬鹿にすることには，「素人は科学に対して発言するな」とも解釈できるような傲慢性が読み取れるのだ．相手に対して「罠を仕掛け」たり罵倒したりするやり方は，相手を論争の相手として尊重しないという点で，合理的コミュニケーションの意義を否定するものであった．ここから，「ポスト真実」は，「構築主義」の「素朴実在論」批判を受け継いでいるだけでなく，「構築主義」批判側の，戦争にも例えられるような「合理的コミュニケーションから逸脱」したやり方も，引き継いでいるとみることも，できるかもしれない[12]．

　人文社会科学の政治社会批判に危機を感じていた社会保守派政治家たちの一部は，この科学者間の争いも利用しながら，「左翼」や「フェミニズム」に対する反論を開始した．「ジェンダーフリー・バッシング」においては，「構築主義」的ジェンダー論が，保守派政治勢力や政治家たちによって，「性差の存在を否定するジェンダーフリー派」という幻を作りあげるために，逆利用された．「ポスト真実」においては，「知識の構築性」という「構築主義」の主張の一部が，「事実・真実などはどうにでも作れる」という「非合理主義」に，利用されることになった．

　「サイエンス・ウォーズ」のソーカル達の立場からすれば，「ポスト真実の時代」の到来は，「非合理主義的な『構築主義』の横行を許したから，『ポスト真実』のような，事実無視・科学無視の非合理主義がもたらされたのだ」と総括されることになるのかもしれない．けれども，全く逆の見方もできる．科学至上主義の相対化を図った「構築主義」を傲慢に一蹴したことで，ソーカル達のエリート主義的科学至上主義は，結果的に反エリート主義の台頭をもたらし，それに迎合するトランプによって，「科学的認識」に対する冷ややかな視線を帰結したのだと．「科学至上主義」と「非合理主義」という二つの極論をめぐって行われてきたこれらの議論は，結果的に「客観的事実」に対する不信，「専門知」不信，「合理的コミュニケーション」への不信を，もたらした．そうだとすれば私たちは今，まさにそのいずれの極論にも

239

陥らない，「科学」の適切な位置づけ，「社会的合理性」に開かれた「科学観」の確立をこそ，必要としているのではなかろうか．その方向は，これまでフェミニズムが作り上げてきた科学観と，それほど乖離しないものなのではなかろうか．

注
(1) フェイクニュースについては，(遠藤 2018: 205-235) 参照．
(2) 「オルタナティブ・ファクト」という言葉をトランプ政権で初めて使用したのは，ケリーアン・コンウェイ（トランプ陣営選挙対策本部長）である．ウォルフは，コンウェイのこの言葉に対し，以下のような彼女なりの言い分が有ったのだろうと，推測している．すなわち，トランプ大統領には自分の思いを誇張する癖があり，大統領就任式参加者に関するトランプ大統領の言葉も，そうした「罪のないちょっとした誇張」に過ぎないのに，大手メディアはそれに対し「大統領が事実でないことをいった」重大事であるかのようなニュースを流した．こうした大統領叩きのニュースこそ，「フェイクニュース」だと．しかし，ウォルフは，こうしたコンウェイの発言は，「新政権には事実を歪曲する権利がある」という主張として受け取られたと，コメントしている．(Wolff 2018=2018: 90)
(3) ウォルフによれば，トランプ陣営は「実際に大統領選挙に勝利」してしまうことは，考えていなかったという．ヒラリーと争って，少しの差で負けることこそ，ドナルド・トランプの目標だった．彼はそうなることによって，「いつも自分を嘲笑的に扱ってきた」メディア業界が，自分に対する態度を変えるだろうと思い，そのために選挙戦を戦っていたのだという．それゆえ本当に大統領になってしまったことは，ドナルド・トランプ自身にとっても，陣営にとっても，本当に「想定外」のことだったという (Wolff 2018=2018)．
(4) 「少年犯罪の凶悪化」について，世論調査と統計データなどから示される動向との矛盾については，(牧野 2008) を参照のこと．
(5) 外国人犯罪数の推移については，http://www.stat.go.jp/library/faq/faq25/faq25b06.html 参照のこと．
(6) 遠藤薫編『ソーシャル・メディアと公共性』も，このような試みの一つである．
(7) H・パトナムはその後，この科学的真理を「理想化された合理的受容可能性」に求める内在的合理主義の立場から，「自然な実在論」に立場を変えている．このパトナムの「自然な実在論」をはじめ，科学哲学では現在「実在論を立て直す」試みが始まっているという．また，先述したように野家は，「ポスト真実」のルーツをカントの素朴実在論批判に求める大澤の議論を否定し，以下のように述べる．「たしかにカントは認識論上の『コペルニクス的転回』を敢行したことにおい

て，構築主義の源流と見なされてよい．だが同時に，カントは『啓蒙とは何か』や『世界市民という視点から見た普遍史の理念』の著者であったことを忘れるべきではないであろう．彼は前者においては啓蒙の実現のために『自分の理性をあらゆるところで公的に使用する自由』を要求し，後者においては『人類が自然によって解決することを迫られている最大の問題は，普遍的な形で法を施行する市民社会を設立することであることを，主張した哲学者であった』．それゆえ「ポスト真実の時代」に対抗するためには，カントを「ポスト真実の源流の一つ」として退けるのではなく，むしろ「カントに帰」るべきだと，主張する．「カントの啓蒙論は，他ならぬ公共圏の構築を目指したものであり，それは「ポスト真実」の時代に抗する哲学なのである．」(野家 2017: 6)．

(8) この内在的合理主義という用語について，土場は，H. パトナムの「内在的実在論」と同義としている．また土場は，ポストモダニズムが外在的合理主義に対する批判を行っていることは明確であるが，「内在的合理主義」をも否定したのかどうかについては，ポストモダニスト内部で多様性があると，指摘している．

(9) クーンが『科学革命の構造』の著者であることからもわかるように，藤垣が「本質主義」と呼ぶ彼らも，当然「素朴実在論」の立場には立っていない．むしろ本節で問題としている，科学者間に共有されている「真偽の基準」やそれについての規範等に科学の「合理性」を担保するものを見出そうとする立場に近い．しかし全ての科学に妥当する共通する「真偽の基準」「理想的な科学な在り方」があるべきであり，それに反している認識活動は非科学として排斥されるべきだと考えている点で，後者と異なる．

(10) ここでは，これらの世界を，A. シュッツの多元的リアリティ論に主として依拠した江原の多元的リアリティとして，位置付けている（江原 1985: 11-18）．

(11) 無論，純粋に科学に興味を持つ一般の人々も多い．しかし，多元的リアリティ論では，彼らは「科学的認識の世界」にいると位置づけられる．ここには，藤垣と江原の使用している概念体系の相違に基づく問題があるが，煩雑であるだけでなく，本稿の論旨からみても重要性が低いので，説明は省く．

(12) アメリカのサイエンス・ウォーズや，日本のジェンダーフリー・バッシング等においては，罠や詐欺まがいのトリックの使用，あからさまな侮辱や中傷，応答責任の引き受けを不可能にするような非論理的論難や敵の抽象化（本書第2章参照）等が見出された．これらは，合意可能性を前提とする合理的コミュニケーションの成立を，困難にした．他方，「ポスト真実の時代」においても，新聞報道に対する「罵倒」等，合理的コミュニケーションを拒否するような言動が，顕著である．

文献

江原由美子，1985,『生活世界の社会学』，勁草書房．
遠藤薫，2018,「間メディア社会におけるポスト・トゥルース政治と社会関係資本」

「ポリティカルヒーローを演じる―トランプのプロレス的〈公正〉」「ポスト・トゥルース時代のフェイクニュース」，遠藤薫編，『ソーシャルメディアと公共性』1章・7章・8章，東京大学出版会
土場学，1999,『ポスト・ジェンダーの理論』青弓社
牧野智和，2008,「少年犯罪をめぐる『まなざしの変容』――後期近代における」羽渕一代編『どこか〈問題化〉される若者たち』恒星社厚生閣，3-24.
野家啓一，2017,「『ポスト真実』時代の知と哲学」日本社会学会大会報告当日配布資料
藤垣裕子，2003,『専門知と公共性』東京大学出版会
大澤真幸，2017,「最後の晩餐の真実」『文学界』7月号，文芸春秋社
Wolff, Michael, 2018, *Fire and Fury: Inside The Trump White House*. (=2018, 関根光宏他訳,『炎と怒り』早川書房)

あとがき

　本書にまとめた研究を開始したのは、2010年秋のことであった。首都大学東京大学院人文科学研究科社会学専攻を一つの場としてネットワークを形成していた複数の研究者、ジェンダーに関心を持つ研究者、レトリック論を専門とする研究者、テキストマイニングという方法を社会学概念の学史的研究に応用しようとしている研究者、インタビュー調査を中心にジェンダーとセクシュアリティを研究している研究者、エスノメソドロジーの方法論をジェンダー論や身体論に応用しようとする研究者たちの間で、科学研究費に応募しようという話がまとまったのがきっかけであった。研究主題は、「ジェンダーをめぐるコミュニケーション齟齬の研究―専門的概念の再帰性に着目して―」とすることになった。

　この主題に決まったのは、私たちがそれぞれ異なる理由から共に、2000年代に日本社会を吹きあれた「ジェンダー・バッシング」という現象に、何らかの関心を持っていたからだと思う。首都大学東京は都立の大学であったから（首都大学東京はこのたびまた都立大学という名称に変わるということである）、都議会も一つの場となったこの現象に、私たちは強い関心を持たざるを得なかった。現象が終結した2010年においても、私たちの中には「あれは何だったのか」という疑問がくすぶっていた。つまりそれまで出されていた研究では描き出せていない問題や、適用されていない研究視角や方法論があるのではという思いを、それぞれが持っていたのである。異なる研究視角・研究方法で扱うことで、別な見方ができるのではないかと。

　2011年春、研究助成を受けられることになり、各自が研究計画を立て、その成果を持ちよる研究会が始まった。異なる方法や問題意識に基づく研究報告は、とても刺激的で、興味深かった。他大学からの参加者など、研究会参加者も増加した。異なる視角や問題関心、方法論を持つ人から得た刺

激は、各自の研究成果に大きな影響を与えていると思う（自分の原稿に関してはそのことを十分に表現できなかったのではないかと後悔している）。瞬く間に3年過ぎ、研究成果報告書を出し、機関リポジトリにも公開した。そのころから、何かにまとめたいということが、何度も話されたのであるが、なかなか原稿が集まらず、ついに今になってしまった。途中で原稿が出せなかった方も、逆に途中から参加していただいた方もいて、今の形になった。その間に、私自身も含めて多くの方が、首都大学東京を離れるなど、研究教育組織を移動した。研究関心も大きく変わった。今となれば、あの時だからこそできた研究ということになるだろう。本書の各章で描き出された問題や社会的世界の見方は、それぞれ非常に大きな展開力を持っている。それらが絡み合うことで、さらに何か別の世界が見えてくるとしたら、そのこ、と以上の喜びはない。

2019年5月

江原由美子

本書は、「平成23年度〜26年度科学研究費助成事業、基盤研究（C）、課題番号23530622、ジェンダーをめぐるコミュニケーション齟齬の研究－専門的概念の再帰性に着眼して」の研究成果を、一部、もとにしている。

人名索引（50音順）
(⇒は文献での所在をあらわす。)

赤川学　70, ⇒96
アレン，ケイティリン　144

石井由香里　69, ⇒97
石田仁　87, ⇒97
伊藤悟　70, 73-74, ⇒97
稲葉雅紀　70, ⇒97
井上惠美子　46, 49, ⇒61
井上輝子　6, 23-26, 37, ⇒38
イリガライ，リュス　27
イリイチ・イヴァン　6, 23

ウィルソン，E. O.　140
ウィルソン，W. O.　158, 16.
上野千鶴子　16, 48, 60n, 151, 211, ⇒62, 96, 173
ウォルフ，マイケル　215, ⇒242
氏家幹人　95, ⇒98
ウルストンクラフト，メアリ（Wollstonecraft, M.）　39

江坂彰　47, 62
江原由美子　6, 102, 149-154, ⇒38, 126, 127, 170, 171, 173, 241
遠藤薫　240n, ⇒241

黄綿史　70, ⇒97
大澤真幸　222-224, ⇒126, 242
大島清　75-77, ⇒98
大塚英志　60n, ⇒62
小川真理子　132, 166, 172
オークリー，アン　99, 100-101, 107, 111, 117-124, 125n

掛札礼子　70, ⇒97
風間孝　93, ⇒97, 98
加地伸行　48, ⇒62
金森修　193-198, 212
釜野さおり　⇒97
河口和也　⇒98

キース，ヴィンセント　70, ⇒98
キツセ，ジョン（Kitsuse, John）　⇒97
キッチャー，フィリップ　157
ギデンズ，A・　207

グリアー，ジャーメイン　37

245

グールド，S・J・　147
グロス，ポール（ノーマン・レヴィットと）　141, 146, 195
グロス，ポール　141
黒柳俊恭　23, ⇒38
クーン，トーマス（トマス）　146, 193, 226-228, ⇒241

コー，ダイアナ　⇒97
後藤純一　67, ⇒98
コラピント，ジョン　178, 185, 188
ゴワティ，パトリシア　139, 141
コンネル，レイウィン　101, 124
コンラッド，ピーター　69-70, 96

澤田昭夫　48, 52-53, ⇒62

渋谷知美　56, ⇒63
ジャーモン，ジェニファー　103, ⇒38
シュナイダー，ジョセフ　69-70, ⇒96
シュッツ，アルフレッド　205-206, ⇒241
シュルロ，エヴリーヌ（エヴレーヌ）　135-139, 149, 152-153
上丸洋一　59, ⇒61

杉原誠四郎　48, ⇒62
ズック，マーリーン　155-156
ストーラー，ロバート　99
スペクター，マルコム　⇒97

ゼルディッチ，モリス　120

ソーカル，アラン　147, 195, 198-199, 203

ダーウィン，チャールズ　140-141
高橋さきの　100, 111, 194, 125, 166, 127, 173
高橋史郎　40, 51, ⇒63, 64
竹村和子　68, ⇒98
田中喜美子　48, 56, ⇒61, 62

千葉敦子　47, 57-58, ⇒62
チボ，オデット　135

堂前雅史　93, ⇒96
ドーキンス，リチャード　⇒169
土場学　224-225, ⇒241, 242
虎井まさ衛　23
トランプ，ドナルド　217-218

中川八洋　48, 52-53, ⇒62

西尾幹二　　　40-41, ⇒61, 62, 63
西川祐子　　　153, ⇒171

野家啓一　　　223, ⇒61, 242

ハーク，スーザン　　　146-147, 165-166
長谷川眞理子　　　153
長谷川三千子　　　40, 47, 51, ⇒61, 62, 63
パーソンズ，タルコット　　　106, 117-120
ハーディング，サンドラ　　　146-148, 194
バトラー，ジュディス　　　16, 20, 26-28, 195
パトン，バーナード　　　145
林道義　　　40, 48, 50, 52, ⇒61, 62, 63
ハンプソン，ジョーン　　　102
ハンプソン，ジョン　　　102

ピニック，カッサンドラ　　　147
ビショフ，ノルベルト　　　136
日高康晴　　　67, ⇒96, 97
ピンカー，スティーブン　　　103-104, 172

ファウスト＝スターリング，アン　　　147
ファルーディ，スーザン
ファルーディー，スーザン　　　204-205
藤岡淳子　　　156, 157, 170
藤垣裕子　　　225-233, ⇒242
伏見憲明　　　70, ⇒96
プーラン，ド・ラ・バール　　　131, 133
古田徹也　　　160-161, ⇒170

ボアズ，フランツ　　　133
ボーヴォワール，シモーヌ・ド・　　　37
ホッブス，トマス　　　8
ポパー，カール　　　226, 228
堀江有里　　　70, ⇒97

マートン，ロバート　　　226
マネー，ジョン　　　99, 101-111
マルクス，カール　　　16, 22

三橋順子　　　⇒97
ミレット，ケイト　　　2, 99, 194, ⇒126
宮崎哲弥　　　45, 48, ⇒61, 62

村木真紀　　　67, ⇒98

メイナード，スミス　ジョン　142-143, 152
メルツ，T・J・　39, 51, ⇒61

元山琴菜　69, ⇒98
モノー，ジャック　135
森山真弓　47, ⇒62

八木秀次　40-41, 48, 51, 53, ⇒61, 62, 63
柳沢正和　⇒98
山口智美　40, ⇒61
山口令子　48, ⇒62
山下悦子　48, ⇒62, 63
山谷えり子　40, ⇒63
山本哲士　6, ⇒38
屋山太郎　47, ⇒62

吉原敦子　47, ⇒62
米沢富美子　47, ⇒62
米田建三　60n, ⇒63

ラセット，シンシア　イーグル　132

リベット．ベンジャミン　159-160

ルソー，ジャン・ジャック　131
ルヴォイ，サイモン　97

レヴィット，ノーマン（ポール・グロスと）　141, 146, 195

和田悠　46, 49, ⇒61

事項索引（50音順）

（n は注での所在を，re は文献での所在を，fig は図での所在を，t は表での所在を表す。）

ア行

アジア　31, 32, 33fig
慰安婦　29, 30, 31, 46-49, 64-65
1性モデル／2性モデル　132
逸脱　69, 70, 91, 96
遺伝子決定論　143, 144, 164, 165, 169, 171re
遺伝性　165
因果関係の回路／正当化の回路　156, 157, 169
隠喩（メタファー）　54, 60
運動　1, 2, 5, 6, 18, 20, 22-24, 40, 41, 51-53, 61, 130, 134-135, 139, 145
エミール　131, 171-172re
LGBT　67, 87, 93, 94, 98

カ行

格差　31, 32fig, 33, 34, 207
家族　1, 3, 11, 13, 20, 33, 49, 51-53, 58-59, 63, 67, 92, 93, 97-98, 106, 118-121, 127-128, 176, 186-188, 204-205
家族規範　68-69, 71, 77, 79, 82, 91
カミングアウト　67-74, 78, 80, 82, 88, 91-98
カルチュラル・スタディーズ　193, 198-199
還元主義　137-139
規範性　97, 155, 156
究極要因　134, 145, 153
教育　1, 6, 9, 11-26, 32-36, 39-41, 55, 60-61, 63, 87, 96, 131, 156, 170re, 197, 207-208, 211
共産主義　51, 53-54
共産主義者　21, 40, 51, 53-55, 60
クレイム申し立て活動　70
ケア　101-102, 120-121, 123-124
決定論　27, 133-135, 143-144, 158-159, 164-165, 169, 171
言語論的転回　151
コア・ジェンダー・アイデンティティ　109
国際　18, 20-22, 24, 31-32
コミュニケーション齟齬　1-4, 39, 56, 68, 91-93, 129-130, 150, 175-179, 192, 203, 205, 220, 230, 243

サ行

サイエンス・ウォーズ　1, 141, 147, 191-195, 198-203, 211, 220, 236, 238-239
サイエンス・スタディーズ　147
災害　32fig, 34, 35fig
ジェンダー・アイデンティティ　28, 102, 105, 107-114, 116-117, 122
ジェンダー規範　68-69, 71, 77, 79, 82, 91-92
ジェンダー・バックラッシュ　175-177, 185, 191-192, 200, 201-202, 204-205, 207, 209-210-212

249

ジェンダー・バッシング　178, 203, 243
ジェンダー・フェミニスト／エクイティ・フェミニスト　164
ジェンダー・フリー　4, 6, 19-22, 46, 63t, 177
ジェンダーフリー　21-22, 24, 38re, 39-41, 44, 48-51, 55, 60, 176, 178, 188, 209, 211n
　　――・バッシング　3, 4, 49, 61re, 236, 239, 241
ジェンダー・ロール　99, 102, 104-111, 116-118, 120-124
自然淘汰　140, 143
視点　2, 4, 13, 19-21, 31-34, 102, 150, 175, 177, 182, 231
社会構築主義　4, 192, 195, 200, 203, 219, 221, 222
社会生物学　140, 158
社会的文化的性別　177, 181-183, 185-186
自由　157-159, 162, 169, 213, 231
自由意思／自由意志　30, 160, 169
ジャーナル共同体　227, 228-229, 237-238
主婦　48, 52, 58, 117, 118
出生時に割り当てられたセックスと養育のセックス（assigned sex and sex of rearing）　103, 104
少子化　48, 52, 53, 58
進化，とフェミニズム　141
進化生物学　139, 142-144, 153, 162, 171re
身体化（社会的身体化）　101
身体的性別　186
身体的生物学的性差　182-186, 191-192
心理学　1, 2, 77-79, 82, 90, 99, 105, 107, 110, 114, 141, 147, 158, 159, 161, 186, 237
スポーツ　31, 33-34
性差　75, 99, 107, 110, 116, 118, 124, 129-136, 139, 149-151, 153, -154, 156, 163-164, 167
性自認　67, 89, 94, 162, 187
性的指向　67-69, 71, 73-75, 83-85, 87, 89, 92, 94, 105
性的二型　141
性淘汰　140-141
生物学的性別
　　→身体的――　181, 183, 184, 187
生物学的性差　133, 149, 151-152, 167-168, 182-186, 191-192, 202
生物学的性別　181, 183, 184, 187
性別二元論　69, 70, 195, 211
性暴力　29-31, 145, 156, 157, 169
セクシュアリティ　20, 24, 26-27, 68, 86, 89-90, 103, 105-106, 110, 123
セックス／ジェンダー区別　100, 101, 103, 110-112, 114, 122, 123
セックス・ロール　106, 118-121, 123
セックス
　　→出生時に割り当てられた――と養育の――　103, 104
素朴実在論　193, 222-225, 230, 237, 239-241

タ行

第二の性　133-134
第二波フェミニズム　1, 134, 139, 194, 204, 207, 237

事項索引

多元的リアリティ　205, 231, 241
立場理論（スタンドポイント・セオリー）　146
男女共同参画　21, 35fig, 39, 48-51, 53
男女雇用機会均等法　47, 49, 56
地理　19
提喩（シネクドキ）　54, 60
敵（論敵）
　→敵　3, 39
　→論敵　50, 55, 56, 58, 59
同性愛
　→──の因果を探る知　90
　→──の捉え方　90

ナ行

脳科学　21, 75, 77-79, 82, 90-91, 93

ハ行

働く女性　47, 48, 57, 59
罰　168
バックラッシュ　6, 24, 35, 37, 39-41, 45-46, 48-51, 53, 55-56, 58-59, 175, 177, 180, 190, 204, 209, 220, 236
反‐夫婦別姓　45, 48-49
反共　48, 50-51, 53-55, 59
反フェミニズム　39, 45-46, 51
　──言説　3, 44, 46, 47, 49
夫婦別姓　45, 49, 52, 58, 59
フェイクニュース　214-216, 218-219, 240n
フェミニズム　2, 14-16, 39, 40, 41, 44, 45, 46, 47, 48, 49（図3）, 50, 51, 52, 53, 55, 56, 57, 59, 60, 62-63, 96, 99-101, 110, 113-114, 123, 126re, 127re, 130, 134, 135, 139, 141, 142-146, 150, 153, 171re, 173re, 177, 179-181, 183-186, 190-197, 203-207, 210, 211, 237-240
フェミニズム科学論　192-197, 203, 210
フェミニスト　14, 40, 45, 46, 48, 51, 52, 53, 54, 55, 58, 99, 100, 122, 134, 139, 142, 143, 145, 163-165n, 176-178, 182-183, 188, 197, 202-205, 238
フェミニスト認識論　146-148
父権制　111-114, 117
文化　15, 52, 90, 100, 107, 112-114, 116-117, 122-123, 136, 139, 176, 178, 191
変数結節　225, 228-230, 238
報道　18, 21-22
暴力　26-27, 29
ポスト真実　4, 213, 222-225, 229-230, 236-241
ポストモダニズム　192-195, 198, 201-202

マ行

マルクス主義　51, 53
マルクス主義フェミニズム　51, 55
ミソジニー（女性蔑視）　45

251

民間概念　　162
民間心理学　　161

ラ行

両性平等論　　131
レイプ　　29, 30, 31, 145
レトリック　　3, 39-40, 49, 54-56
労働　　11-13, 15-18, 22-24, 26, 32, 34
論壇
　　→論壇・思想　　18-22, 24
　　→保守論壇　　41, 50, 55, 56, 59

著者紹介

江原由美子（えはら　ゆみこ）
【現職】
横浜国立大学都市イノベーション研究院教授
【主な業績】
江原由美子，2015,「見えにくい女性の貧困――非正規労働とジェンダー」小杉礼子・宮本みち子編『下層化する女性たち』勁草書房，45-72.
江原由美子，2001,『ジェンダー秩序』勁草書房.
【最終学歴】
東京大学大学院社会学研究科博士課程中退
博士（社会学）（東京大学）

加藤秀一（かとう　しゅういち）
【現職】
明治学院大学社会学部教授
【主な業績】
加藤秀一，2017,『はじめてのジェンダー論』有斐閣.
加藤秀一，2007,『〈個〉からはじめる生命論』日本放送出版協会.
【最終学歴】
東京大学大学院社会学研究科Aコース単位取得退学

左古輝人（さこ　てるひと）
【現職】
東京都立大学人文社会学部教授
【主な業績】
左古輝人，2019,「日本における市民社会という語句：テキストマイニングによる一観念史」『人文学報』33-68.
左古輝人，2017,「近世英国におけるSocietyの形成――テキストマイニングによる分析」『社会学評論』689(3): 368-386.
【最終学歴】
法政大学大学院社会科学研究科社会学専攻博士後期課程修了
博士（社会学）（法政大学）

三部倫子（さんべ　みちこ）
【現職】
石川県立看護大学講師
【主な業績】
三部倫子, 2014,『カムアウトする親子——同性愛と家族の社会学』御茶の水書房.
Sambe, Michiko, 2020, "Heterosexual marriage and childbirth as a 'natural course of life': parenthood as experienced by the generation before the 'LGBT boom'" (TRANSLATION: MINATA HARA), *Cultural and Social Division in Contemporary Japan,* Routledge: 183-196.
【最終学歴】
お茶の水女子大学人間文化創成科学研究科博士後期課程修了
博士（社会科学）（お茶の水女子大学）

須永将史（すなが　まさふみ）
【現職】
立教大学社会学部助教
【主な業績】
須永将史, 2018,「身体接触を伴うケア実践における性別の話題化はどのようになされているのか」『福祉社会学研究』15: 241-263.
須永将史, 2016,「日本における〈セックス／ジェンダー区別〉の使用の変遷」『ソシオロジ』60(3): 117-132.
【最終学歴】
首都大学東京大学院人文科学研究科社会行動学専攻社会学分野博士後期課程修了
博士（社会学）（首都大学東京）

林原玲洋（はやしばら　あきひろ）
【現職】
三重大学教養教育院講師
【主な業績】
林原玲洋, 2013,「社会問題の構築とレトリック——論法・転義・同一化」中河伸俊・赤川学編『方法としての構築主義』勁草書房, 216-33.
林原玲洋, 2010,「論争における問題設定の『ずれ』——筒井康隆『無人警察』をめぐる論争を事例として」『年報社会学論集』23: 141-52.
【最終学歴】
東京都立大学大学院社会科学研究科社会学専攻博士課程修了
博士（社会学）（東京都立大学）

争点としてのジェンダー　（そうてんとしてのじぇんだー）
―交錯する科学・社会・政治―

発　行 ――― 2019年10月10日　第1刷発行
　　　――― 定価はカバーに表示

Ⓒ 著　者 ― 江原 由美子
　　　　 ― 加藤　秀一
　　　　 ― 左古　輝人
　　　　 ― 三部　倫子
　　　　 ― 須永　将史
　　　　 ― 林原　玲洋

　発行者 ― 小林 達也
　発行所 ― ハーベスト社
　　　　〒188-0013 東京都西東京市向台町2-11-5
　　　　電話　042-467-6441
　　　　振替　00170-6-68127
　　　　http://www.harvest-sha.co.jp

印刷・製本　㈱日本ハイコム
落丁・乱丁本はお取りかえいたします。
Printed in Japan
ISBN978-4-86339-111-6 C1036
ⒸEHARA Yumiko, KATO Shuichi, SAKO Teruhito, SAMBE Michiko,
SUNAGA Masafumi and HAYASIBARA Akihiro, 2019

本書の内容を無断で複写・複製・転訳載することは、著作者および出版者の権利を侵害することがございます。その場合には、あらかじめ小社に許諾を求めてください。

視覚障害などで活字のまま本書を活用できない人のために、非営利の場合にのみ「録音図書」「点字図書」「拡大複写」などの製作を認めます。その場合には、小社までご連絡ください。

質的社会研究新時代へ向けて
質的社会研究シリーズ　江原由美子・木下康仁・山崎敬一シリーズ編集

美貌の陥穽　第2版
セクシュアリティーのエスノメソドロジー　　　　　質的社会研究シリーズ1
山崎敬一著 A5　本体 ¥2300　978-486339-012-6　09/10

セルフヘルプ・グループの自己物語論
アルコホリズムと死別体験を例に　　　　　　　　質的社会研究シリーズ2
伊藤智樹著　A5　本体 ¥2600　978-486339-013-3　09/10

質的調査データの2次分析
イギリスの格差拡大プロセスの分析視角　　　　　質的社会研究シリーズ3
武田尚子著　A5　本体 ¥2700　978-486339-014-0　09/10

性同一性障害のエスノグラフィ
性現象の社会学　　　　　　　　　　　　　　　　質的社会研究シリーズ4
鶴田幸恵著　A5　本体 ¥2700　978-486339-015-7　09/10

性・メディア・風俗
週刊誌『アサヒ芸能』からみる風俗としての性　　質的社会研究シリーズ5
景山佳代子著　A5228頁　本体 ¥2400　9784863390249　10/08

2015年度社会福祉学会奨励賞受賞作品
軽度障害の社会学
「異化&統合」をめざして　　　　　　　　　　　質的社会研究シリーズ6
秋風千恵著　A5 本体 ¥2200　978-4863390409　13/03

路の上の仲間たち　野宿者支援・運動の社会誌
山北輝裕 著　A5　本体 ¥2300　　　　　　　　　質的社会研究シリーズ7

子どものジェンダー構築　幼稚園・保育園のエスノグラフィ
藤田由美子著　A5　本体 ¥2700　　　　　　　　　質的社会研究シリーズ8

発達障害の教育社会学
教育実践の相互行為研究
鶴田真紀著　A5　本体 ¥2300　978-4863390997　　質的社会研究シリーズ9

以下続刊

ハーベスト社